无人机在复杂地形抢险救援中的应用与挑战

薛晓娟◎著

武汉理工大学出版社

图书在版编目（CIP）数据

无人机在复杂地形抢险救援中的应用与挑战 / 薛晓娟著. -- 武汉：武汉理工大学出版社，2025.7.
ISBN 978-7-5629-7495-6
Ⅰ．D57

中国国家版本馆 CIP 数据核字第 2025FA3734 号

责任编辑：严　曾	
责任校对：尹珊珊	排　版：任盼盼

出版发行：武汉理工大学出版社
社　　址：武汉市洪山区珞狮路 122 号
邮　　编：430070
网　　址：http://www.wutp.com.cn
经　　销：各地新华书店
印　　刷：天津和萱印刷有限公司
开　　本：710×1000　　1/16
印　　张：12.5
字　　数：209 千字
版　　次：2025 年 7 月第 1 版
印　　次：2025 年 7 月第 1 次印刷
定　　价：75.00 元

凡购本书，如有缺页、倒页、脱页等印装质量问题，请向出版社发行部调换。
本社购书热线电话：027-87391631　87664138　87523148

·版权所有，盗版必究·

前言

随着科技的迅猛发展，无人机技术已经从初期的军事应用扩展到民用领域，尤其在应急救援、灾害管理等方面展现出巨大潜力。在复杂地形抢险救援中，无人机作为一种新兴的高效工具，凭借其独特的飞行能力和灵活性，逐渐成为灾害应急响应的重要手段。特别是在山区、森林、城市废墟等人类难以到达的地方，无人机的应用为抢险救援工作带来了前所未有的便利和效率。然而，无人机在复杂地形中的应用并非一帆风顺，它面临着飞行环境、技术限制等多方面的挑战。复杂地形本身的多变性和极端性，对无人机的飞行稳定性、传感器性能、通信系统等提出了更高要求。如何有效地应对这些挑战，并最大限度地发挥无人机在抢险救援中的作用，成为当前无人机研究和应用中的关键问题。

本书旨在全面探讨无人机在复杂地形抢险救援中的应用与挑战，重点分析无人机技术如何在特定环境中充分发挥作用，同时解决面临的各种问题。全书分为七章，第一章介绍了无人机的基本概念、发展历程和基本构成，能够帮助读者了解无人机作为一项高新技术的基本原理。第二章重点分析了复杂地形的定义、类型及其对救援工作的影响，阐明了无人机在特定地理环境下所面临的挑战。第三章至第五章探讨了无人机在不同抢险场景中的具体应用，包括搜索与定位、灾后评估、物资投送、急救医疗等方面。第六章从协同作战的角度出发，探讨无人机与其他设备、系统的联动方式，提出了多无人机协同作战的新思路。第七章展望了无人机技术未来的发展，分析了无人机在抢险救援中的挑战与潜力。

随着无人机技术的不断成熟，其在复杂地形中的应用前景愈加广阔。从单一的救援工具到多功能的综合应急平台，无人机正在逐步成为现代应急管理中不可或缺的一部分。然而，在面对复杂的自然环境和突发灾害时，我们仍需不断提升无人机的技术水平，优化应用模式，以确保其在救援过程中能够发挥出最大效能。

本书不仅是对当前无人机在复杂地形抢险救援中应用现状的总结,也是对无人机技术未来发展方向的探索。希望通过本书为从事无人机研究、应急管理、救援工作等领域的人员提供参考和启示,从而推动无人机在抢险救援领域的广泛应用。同时,期待与更多的研究者、技术专家和实践者共同探讨,以携手应对复杂地形救援中的各种挑战,从而推动无人机技术在这一领域的持续创新与发展。

薛晓娟
2025 年 2 月

目　录

第一章　无人机概述 ………………………………………………………… 1
　　第一节　无人机的发展历程 ……………………………………………… 1
　　第二节　无人机的基本构成 ……………………………………………… 7
　　第三节　无人机的飞行原理 ……………………………………………… 15
　　第四节　无人机的分类与应用 …………………………………………… 22

第二章　复杂地形的特点与挑战 …………………………………………… 32
　　第一节　复杂地形的定义与类型 ………………………………………… 32
　　第二节　复杂地形对救援工作的影响 …………………………………… 38
　　第三节　复杂地形对无人机飞行的影响 ………………………………… 45
　　第四节　复杂地形中的通信与定位难题 ………………………………… 51

第三章　无人机在抢险救援中的应用场景 ………………………………… 59
　　第一节　搜索与定位 ……………………………………………………… 59
　　第二节　灾后评估与损失评估 …………………………………………… 67
　　第三节　物资投送与输送 ………………………………………………… 74
　　第四节　急救与医疗救援 ………………………………………………… 82

第四章　无人机技术在复杂地形中的适应性分析 ………………………… 89
　　第一节　无人机硬件适应性 ……………………………………………… 89
　　第二节　无人机软件适应性 ……………………………………………… 96
　　第三节　操作员的适应性 ………………………………………………… 104
　　第四节　环境适应性与安全性分析 ……………………………………… 112

第五章　无人机在复杂地形中的数据采集与处理·······120
　　第一节　数据采集的技术方法·······120
　　第二节　数据传输与通信技术·······126
　　第三节　数据处理与分析技术·······133
　　第四节　数据可视化与展示·······139

第六章　无人机在复杂地形抢险中的协同作战模式·······145
　　第一节　多无人机协同作战·······145
　　第二节　人机协同与指挥控制系统·······152
　　第三节　智能化系统在救援中的应用·······157
　　第四节　无人机与其他救援设备的联动·······164

第七章　无人机技术的未来发展与挑战·······170
　　第一节　无人机技术的未来发展·······170
　　第二节　无人机应用面临的挑战·······176
　　第三节　未来无人机在抢险救援中的潜力·······181

参考文献·······189

第一章 无人机概述

第一节 无人机的发展历程

一、早期无人机技术

无人机技术的起源可以追溯到 20 世纪初期，虽然当时的无人机并不具备现在的高度智能化和自动化水平，但它们为现代无人机的诞生和发展奠定了基础。早期无人机主要应用军事在领域，尤其在世界大战期间，其应用逐步得到重视。第一次世界大战和第二次世界大战是无人机技术的起点，那时，无人机被用作训练目标和侦察任务，并不具备自主飞行和精确控制的能力。此时期的无人机多为遥控目标飞机，操作较为简单，主要依赖人工控制，飞行时间短，飞行精度和稳定性较差。

第二次世界大战期间，无人机技术得到了进一步的发展，尤其在空中作战中，对于模拟靶标和无线电控制目标飞机的需求，迫使各国开始对无人机的技术进行研究。这一时期，英国、美国等国家开始使用无人机进行空中训练和靶标识别任务，这些目标飞机多由简单的发动机驱动，并配备基础的遥控设备，飞行稳定性较差，控制精准度有限。虽然早期无人机的飞行稳定性和作战能力较差，但它们不仅为后来的无人机技术打下了重要基础，也为航空器控制技术、遥控技术以及无线通信技术的发展提供了实践经验。

随着冷战的到来，尤其是 20 世纪 50 年代至 60 年代，无人机技术进入了一个新的发展阶段。这一时期，随着核战争威胁的日益加剧，军事领域对无人机的需求进一步增加。美国的"蜂鸟"无人机成为这一时期的代表之一，这一时期的无人机不仅用于靶标训练，还逐步涉及侦察、监视和电子战等领域。无人机开始从简单的靶机和飞行目标，转变为具有基本侦察功能的设备。特别是在越南战争期间，美国军方利用无人机进行侦察任务，极大地提高了军事行动中的信息获取速度和准确性。

进入20世纪70年代后，无人机技术经历了更为迅速的发展。在冷战时期，美国和苏联相继投入巨资开发新型的无人机系统。20世纪70年代，无人机技术的军事化进入成熟期，这一时期的无人机不仅在战场上执行侦察任务，还具有较高的自主飞行能力。随着遥控技术、飞行控制系统以及定位技术的进步，无人机逐步具备更强的自主性，部分先进的无人机系统可以根据预定任务自动飞行，并执行巡航任务。20世纪80年代，随着全球定位系统（GPS）技术的出现，无人机的定位精度和自主导航能力得到了显著提升，为后来无人机技术的发展奠定了更加坚实的基础。此时，无人机已经被广泛应用于军事侦察、边境巡逻和海上监控等任务，并且开始向战斗攻击型无人机过渡。

20世纪90年代至21世纪初，无人机技术进入了快速发展阶段，尤其在商业、科研和民用领域的应用得到了突破性进展。随着无人机技术的逐步成熟，其已经不仅局限于军事领域，民用无人机的研发和应用也开始兴起。民用无人机最早的应用主要集中在农业监测、环境保护、灾害救援和摄影测量等领域。此时的无人机已具备更为先进的传感器技术、图像处理能力和飞行控制系统，能够完成更加复杂的任务，并在一些复杂环境中表现出较高的适应能力。尤其是民用无人机的商用化，使得无人机技术进入了一个全新的发展阶段。

近年来，无人机技术取得了更加迅猛的进步，其已具备更强的自主飞行能力，并能够在复杂环境下执行高效的任务。人工智能、大数据、物联网等先进技术的不断融合，使得无人机不仅能够执行飞行任务，还能够进行实时数据采集、处理和分析，极大地提升了无人机在各个领域的应用价值。此外，无人机的商业化应用逐步扩展到物流运输、城市空中出行、精准农业等领域，并不断推动着各行各业的技术变革。从早期的简单靶机到如今高度智能化的自主飞行系统，无人机技术经历了从军事到民用的转型，并且随着技术的发展，其飞行精度、稳定性、自主性和操作便捷性均得到了显着提升，这将促使其不断拓展应用领域。未来，随着技术的不断进步，无人机将在更多领域中展现出巨大潜力，为各类救援、监控、物流等任务提供更加高效的解决方案。

二、现代无人机技术的突破

随着科技的飞速发展，尤其是在智能化、自动化和信息化方面的进展，现代无人机已经从简单的遥控飞行设备转变为高度智能化的多功能平台，且能够在多种复杂环境中自主执行任务。下面将从不同方面，详细讨论现代无人机技术的突破及其发展趋势。

早期的无人机大多依赖人工遥控，其飞行稳定性和自主性较差，控制精度有限。随着控制理论、传感器技术和计算能力的提升，现代无人机的飞行控制系统已经发生了革命性变化。尤其是多旋翼无人机的兴起，使得无人机在垂直起降、悬停、快速转向等方面具备更强的能力。现代无人机通过搭载多种传感器，如陀螺仪、加速度计、磁力计、气压计等，实现了精确的姿态控制和飞行稳定。此外，飞行控制系统的算法也得到了大幅度优化，尤其是自适应控制、鲁棒控制等技术的应用，使得无人机在恶劣环境下仍能保持稳定飞行。同时，飞行控制系统的集成度也不断提高，多个功能模块的融合使得无人机在操作方面更加简便，飞行任务的执行更具高效性和可靠性。

早期无人机多依赖传统的燃油引擎或电池供能，使其飞行时长受限，续航能力差，无法执行长时间、远距离的任务。随着电池技术、能源管理技术的不断进步，尤其是锂电池技术和固态电池技术的发展，使无人机的续航时间大大延长。现代无人机普遍使用高能效的锂聚合物电池，这一技术的进步使得其飞行时间已从几分钟提升到几十分钟，部分高端无人机甚至可达数小时。同时，太阳能电池和混合动力系统的应用也为无人机提供了更为持久的能源支持，使得无人机能够在长时间、长距离的任务中保持稳定的飞行状态。能源技术的突破不仅提升了无人机的应用范围，也为无人机执行复杂任务提供了更多可能。

感知系统是无人机进行环境认知和实时决策的核心组成部分。随着传感器技术的飞速发展，现代无人机已经能够搭载多种先进的传感器，如激光雷达（LiDAR）、计算机视觉、红外传感器、超声波传感器、温湿度传感器等，从而实现对飞行环境的全面感知。特别是在视觉感知方面，计算机视觉技术的进步使得无人机能够通过摄像头实时捕捉并分析周围环境，从而进行目标识别、避障、路径规划等任务。同时，导航系统的创新也使得无人机能够在GPS信号弱或失效的环境下，完成定位与导航任务。尤其基于视觉SLAM（同步定位与地图构建）技术的应用，极大地提升了无人机在室内或复杂地形中的导航能力。通过多传感器融合技术，现代无人机能够在复杂环境下实现精准的定位和避障，为任务的顺利执行提供了坚实保障。

随着通信技术的不断突破，现代无人机已经能够在远程和复杂环境中，实现稳定的数据传输和指令执行。尤其是5G通信技术的逐步应用，为无人机提供了更快、更稳定的数据传输通道。5G 网络的低延迟、高带宽和大规模连接能力，不仅使得无人机可以在远程控制的情况下执行实时任务，也使得无人机能够与其他设备进行实时数据交换和协同作业。无人机的通信系统不仅仅局限于单一的地面站控制，还可以通过卫星通信、无线电频率等多种途径进行数据传输。随着物联网（IoT）技术的发展，多个无人机之间可以通过无线网络进行协同作业，以形成智能化的无人机群体。通过高度集成的通信系统，现代无人机能够在更加复杂的任务中充分发挥群体优势，从而完成集群作业、数据采集等任务。（图1-1）

图 1-1　现代无人机

人工智能的引入使得无人机不仅具备了自主飞行的能力，还能够在执行任务时根据环境变化进行动态决策。现代无人机的智能系统能够通过深度学习、机器学习等技术，不断优化飞行路径、避障策略、任务分配等方面的决策。通过人工智能技术，无人机可以在复杂环境中实现自主感知、自主规划和自主执行任务，大大降低了对人工干预的需求，提升了作业效率。在应急救援、灾害监测、环境保护等领域，人工智能的引入使得无人机能够更好地应对突发事件，快速响应并做出相应调整。此外，人工智能技术的应用也使得无人机能够进行数据分析和处理，进一步提高了其在复杂任务中的执行能力。

现代无人机技术的突破主要体现在飞行控制系统、能源技术、感知与导航系统、通信技术和人工智能等多个方面。这些技术的进步和融合使得无人机具备更加智能化、高效化、精准化的特性，并能够在更加复杂和危险的环境中执行各类任务。未来，随着技术的进一步发展，无人机将在更多领域得到应用，并在智能化、自动化、协同作业等方面持续创新，为各行各业提供更加高效的解决方案。

三、无人机技术的应用范围

随着技术的不断发展和突破，无人机技术的应用范围被逐渐扩展至多个领域，涵盖了军事、农业、环境监测、灾害救援、物流等众多行业。无人机凭借高效、灵活、低成本的特点，已成为各行各业进行数据采集、环境监测、危险区域作业等任务的重要工具。随着人工智能、大数据、物联网等技术的深度融合，未来，无人机将不断拓展应用领域，成为更加智能化的多功能平台。

军事领域不仅是无人机技术最早得到应用的地方，也是无人机技术最为成熟的领域之一。现代无人机在军事中的应用，已经从早期的侦察和靶标作用扩展到执行精准打击、战场监控、电子战等多种复杂任务。无人机的远程遥控、高精度武器投放以及低成本等优势，使其成为现代战争中的重要组成部分。尤其在战场上，面对复杂的地形和环境条件，无人机能够快速、准确地进行侦察任务，为指挥官提供实时情报，帮助军队制定战术决策。同时，无人机还能够在敌方防空系统难以打击的高空区域执行任务，且能够有效避免人员伤亡和高额的装备损失。无人机技术的另一个重要应用是在精准打击领域，某些武装无人机可以携带精确制导武器进行定点打击，极大地提升了作战效率和精确度。随着全球农业生产模式的转型，精准农业逐渐成为未来农业发展的趋势。无人机技术在农业中的应用，主要体现在农业监测、作物喷洒、种植规划等方面。通过搭载高精度的传感器和成像设备，无人机能够实时采集农田的环境数据，分析土壤、作物的生长状况，帮助农民监控农田的健康状况。无人机可以使用红外成像、高清摄像和激光雷达技术对农田进行全面扫描，以获取详细的农田信息，包括病虫害、营养不良等问题的发现。基于这些数据，农业生产者能够快速做出相应的管理决策，及时调整种植方案，从而提高作物的产量和质量。

无人机在农业中的另一个重要应用是精准喷洒技术。传统的农药喷洒作业不仅效率低，而且常常会浪费大量农药，对环境造成污染。而无人机通过自动化的喷洒系统，可以按照预定路线精准地对作物进行喷洒，避免了药物的浪费和环境污染。同时，现代无人机还可以根据传感器采集到的土壤和作物数据，自动调整喷洒量，实现个性化定制的精准施肥和喷洒，极大提高了农业生产效率。此外，无人机还可以帮助农民进行种植规划和作物评估，优化农业生产方案，推动农业向智能化、自动化方向发展。随着全球气候变化和环境污染问题的日益严重，环境监测成为各国政府和科研机构关注的重点。由于无人机具备高效、灵活、低成本的特点，已经成为环境监测的重要工具。通过搭载各种传感器，如空气质量传感器、温湿度传感器、辐射监测仪等，无人机能够快速、准确地收集大气、水质、土壤等环境数据。其中，无人机在大气污染监测中的应用尤为广泛，通过搭载空气质量传感器，无人机能够在空中进行气体污染物的监测，包括二氧化碳、氮氧化物、硫化物等有害气体的浓度检测。这些数据有助于科学家分析污染源、追踪污染变化，为环境保护和政策制定提供有力依据。

在水质监测方面，无人机同样发挥了重要作用。在大面积的水域中进行水质监测是一个烦琐且耗时的过程，传统的地面监测方法存在工作强度大、数据获取周期长等问题。而无人机能够在短时间内快速飞行至目标区域，并通过搭载水质监测传感器，实时采集水域的水质数据，帮助环境保护部门快速检测水质变化，及时发现水污染问题。无人机在森林火灾监测、野生动植物保护等方面也有广泛应用，其高效的巡检能力能够帮助人们保护生态环境，避免生态灾难的发生。在自然灾害发生后，如何迅速评估灾害情况、搜寻幸存者、进行物资投送等任务对传统救援方式提出了极高要求。无人机能够凭借其反应快速、跨越障碍、机动性强等特点，在灾害救援中发挥重要作用。通过搭载高清摄像头、红外传感器和热成像设备，无人机可以迅速飞抵灾区，进行空中拍摄和评估，以提供灾区的实时图像和数据，帮助救援人员了解灾害的规模和区域，从而进行更精准的救援部署。

在搜索和救援任务中，尤其在复杂地形和灾后废墟中，传统的救援手段往往受限于地形、天气等因素。而无人机能够飞越复杂的障碍，进入人力无法到达的区域搜索幸存者。通过热成像设备和红外成像技术，无人机能够快速识别被困人员的位置，从而提高救援效率。在灾后物资投送方面，无人机也展现出了巨大潜力。无人机能够在灾区投送药品、食物和急救物资，解决了传统交通受阻带来的难题，极大地提高了救援效率。随着电商和快递行业的快速发展，传统物流模式面临着巨大压力，尤其在城市交通拥堵、远程配送等方面，传统配送手段已无法满足人们日益增长的需求。而无人机的出现为物流行业带来了全新的解决方案，其能够实现"最后一公里"的配送，尤其在城市密集区域、偏远山区等地方，能够快速、准确地将货物投递到目的地。通过自主飞行技术、精准定位与避障技术，物流无人机能够在复杂环境中安全飞行，并进行货物的精准投递。

当前，无人机技术在快递行业中的应用也表现出巨大的发展潜力，某些快递公司已经开始测试无人机配送服务，利用无人机进行包裹投递，从而减少人工配送成本，提高配送效率。无人机在快速响应、精准投送以及降低交通负担方面具有显著优势。随着无人机技术的发展和相关法律法规的完善，未来，无人机将在全球范围内被广泛应用于物流、运输、配送等领域，极大地推动物流行业的变革。

第二节　无人机的基本构成

一、无人机的硬件组成

无人机的硬件组成是其实现飞行、操作和任务执行的基础。一个典型的无人机系统包括多个关键组件，每个组件都在无人机的飞行控制、稳定性、任务执行等方面扮演着不可或缺的角色。尽管不同类型的无人机在具体构成上有所不同，但绝大部分都包括了动力系统、飞行控制系统、传感器系统、通信系统和机体结构等核心组成部分。这些硬件部分的协同工作确保了无人机能够高效、精准地完成各类任务。

动力系统是无人机能够飞行的核心部件之一，其通常由电动机、螺旋桨、发动机等组成，其中，电动机和螺旋桨的配置在多旋翼无人机中尤为常见。电动机的主要作用是提供足够的推力，使无人机能够起飞、飞行并保持稳定；螺旋桨则通过旋转产生升力，使无人机能够克服地球的引力并实现悬停或平稳飞行。动力系统的功率和效率直接影响无人机的飞行时间、飞行高度、载荷能力等性能指标。在一些较为复杂的无人机系统中，特别是在长时间执行任务或远程飞行时可能还会配备备用动力系统或者燃油发动机，以增加飞行的续航能力。这一部分的设计和选择，要综合考虑无人机的任务要求、飞行环境以及续航时间等因素。

飞行控制系统包括多个重要组件，如飞控器、陀螺仪、加速度计等，能够实时监测无人机的姿态、速度、位置等参数，并根据这些数据进行飞行指令的调整。其中，飞控器通过算法计算和处理传感器反馈的信息，控制电动机和舵面的动作，从而保证无人机在空中的稳定性与精准操控；陀螺仪和加速度计用于监测无人机的滚转、俯仰、偏航等姿态变化，以确保飞行过程中的平稳性。在一些高端无人机中，还可能配备气压计、磁力计等辅助传感器，进一步增强飞行控制的精确性。飞行控制系统的精度和稳定性直接影响无人机的飞行表现，特别是在复杂环境中的飞行稳定性。

传感器系统是无人机能够感知外部环境，并做出相应决策的重要组成部分，其种类繁多，包括视觉传感器（如摄像头、红外传感器）、距离传感器（如激光雷达、超声波传感器），以及环境监测传感器（如气温、湿度传感器）等。这些传感器能够提供实时的环境信息，为无人机的任务执行和自主决策提供数据支持。例如，摄像头和红外传感器可以为无人机提供实时的图像与视频数据，帮助其识别目标、避障或进行地图构建；激光雷达和超声波传感器则能够测量无人机与地面或障碍物之间的距离，为飞行控制提供距离数据，从而确保无人机避免碰撞。随着技术的进步，传感器的精度、范围和多功能性不断提升，传感器系统的集成化和智能化将使无人机的感知能力得到极大的增强，尤其在复杂环境中执行任务时更为重要。

通信系统是无人机与地面控制站或者其他设备之间进行连接的桥梁，其主要由无线通信设备、数据链等组成，能够确保指令的实时传递与飞行状态的监控。其中，无线通信设备能够实现无人机与地面控制站之间的数据传输，确保飞行控制指令的传递与飞行状态的回馈。在一些长距离飞行的无人机中，可能采用卫星通信系统，以确保在没有地面基站的情况下，依然能够实现稳定通信。数据链的设计和选择直接影响无人机的通信距离、传输速度以及信号的稳定性。在高端无人机系统中，还可能使用5G通信技术，进一步提升通信速率和带宽，以满足高清视频传输、实时遥控等高数据量需求。通信系统的稳定性对于无人机的安全飞行至关重要，尤其在远程飞行或执行任务时，必须保证通信链路的可靠性，防止出现飞行指令中断或者数据丢失的情况。

机体结构是无人机的"骨架"，其设计决定了无人机的承载能力、飞行稳定性以及抗冲击能力。机体结构通常由机架、支架、外壳等组成，采用轻量化材料，如碳纤维、铝合金等，以确保在保证强度的同时，最大限度地减少自重。尤其在复杂环境中执行飞行任务时，机体结构的设计不仅要考虑飞行的稳定性，还要确保其能够承受外界的冲击和震动。例如，在灾后搜救或者工业巡检等任务中，机体可能面临碰撞、摇晃等挑战，因此其抗震性和耐用性必须得到充分保障。无人机的设计还需要根据任务的不同进行调整，如在某些任务中，可能需要在机体上安装更多的传感器、摄像头或者其他设备，这就要求机体结构必须具备足够的扩展性和适配性。各部分的精密配合确保了无人机的高效飞行、精准操控和任务执行能力。

在未来的技术发展中，随着材料技术、传感器技术和计算能力的提升，无人机的硬件组成将更加轻量化、智能化、多功能化，从而满足更多应用场景的需求。

二、无人机的飞行控制系统

无人机的飞行控制系统是其核心技术之一，负责无人机的自主飞行、姿态控制以及任务执行的精准度。飞行控制系统的主要功能是通过计算与分析无人机的飞行状态和环境信息，实时调整飞行指令，以确保无人机的飞行稳定、精确。飞行控制系统的设计与性能，直接决定了无人机在飞行过程中的表现，包括飞行的稳定性、控制精度、应急反应能力等。飞行控制系统包括硬件和软件两大部分，其中，硬件部分主要包括飞控板、传感器、执行机构等，软件部分则包括飞行控制算法、飞行模式等，二者协同工作，共同完成无人机的飞行控制任务。

飞控板是飞行控制系统的"大脑"，它集成了多种传感器和控制单元，负责接收来自各类传感器的数据，并根据飞行控制算法进行处理，从而生成飞行控制指令。飞控板的作用不仅限于控制无人机的飞行姿态和轨迹，还涉及无人机的动力分配、传感器融合、飞行模式切换等方面。飞控板通常集成了陀螺仪、加速度计、气压计、磁力计等传感器，可以实时采集无人机的姿态、加速度、气压等信息，为飞行控制提供数据支持。在一些高端无人机系统中，飞控板还可能配备 GPS 模块、视觉传感器等，用于精确定位和导航。飞控板的稳定性和处理能力是飞行控制系统能否顺利工作的关键，要求其具备高计算能力和低延迟响应，以确保无人机在复杂环境下的飞行稳定性。

传感器系统为飞控板提供必要的实时数据，包括无人机的姿态、速度、位置等信息。常见的传感器有陀螺仪、加速度计、气压计、磁力计、GPS 模块、温湿度传感器、红外传感器等，这些传感器能全面感知无人机的运动状态和外部环境。其中，陀螺仪主要用于测量无人机的角速度，帮助控制无人机的滚转、俯仰和偏航；加速度计用于测量无人机的加速度和倾斜角度，辅助飞行控制系统判断无人机的姿态变化；气压计通过测量气压来推算无人机的高度，为飞行控制提供重要的定位信息；磁力计用于测量无人机周围的磁场变化，从而为飞行控制系统提供方向指引，避免无人机在磁场干扰下发生定位偏差；GPS模块为无人机提供全球定位信息，帮助其实现高精度的导航与定点飞行。在复杂的飞行环境下，传感器系统的数据融合至关重要，多个传感器的数据融合能够提高飞行控制的精度和鲁棒性，特别是在恶劣天气或复杂地形中飞行时。

飞行控制算法是飞行控制系统的"灵魂"，它决定了无人机的飞行方式和反应能力。飞行控制算法主要包括姿态控制、位置控制、路径规划等内容。其中，姿态控制算法负责根据传感器提供的数据实时调整无人机的姿态，包括滚转、俯仰、偏航等参数，以确保无人机保持稳定飞行；位置控制算法通过结合GPS定位信息，实现无人机的定点飞行或路径追踪；路径规划算法根据任务要求，规划无人机的飞行路径，并通过实时调整飞行指令，使其按照规划路线飞行。飞行控制算法的优化对于提升无人机的飞行精度、响应速度以及稳定性至关重要。尤其在复杂环境下，飞行控制算法需要具备较强的适应性和自我修正能力，才能够根据外界干扰、突发状况等因素动态调整飞行策略，从而确保任务的顺利完成。

飞行控制系统中的飞行模式切换功能也非常重要，飞行模式的设置直接影响无人机的操作方式和飞行特性。一般来说，无人机的飞行控制系统可以提供多种飞行模式，如手动模式、稳定模式、GPS模式、自动模式等。其中，在手动模式下，飞行员可以通过遥控器直接操控无人机，使飞行过程完全依赖人工操作；在稳定模式下，飞行控制系统会通过自动调整姿态，使无人机飞行更加平稳，适合新手飞行；GPS模式允许无人机通过GPS信号实现自动定位和稳定悬停，适用于需要长时间稳定飞行的任务；在自动模式下，飞行控制系统会根据预设的航线或任务，自动完成飞行任务，飞行员只需要对飞行过程进行监控即可。不同的飞行模式适用于不同的飞行任务，飞行控制系统能够根据任务需求和飞行环境，动态切换飞行模式，从而确保飞行的高效性和安全性。

飞行控制系统通过无线通信链路，与地面控制站或遥控器进行实时数据传输，实现飞行指令的传递和飞行状态的监控。通信系统通常使用无线电、Wi-Fi或其他无线传输技术，通过数据链将飞行控制信息传递给无人机，并将无人机的飞行数据实时反馈到地面控制站。通信系统的稳定性和信号强度，直接影响飞行控制系统的反应速度和飞行安全性，尤其在远距离飞行或复杂环境中，信号丢失或干扰均可能导致无人机失控。因此，飞行控制系统需要具备高可靠的通信功能，以确保飞行指令的准确传递和飞行状态的实时反馈。

人机的飞行控制系统是其飞行控制的核心，涉及硬件和软件的多方面协同工作。飞行控制系统的稳定性、精度和智能化程度，直接决定了无人机在各种任务中的表现。随着无人机技术的不断进步，飞行控制系统也将不断向更高效、更智能、更精准的方向发展，以应对更加复杂的飞行任务和环境挑战。未来，飞行控制系统将进一步优化飞行算法，集成更多智能化功能，以提高飞行安全性和任务执行能力。

三、无人机的传感器技术

无人机的传感器技术是其核心组成部分，它直接影响无人机的飞行性能、任务执行能力以及操作安全性。传感器的作用是实时采集和监测无人机的飞行状态、外部环境以及任务目标，为飞行控制系统提供精准的数据支持。无人机的传感器种类繁多，主要包括惯性测量单元（IMU）、气压计、磁力计、GPS、视觉传感器、红外传感器、温湿度传感器等。这些传感器通过相互配合与融合，为无人机提供全面的感知能力，使其能够在各种复杂环境下执行任务。随着无人机应用场景的日益多样化，传感器技术也在不断发展，越来越多的高精度、高灵敏度传感器被应用于无人机系统中，提升了其在复杂任务中的表现。

IMU 是无人机中最为基础的传感器之一，通常由加速度计、陀螺仪等组成。其中，加速度计用于测量无人机的线性加速度，帮助判断飞行器的速度变化以及飞行姿态的倾斜程度；而陀螺仪则负责测量无人机的角速度，协助计算飞行器的滚转、俯仰和偏航等角度变化。这两者协同工作，能够为飞行控制系统提供实时的动态姿态数据，从而确保无人机在飞行过程中的稳定性和精确控制。在高端无人机中，IMU 系统常常与其他传感器配合使用，通过传感器融合技术来优化数据的准确性。IMU 的高精度能够有效减少外部因素的干扰，特别是在 GPS 信号弱或丢失的情况下，IMU 提供的惯性数据依然能保持无人机的飞行稳定性。

气压计是无人机的另一类重要传感器，主要用于测量气压的变化，从而推算出飞行器的高度。气压计的工作原理基于大气压随高度的变化而变化，因此，利用气压差来判断高度变化。在无人机飞行过程中，气压计不断获取空气压力数据，飞行控制系统则根据这些数据，来判断无人机当前所处的飞行高度，并进行适当调整。气压计对于无人机飞行中的稳定性、定位精度具有重要意义，尤其在高空飞行或地形复杂的环境中，高精度的气压计能够有效辅助飞行控制系统实现精准的高度控制。然而，气压计受环境因素影响较大，如天气变化、气压突变等都可能导致测量误差，因此在高精度任务中，气压计常常与其他定位系统（如 GPS）结合使用，以确保数据的高度准确性和可靠性。

磁力计是无人机不可或缺的传感器，主要作用是帮助无人机确定飞行方向。磁力计通过感应地球磁场的变化，可测量出无人机相对于地球磁场的方位，进而计算出飞行器的航向角。在无人机飞行中，磁力计的作用类似于指南针，它能够为飞行控制系统提供稳定的方向指引，特别是在缺乏 GPS 信号的环境中，磁力计成为无人机定位的重要依据。现代无人机系统中的磁力计通常是三轴磁力计，能够精确测量不同方向的磁场变化。由于磁力计的工作原理依赖外部磁场，因此，在城市或复杂的电磁环境中，磁力计可能受到干扰。为了减少这种影响，飞行控制系统通常会采取数据滤波或传感器融合的方法，从而提升磁力计数据的准确性。

GPS 是无人机最常用的定位传感器之一，其能够提供全球范围内的定位信息。通过接收来自卫星的信号，无人机可以实时计算出所在位置的经纬度信息，从而进行导航与定位。GPS 系统对无人机的定点飞行、路径规划、航线追踪等功能至关重要，特别是在较长航程的任务中，GPS 的作用更加明显。在无人机执行自动化任务时，GPS 能够帮助其保持精准的位置和高度，实现全自主飞行。在多旋翼无人机和固定翼无人机中，GPS 的应用非常普遍。随着差分 GPS（DGPS）和实时动态定位（RTK）技术的发展，GPS 的精度和可靠性有了显著提高，能够实现更为精确的厘米级定位，这对于精密任务、航拍和测绘等应用领域尤为重要。

近年来，视觉传感器逐渐成为无人机的重要组成部分，特别是在需要高精度成像或目标识别的任务中，其作用不可忽视。视觉传感器通常包括高清摄像头、红外相机、激光雷达等，能够为无人机提供丰富的环境信息。视觉传感器可以通过图像识别、图像处理和深度学习等技术，实时捕捉和分析周围环境，为飞行控制系统提供视觉输入。例如，在复杂地形的环境中，激光雷达可以提供高精度的三维地形数据，帮助无人机避开障碍物；红外摄像头则能够在夜间或低光照条件下提供有效的成像，以保证任务的顺利执行。视觉传感器的一个显著优势是能够实现更高层次的智能感知，并支持自主飞行与目标跟踪，甚至能够进行环境建模和地图绘制。在自动驾驶技术的推动下，视觉传感器技术将继续发展，成为无人机智能化控制的关键因素。

红外传感器则是另一类重要的感知设备，被广泛应用于无人机的热成像和环境监测任务中。红外传感器能够探测到物体的热辐射，形成热成像图像，用于监测目标物体的温度变化。这类传感器在夜间或低能见度情况下尤为重要，可以帮助无人机识别热源，进行火灾监测、搜救等任务。通过热成像技术，无人机能够在复杂环境中快速定位，并识别出潜在的危险或目标，极大地提升了无人机在应急救援中的效率和精度。

无人机的传感器技术在飞行控制、任务执行和安全保障等方面起着至关重要的作用。各类传感器通过精密的协作，确保了无人机在复杂环境中的高效飞行和精确操作。随着技术的不断进步，传感器的精度、稳定性以及智能化水平将进一步提高，使无人机能够在更为广泛的应用领域中发挥更大作用。

四、无人机的通信系统

无人机的通信系统是确保其在飞行过程中，与地面站及其他设备进行实时数据交换和指令传输的关键技术之一。随着无人机技术的快速发展，通信系统已经成为无人机执行复杂任务、提高飞行安全性，以及实现自主操作的核心要素。无人机的通信系统通常由多个部分组成，包括飞行控制通信、视频传输通信、遥控信号传输等，它们共同作用，保障无人机在飞行过程中能够持续稳定地与操控平台，或其他系统进行信息交换。现代无人机的通信系统不仅需要满足基本的远程控制功能，还需要具备更强的抗干扰能力、更高的数据传输速率和更广泛的应用支持。随着技术的不断进步，无人机的通信系统正在向更加智能化、高效化、可靠化的方向发展。

飞行控制通信是无人机通信系统中最为基础且至关重要的组成部分，主要是指无人机与地面站之间的指令传输，包括飞行参数、姿态调整、航线规划等关键数据的交换。这类通信通常采用无线电频率通信技术，如 2.4 GHz 或 5.8 GHz 频段，用于传输飞行控制信号。通过这种方式，操作者能够实时监控无人机的状态，以进行飞行路径调整、自动飞行任务的启动和停止。飞行控制通信系统必须具备低延迟和高稳定性，以确保无人机在执行任务过程中能够及时响应地面指令，避免因通信中断或延迟导致的飞行风险。

视频传输通信在现代无人机中占有举足轻重的地位。许多无人机，尤其是用于航拍、监视和搜救等任务的无人机，都需要实时传输高清的视频图像。视频传输系统通过摄像头捕捉飞行过程中的视野，并将其通过无线通信链路传输到地面站或操作员终端，以实现远程监控和操控。视频传输通信通常采用 Wi-Fi、LTE、5G 等无线网络技术，或采用专用的高清图像传输技术，如数字视频广播（DVB）和实时视频传输。为了确保图像的清晰度和稳定性，要求视频传输系统具有较高的带宽和抗干扰能力。在复杂环境中，特别是在城市密集区域或远距离飞行时，视频传输系统的稳定性成为无人机应用中的一大挑战。

遥控信号传输是无人机通信系统中最基础的功能。遥控信号传输允许操作员直接通过遥控设备操控无人机的飞行，执行起飞、降落、转向等基本任务。这一部分通信通常通过无线射频信号完成，采用专门设计的控制器和接收模块。传统的遥控系统使用的是低频射频信号，如 27 MHz、72 MHz、433 MHz 等频段。而现代无人机则大多采用 2.4 GHz 或 5.8 GHz 频段，支持更长距离和更高稳定性的通信。由于遥控信号传输通常具有较高的实时性和稳定性要求，因此在恶劣环境下，常常需要采取多频段、自动切换频段等技术来防止信号丢失或干扰。在无人机进行远距离飞行时，遥控信号传输的可靠性尤为重要，其能够保证操作员可随时控制无人机的飞行姿态和位置。

数据传输和反馈系统在无人机通信系统中也占有重要地位，尤其在执行特定任务时，其能够提供实时数据回传至地面站。无人机在飞行过程中，需要不断收集大量数据，如飞行速度、姿态、气象信息、传感器数据等，这些数据不仅对飞行安全至关重要，还可以用于后续的任务分析和报告。数据传输系统通过无线网络将这些数据实时反馈给地面站，能够帮助操作员更好地了解飞行状态，并及时做出决策。常用的数据传输方式包括蓝牙、Wi-Fi、3G/4G/5G 网络等，可根据飞行距离、实时性和带宽需求来选择不同的网络技术。在长距离飞行或复杂任务中，数据传输系统的稳定性、传输速率和抗干扰能力成为系统设计中的关键考量因素。

随着无人机应用范围的不断扩展，尤其在军用、搜救、农业监测、测绘等领域，传统的通信系统已难以满足高速率、大带宽和高可靠性的需求，因此，一些新型通信技术正在逐步被应用到无人机的通信系统中。例如，5G 通信技术具有超低延迟、高带宽、大连接数的优势，能够大大提升无人机在复杂环境下的实时性和稳定性。在紧急救援、灾后评估等场景中，5G 技术能够支持无人机快速传输高清视频，实时监控灾区情况，为决策者提供有效支持。此外，卫星通信系统也为无人机在极端环境中的应用提供了保障，尤其在远海、山区等 GPS 信号无法覆盖的区域，卫星通信系统能够实现全球范围的飞行控制与数据传输，为无人机的应用开辟了新的天地。

第三节 无人机的飞行原理

一、无人机的动力系统

无人机的动力系统是其实现飞行的核心部分，负责为无人机提供必要的推力和升力。与传统飞机相比，无人机在动力系统的设计上具有一定的差异，尤其在飞行模式、推力来源和控制方式等方面。无人机的动力系统通常由动力源、推进装置和控制系统三部分组成，通过这三者的协同工作，使无人机能够在各种任务中保持稳定飞行。现代无人机的动力系统不断发展，涵盖了从小型电池驱动的多旋翼无人机到大型燃油驱动的固定翼无人机等多种类型，能够适应不同的作业需求和环境条件。

无人机的动力源一般包括电池和燃油两种主要形式。其中，电池作为当前民用无人机的主流动力源，具有重量轻、能量密度较高等特点，适用于中小型无人机的飞行。电池驱动的无人机通常采用锂聚合物电池、锂离子电池等，这些电池能够在较小体积内提供较大的电能输出，可支持无人机完成长时间、远距离的飞行任务。对于大型无人机或需要长时间飞行的专业应用，燃油动力系统则是更为常见的选择，燃油系统提供的能量比电池更为持久，适合长时间作业或承担更大负载的任务。在一些复杂环境下，也在逐渐应用混合动力系统（如电池和燃油组合），通过结合两者的优点，能够提供更长的续航时间和更强的动力支持。

推进装置是无人机动力系统的关键组成部分，负责将动力源的能量转化为飞行所需的推力。常见的推进装置包括螺旋桨、涡轮和喷气发动机等。对于多旋翼无人机而言，螺旋桨是最常见的推进装置。通过电动机驱动螺旋桨旋转，可产生足够的升力来支持无人机悬停和飞行。不同数量的旋翼配置（如四旋翼、六旋翼等）直接影响无人机的飞行性能和稳定性。多旋翼无人机的优势在于能够实现悬停、垂直起降等功能，非常适合城市环境、狭小空间的应用。对于固定翼无人机，推进装置通常为涡轮或喷气发动机，发动机通过提供持续的推力，能够使无人机保持高速飞行。相比之下，固定翼无人机则需要一定的飞行速度才能产生足够的升力，不适合在狭小空间内执行任务，但长时间飞行的能力和大范围的航程，使其在监测、勘察等任务中具有独特优势。

控制系统是无人机动力系统的"神经中枢"，它通过与飞行控制系统的紧密配合，可以调节动力系统的运行状态，以实现无人机的精确控制。控制系统包括电调（电子调速器）、飞控板和传感器等，它能够通过接收来自地面控制系统的指令或无人机自身的飞行数据，调节电动机或发动机的工作状态，进而控制推力的大小，以维持飞行的稳定性。在多旋翼无人机中，控制系统通过调节各个电动机的转速来实现航向、升降和倾斜角度的变化。通过精确的调控，无人机可以在不同的飞行模式下，如悬停、巡航或急转等，稳定地执行复杂任务。而在固定翼无人机中，控制系统则通过调整发动机的功率输出，并配合舵面控制（如副翼、方向舵和升降舵），来调节飞行状态，从而保证飞行路径和高度的稳定。

动力系统的设计与选择直接影响无人机的飞行性能。对于需要高机动性和短时间响应的无人机来说，动力系统需要提供强大的推力输出和快速的反应能力。例如，军用无人机或搜索救援无人机常常需要具备快速响应和高机动性的特点，这就要求动力系统能够在瞬间提供较大功率。而对于长时间飞行、载荷较重的无人机来说，动力系统则应优先考虑续航能力和稳定性。例如，用于农业喷洒或监测巡航的无人机通常需要持续飞行数小时，动力系统的设计需要更加注重电池的续航能力或燃油的储备量，以保证飞行任务的顺利完成。动力系统的设计不仅需要根据任务的特性进行优化，还需要考虑其与其他飞行系统的协调工作，从而确保整机的性能达到最佳。

随着技术的进步，未来无人机的动力系统将朝着更高效、更绿色、更智能化的方向发展。电池技术的进步，尤其是固态电池技术的不断突破，将使得无人机的电力系统更具续航力和安全性。燃油动力系统则可能通过更高效的发动机和混合动力技术，进一步提升无人机的能效和作业时间。同时，自动化控制技术的提升也将使得无人机的动力系统能够在更复杂的任务中自动调整状态，以应对不同的飞行环境和外部挑战。随着人类对无人机应用场景的不断拓展和对飞行性能的更高要求，动力系统的设计和应用将成为无人机技术持续发展的重要推动力。

无人机的动力系统是其能够完成各类任务、稳定飞行的重要保障。无论是小型民用无人机，还是大型商用或军用无人机，动力系统的设计与性能都直接影响其作业的效率和安全性。随着技术的不断进步，未来，无人机的动力系统将不断朝着更加高效、智能和环保的方向发展，从而拓展其应用边界，提升其在各个领域的应用价值。

二、无人机的飞行控制原理

无人机的飞行控制原理是保证其在各种飞行环境中稳定、高效运行的基础。飞行控制系统（FC 系统）通过实时监测无人机的姿态、速度、方向等数据，并根据飞行状态动态调整控制命令，能够确保无人机的飞行稳定性和精准性。飞行控制原理涉及多种关键技术，包括传感器技术、控制算法、飞行模式、自动化控制与人工干预的平衡等。通过这些技术，无人机可以自主完成复杂的飞行任务，如自动起降、稳定悬停、路径规划等。

飞行控制原理的核心是无人机的姿态控制，其是指通过调整无人机的倾斜角度和方向，使其能够稳定飞行。无人机的姿态一般由滚转角、俯仰角和偏航角三者共同决定。在多旋翼无人机中，姿态控制通过调节各个电动机的转速来实现。例如，增加某个电动机的转速可以使无人机绕该电动机旋转，从而实现滚转或俯仰角度的变化；相反，减少电动机的转速则能减小无人机的倾斜角度。通过这种方式，飞行控制系统能够精确控制无人机的姿态，避免出现过度倾斜或不稳定的飞行状态。控制系统可通过实时监测传感器数据，并根据算法进行实时调整，从而确保飞行过程中的姿态保持在预设的安全范围内。

飞行控制原理还包括速度控制。无人机的速度控制通过对飞行器推力的精确调节来实现。当无人机需要加速或减速时，飞行控制系统会根据飞行任务和环境要求调整电动机的功率输出。例如，当无人机在前进时，飞行控制系统会增加前方电动机的转速，从而产生较大的前推力，推动无人机向前飞行；当需要减速或停稳时，飞行控制系统则会减少推力，甚至反向推力来实现减速。为了确保无人机飞行稳定，飞行控制系统还需处理由风速、气流等因素引起的外部扰动，实时调整控制信号，以确保无人机能够维持稳定的飞行速度。

飞行控制原理的另一个重要方面是路径规划与自主飞行。在现代无人机中，飞行控制系统不仅需要完成姿态控制和速度控制，还需要处理飞行路径的规划与调整。路径规划涉及根据预定的目标点自动计算最优航线，并通过飞行控制系统动态调整飞行路线。无人机在飞行过程中，尤其在进行复杂任务时，如航拍、测绘、搜索与救援等，通常需要进行自主导航。飞行控制系统通过结合 GPS、视觉传感器、激光雷达等多种传感器技术，可实时获取环境信息，并根据飞行状态进行路径修正。飞行路径的优化是无人机自主飞行能力的关键，它需要通过高效的路径算法来确保任务的顺利完成，同时避免与障碍物的碰撞。

飞行控制系统的设计还需要考虑到多种飞行模式的切换与适应性。例如，在一些特定任务中，无人机可能需要在悬停、定点飞行或快速移动之间进行切换。飞行控制系统能够根据任务需求和飞行状态，自动调整飞行模式。在多旋翼无人机中，当无人机需要悬停时，飞行控制系统会精确调节各个电动机的转速，以保持无人机在空中的平衡，避免飞行过程中的晃动或偏移；当无人机需要快速飞行时，飞行控制系统则会优化推力分配，从而确保飞行速度的提升与稳定性。在一些高级飞行模式下，飞行控制系统还可以与地面控制系统相结合，允许人工进行手动操控干预或自动切换飞行模式，以应对复杂环境中的飞行需求。

无人机的飞行控制原理还需要确保其在失控、故障等情况下的安全性和稳定性。飞行控制系统通常配备了多重冗余设计，以应对传感器故障或其他硬件问题。例如，当某一传感器出现故障时，飞行控制系统可以切换至备用传感器，以保证飞行的持续性。无人机还可以在飞行过程中实时监控飞行状态，检测是否出现异常飞行模式，如偏航过大、倾斜过度等。当飞行系统检测到异常情况时，会自动调整飞行姿态，或启动紧急着陆程序，以减少事故的发生。飞行控制系统还具备实时数据传输和远程监控功能，操作员可以随时监控无人机的飞行状态，并在必要时进行远程干预或终止飞行。

无人机的飞行控制原理涵盖了姿态控制、速度控制、路径规划、飞行模式切换及安全性保障等多个方面。飞行控制系统是无人机能够稳定、安全执行任务的核心技术之一。随着技术的发展，飞行控制系统不断向智能化、自动化方向演进，能够应对更加复杂的飞行环境和任务要求。无人机飞行控制原理的优化不仅提升了无人机的操作性和精度，也为无人机在救援、勘探、监测等领域的应用奠定了坚实的技术基础。

三、无人机的导航系统

无人机的导航系统是其核心功能之一，它决定了无人机在飞行过程中如何确定自己的位置、方向，以及如何根据预定目标进行精准的导航。无人机的导航系统集成了多种先进技术，涉及位置定位、路径规划、误差校正、环境感知等多个方面，以确保无人机能够在不同环境中稳定飞行并执行任务。随着技术的不断发展，现代无人机的导航系统已具备高精度、高可靠性和高智能化的特点，被广泛应用于军事、民用、科研等多个领域。导航系统的准确性、鲁棒性和实时性，直接影响无人机的飞行性能和任务执行效果。

GPS 是无人机导航系统中最常见的定位技术之一。GPS 可通过卫星信号提供全球范围内的位置信息，被广泛应用于无人机的地理位置获取和路径规划。无人机通过内置的 GPS 接收机接收来自卫星的信号，并结合 IMU 和其他辅助传感器，能够在三维空间中精确确定自身的位置和姿态。在无人机飞行过程中，GPS 可为其提供实时的位置信息，以便飞行控制系统进行路径跟踪和目标定位。GPS 系统的优势在于覆盖范围广、成本相对较低，在很多商业和民用无人机中得到了广泛应用。然而，GPS 也有局限性，如在城市峡谷、地下等信号较弱或被屏蔽的环境中，GPS 的定位精度可能受到影响，这就要求无人机的导航系统在 GPS 信号不可用或质量较差的情况下，能够通过其他方式进行补充。

惯性导航系统（INS）是无人机导航系统中用于补充 GPS 的关键技术。INS 通过惯性传感器（如陀螺仪、加速度计等）监测无人机的加速度和角速度，进而推算无人机的当前位置和姿态。惯性导航系统的优势在于高频率、高精度的实时性，能够为无人机提供连续的运动数据，尤其在 GPS 信号丢失或干扰较大时，INS 可以独立工作，确保无人机的飞行稳定性。INS 通过融合多传感器的数据，能够不断校正误差，提升导航精度。然而，INS 存在累积误差的问题，长时间的飞行可能导致定位精度下降，这就需要与 GPS 等其他定位系统进行联合使用，以提高导航系统的整体精度和可靠性。

近年来，视觉导航系统（VNS）得到了广泛关注，尤其在室内或 GPS 信号弱的环境中，其具有较大的应用潜力。视觉导航系统通过安装在无人机上的摄像头来获取环境图像，并通过图像处理技术对其进行分析，从而推算无人机的相对位置和运动轨迹。通过计算机视觉算法，如特征点匹配、光流法和 SLAM（同步定位与地图构建）等，视觉导航系统能够实时获取环境信息并执行定位与导航任务。视觉导航的优势在于可以依赖丰富的环境信息进行自主导航，特别是在 GPS 无法使用的复杂环境中，其能够有效替代传统的定位系统。随着计算机视觉和深度学习技术的发展，视觉导航系统的精度和鲁棒性得以不断提升，成为无人机导航技术的重要组成部分。尽管如此，视觉导航系统仍面临诸多挑战，如光照变化、环境复杂性和图像处理延迟等问题，仍需要在实际应用中不断进行优化。

激光雷达和超声波等传感器技术为无人机导航系统提供了辅助支持，尤其在高精度地面测绘、避障和室内导航等应用中具有重要作用。其中，激光雷达通过激光扫描周围环境，能够生成高精度的三维点云图，从而帮助无人机感知环境的形状、障碍物的位置及相对高度。通过激光雷达提供的三维环境数据，无人机能够进行精确的路径规划和障碍物避让，以确保飞行安全。超声波传感器则用于短距离的障碍物探测，通常用于低空飞行时的障碍物避让。激光雷达和超声波传感器能够与其他导航系统（如 GPS、INS 等）进行数据融合，从而提高导航精度，并增强飞行控制的安全性和可靠性。在复杂环境中，尤其在室内、城市峡谷或自然灾害现场等，激光雷达和超声波等传感器的使用可以有效弥补传统导航系统的不足。

由于各种传感器和定位技术在使用过程中不可避免地存在误差，如何有效地进行数据融合和误差校正成为无人机导航系统面临的重要挑战。常见的误差来源包括传感器偏差、噪声、环境干扰等。为了提高导航系统的精度和鲁棒性，现代无人机通常采用卡尔曼滤波等数据融合算法，将来自不同传感器的数据进行实时整合，以消除误差并提供更加准确的位置信息。通过数据融合，导航系统能够在各种环境条件下保持较高的定位精度，即使在 GPS 信号差或无信号的情况下，依然能够依靠其他传感器实现精准定位。随着人工智能和机器学习技术的不断发展，未来无人机导航系统将具备更加智能的自适应能力，并能够根据飞行环境的变化自动调整导航策略，从而提升自主飞行的能力。

导航系统是无人机飞行控制中的重要组成部分，涉及多种先进技术和复杂算法。通过 GPS、惯性导航、视觉导航、激光雷达和超声波等多种技术的综合应用，现代无人机能够在各种环境中进行精准定位和路径规划。随着技术的发展，导航系统的精度、鲁棒性和智能化水平将不断提升，进而推动无人机在各个领域的广泛应用。无论是在军事、救援、勘探，还是在日常的物流、农业和环境监测等任务中，精确可靠的导航系统都是确保无人机高效、安全运行的关键。

四、无人机的稳定性分析

无人机的稳定性是确保其在飞行中能够顺利执行任务的基础，尤其在复杂环境下，如强风、恶劣天气或紧急救援等。稳定性问题直接影响无人机的飞行安全、定位精度和任务执行效率。无人机的稳定性主要涉及飞行器的动力学特性、控制系统的设计、传感器精度等多个方面，其能够确保无人机在各类飞行状态下的平稳运行。不同类型的无人机，如固定翼无人机、多旋翼无人机等，其稳定性表现和控制方法有所差异，因此，对于无人机的稳定性分析必须要考虑其结构、控制系统以及外部环境的影响。

飞行器的动力学特性决定了其如何响应控制输入、外界扰动以及内在的运动状态。多旋翼无人机的稳定性通常依赖多个旋翼产生的升力和转矩。每个旋翼的转速调节可以改变升力，从而影响飞行器的高度、倾斜角度及姿态变化。多旋翼无人机的稳定性与每个旋翼的协同作用密切相关，旋翼的不平衡或故障可能导致飞行不稳定甚至失控。固定翼无人机的稳定性则更多依赖机翼、尾翼和动力系统的配置。在高速飞行中，气流的稳定性以及飞行器的俯仰、滚转、偏航控制将影响飞行的平稳性。此外，飞行器的质量分布、惯性矩和重心位置也是影响稳定性的重要因素。无论是旋翼还是固定翼，优化这些结构参数设计能够有效提升飞行器在不同飞行模式下的稳定性。

飞行控制系统能够通过传感器实时监控飞行器的姿态和位置，从而计算出相应的控制指令来保持飞行器的稳定。飞行控制系统的核心任务是将无人机的输入与期望输出进行比较，并利用控制算法来修正飞行器的姿态和位置。常见的飞行控制方式包括 PID 控制、LQR（线性二次调节）控制和自适应控制等，其中，PID 控制因简单、实时性强而被广泛应用。飞行控制系统不仅需要快速响应外部扰动，还需要在飞行器发生剧烈变化或系统异常时进行适当调整。特别是在多旋翼无人机中，由于其较为敏感的控制特性，使飞行控制系统的稳定性和精度显得尤为重要。为了确保飞行控制系统的稳定性，常常需要结合多种传感器技术，如陀螺仪、加速度计、磁力计等，以形成一个闭环控制系统，从而精确反馈飞行器的姿态变化并做出相应调整。

无人机通常配备了多种传感器，如 IMU、GPS、激光雷达、视觉传感器等，用于监测飞行器的位置、速度、姿态等状态信息。传感器的精度和误差对于飞行控制系统的稳定性至关重要。例如，IMU 传感器提供加速度、角速度等数据，能够帮助飞行控制系统推算飞行器的姿态变化；GPS 提供地理位置数据，确保飞行器能够根据目标路径进行精确导航。然而，这些传感器也容易受到外部环境的影响，如磁场干扰、振动等，导致数据误差的产生。当传感器出现偏差时，飞行控制系统可能无法做出及时和准确的调整，从而影响飞行器的稳定性。因此，传感器的多样性、精度以及与其他传感器的数据融合能力，直接决定了无人机在复杂飞行环境中的稳定性表现。

在现实应用中，无人机往往需要在强风、雨雪、雷电等恶劣的天气条件下执行任务，这些环境因素对飞行稳定性构成了严峻考验。其中，风速和风向变化会对无人机的升力产生扰动，尤其在低空或山区等复杂地形中，气流的不稳定性可能导致飞行器失速或出现倾斜。而雨雪等天气现象则会对传感器的精度、飞行控制系统的反应速度，以及电池性能产生负面影响。在高空飞行时，气温、空气密度和大气压力等因素也可能影响飞行器的动力学特性。此外，无人机的稳定性还受飞行高度、飞行速度等因素的影响。为了确保飞行的稳定性，现代无人机系统往往配备了多种应对恶劣环境的技术，如智能天气预测系统、气流扰动补偿算法等。

在飞行过程中，无人机可能面临硬件故障或系统异常，如何在出现问题时及时进行自我修复或安全降落是稳定性分析的重要内容。例如，当某个旋翼出现故障时，飞行控制系统能够通过调整其他旋翼的转速来补偿升力损失，以保持飞行稳定；在电池电量不足时，系统能够迅速规划安全着陆路径，防止无人机坠落。因此，飞行器的稳定性不仅仅依赖飞行中的控制和操作，还需要考虑飞行器在遭遇故障时的应急处理能力。随着人工智能技术的应用，无人机系统逐渐具备更高的自适应性和智能性，能够根据不同故障情形进行快速决策并优化飞行策略，从而提高无人机的飞行安全性。

无人机的稳定性是其安全、高效飞行的前提，涉及动力学特性、控制系统、传感器精度、外部环境以及故障应对等多个方面。通过综合优化无人机的设计、控制算法，以及飞行过程中的数据监控和修正，可以显著提升其稳定性表现。未来，随着技术的进一步发展，无人机的稳定性将得到进一步提升，能够在更加复杂和苛刻的环境中执行任务，为各行各业提供更加可靠和高效的服务。

第四节 无人机的分类与应用

一、固定翼无人机

固定翼无人机（Fixed-Wing UAV）作为无人机家族中的重要成员，因其在飞行稳定性、航程、飞行速度等方面的优势，被广泛应用于军事、农业、测绘、环境监测等领域。与多旋翼无人机相比，固定翼无人机采用类似传统飞机的机翼设计，能够通过空气动力学原理获得持续的升力，这使得其在飞行过程中能够保持较高的效率和较长的续航能力。

固定翼无人机的基本结构与传统飞机类似，主要包括机身、机翼、尾翼、动力系统和飞行控制系统等部分。其中，机身是无人机的主体部分，通常用于容纳电池、飞行控制器、通信系统以及任务载荷等。机翼是固定翼无人机的关键部件，负责产生升力并支持飞行器的稳定性。不同于多旋翼无人机，固定翼无人机的机翼形状和大小直接影响其飞行性能与效率。尾翼用于提供飞行器的稳定性，保证飞行过程中的平衡和方向控制。动力系统通常包括发动机或电动机，用于驱动螺旋桨或风扇产生推力，推动无人机前进。飞行控制系统则负责协调无人机的各项操作，确保飞行路径和姿态的控制。（图 1-2）

图 1-2 固定翼无人机

固定翼无人机的最大优势在于其较长的续航时间和较大的飞行范围，与多旋翼无人机需要频繁充电或更换电池不同，固定翼无人机能够在较长时间内进行飞行，且通常能够飞行较远距离。这是由于固定翼无人机的升力来自机翼与气流的相互作用，在飞行过程中无须依赖大量电力支持。这种高效的飞行方式使得固定翼无人机在执行长时间任务、跨越较大地理区域时表现优异。例如，在农业喷洒作业中，固定翼无人机能够覆盖更大范围的农田，提高作业效率；在环境监测中，固定翼无人机能够飞越偏远或人类难以到达的地区，进行长时间的数据采集。

此外，固定翼无人机还具有较高的飞行速度，这使得它在某些需要快速反应的任务中表现突出。其设计原理使得飞行速度较快，特别适用于需要长时间、快速覆盖较大区域的任务。例如，固定翼无人机可以在数百公里的范围内快速完成测绘工作，或者在海洋环境中执行监测任务。固定翼无人机的飞行稳定性和抗风能力较强，能够在较为复杂的气象条件下执行任务，尤其在风速较大的环境中，固定翼无人机的飞行比多旋翼无人机更加稳定。然而，固定翼无人机也存在一些局限性，即其起飞和降落的要求较高，一般需要较长的跑道或较大的空地。对于一些需要在狭小空间内操作的场景，固定翼无人机的应用受到一定限制。由于依赖机翼产生升力，固定翼无人机在起飞和着陆过程中，均需要较高的飞行速度，这使得其在低速飞行、悬停以及精确着陆等方面不如多旋翼无人机灵活。对于某些需要精细操作和低空飞行的任务，固定翼无人机的应用面临一定的挑战。

尽管如此，随着技术的不断进步，固定翼无人机在多种行业中的应用越来越广泛。在农业领域，固定翼无人机可以执行大规模的农田巡检、作物生长监测、病虫害防治等任务。通过搭载高精度传感器，固定翼无人机能够快速扫描大面积农田，收集关于土壤湿度、作物健康、病虫害等方面的数据，并将其传输到地面站进行分析，为农业决策提供依据。在测绘领域，固定翼无人机可以快速、精确地进行地形地貌、城市规划、资源勘探等工作，通过航拍获取的高清图像和数据可用于三维建模、地图制作等。较长的飞行时间和高效的能量利用，使得固定翼无人机能够覆盖更大区域，进行更为全面的测绘作业。

在军事领域，固定翼无人机的应用更为广泛。固定翼无人机常用于侦察、监视、情报收集等任务，能够在较长时间内维持飞行，并且能快速覆盖战区范围。固定翼无人机的稳定性和飞行速度，使其能够在快速变化的战场环境中提供实时情报。对于一些特殊任务，固定翼无人机还可以搭载一定的作战载荷，执行精确打击任务。固定翼无人机的隐蔽性和较长的续航能力，使其成为现代战争中不可或缺的工具。

随着无人机技术的发展，固定翼无人机的应用前景将越来越广阔。未来，随着电池技术、飞行控制技术和自动化技术的进步，固定翼无人机将具备更长的续航能力、更高的飞行精度和更广泛的适用性。同时，固定翼无人机与其他类型的无人机相结合，如多旋翼无人机、垂直起降无人机（VTOL）等，也将带来更多创新应用。例如，结合垂直起降技术的固定翼无人机，能够突破起飞和降落场地的限制，使其在复杂环境下也能高效执行任务。固定翼无人机作为无人机技术中的重要组成部分，其在飞行效率、航程、速度等方面的优势使其在多个领域得到了广泛应用。尽管固定翼无人机在起降要求和低空飞行方面存在一些局限，但随着技术的不断进步，未来其将继续扩展应用范围，为社会各个行业提供更加高效和精准的服务。

二、旋翼无人机

旋翼无人机（Rotary-wing UAV）是与固定翼无人机并列的主要无人机类型，其凭借在悬停、低空飞行和垂直起降方面的独特优势，被广泛应用于军事、灾害监测、农业喷洒、环境保护等多个领域。旋翼无人机以其高灵活性和可操作性，在许多任务中表现出色，尤其在城市空中交通、紧急救援、精密农业和监控等工作中成效显著。旋翼无人机的飞行原理与固定翼无人机不同，其通过旋转的旋翼产生升力，可以实现悬停飞行和垂直起降，这使得它在空间限制较大或需频繁变换飞行姿态的任务中，具备不可替代的优势。

旋翼无人机的基本结构包括机身、旋翼、飞行控制系统、动力系统以及传感器系统等。其中，机身是无人机的框架，承载着无人机的所有关键部件，通常采用轻质材料，如碳纤维或塑料，以减少重量。旋翼是旋翼无人机的关键部件，负责提供升力，通常由一个或多个旋翼组成。根据旋翼数量的不同，旋翼无人机可以分为单旋翼和多旋翼两种类型。单旋翼无人机通常只有一个主旋翼，通过尾旋翼来保持飞行稳定；多旋翼无人机则采用两个或多个旋翼，通过每个旋翼的控制来保持平衡和飞行稳定性。飞行控制系统通过传感器、陀螺仪、加速度计等设备对旋翼进行精确控制，从而保证无人机的飞行姿态和飞行路径。动力系统则通常采用电动机或者内燃机，通过驱动旋翼旋转来产生推力。（图1-3）

图1-3 旋翼无人机

旋翼无人机的最大特点之一是能够进行垂直起降（Vertical Take-Off and Landing, VTOL），即无须跑道即可起飞和降落。这一特点使得旋翼无人机特别适用于狭小的飞行空间，如城市环境、高层建筑之间、山地等复杂地形。垂直起降能力使得旋翼无人机能够在紧急情况下快速起飞，并精准到达目标地点，这在搜救任务、灾害响应以及军事侦察等应用中具有极大优势。与固定翼无人机需要长跑道起飞的要求不同，旋翼无人机可以在极小的空间内完成起飞和着陆，极大地提高了操作灵活性。旋翼无人机的另一个显著优势是悬停能力。旋翼的旋转使得无人机能够在空中停留较长时间，并精确控制其位置，这对于许多需要精细操作的任务至关重要。例如，在农业领域，旋翼无人机可以在作物上空悬停，进行精确的喷洒操作，从而减少药剂浪费并提高作物产量；在监测领域，旋翼无人机可以在环境灾害发生后悬停在现场，快速获取数据，并进行灾害评估和救援规划。此外，悬停飞行还使得旋翼无人机在拍摄高清影像、进行遥感探测以及地质勘探等任务中发挥着重要作用。

然而，旋翼无人机的动力效率较低，相比于固定翼无人机，其续航时间较短。由于旋翼需要消耗较大能量来维持其旋转，因此，旋翼无人机的飞行时间通常受到电池容量的限制。在长时间飞行任务中，旋翼无人机可能需要频繁充电或更换电池，这对于一些持续时间较长的任务来说是一个挑战。为了延长续航时间，研究人员正在不断改进旋翼无人机的能源管理系统，如通过优化电池技术、采用太阳能供电等方式来提高其续航能力。尽管如此，旋翼无人机的高能效和短暂飞行时间仍然是其设计上的难点。

在实际应用中，旋翼无人机的稳定性和精确控制能力得到了广泛认可。由于拥有多个旋翼，多旋翼无人机能够通过调节各个旋翼的转速来实现飞行姿态的控制，从而保持飞行的稳定性。与传统的单旋翼无人机相比，多旋翼无人机具有更高的容错性，能在某些旋翼出现故障时仍保持飞行，并及时安全降落。多旋翼无人机的飞行控制系统非常精细，能够根据飞行状态和环境变化实时调整飞行策略，确保飞行路径的准确性。飞行控制系统的进步使得旋翼无人机能够在多个领域中执行复杂任务，包括精准农业、建筑检查、空中拍摄、地理测绘等。

旋翼无人机被广泛应用于多个行业，尤其在应急救援、灾害监测、环境保护和军事领域等。以灾害救援为例，旋翼无人机可以在灾难发生后迅速部署，进入灾区进行搜索和定位。通过搭载热成像、红外传感器等设备，旋翼无人机能够在夜间或恶劣天气条件下完成任务。尤其在地震、洪水等灾害发生时，旋翼无人机能够进入救援人员无法到达的区域，进行实时监控和数据传输，极大地提高了救援效率。在军事领域，旋翼无人机被广泛应用于侦察、监视、巡逻等任务，它们能够快速部署并实时传回情报，极大地提升了作战决策的时效性。此外，农业领域也是旋翼无人机应用的一个重要方向。传统的农业喷洒作业通常依赖人工或大型机械，而旋翼无人机则通过精确控制喷洒量和区域，能够有效提高农业生产效率。旋翼无人机不仅能够在较短时间内完成大面积农田的喷洒任务，而且能够根据作物的生长情况进行精准施肥和施药，减少了农药和化肥的浪费，有助于环保。农业领域的旋翼无人机还能够进行作物健康监测、土壤质量评估等任务，为农民提供精确的农业数据，从而帮助他们做出更好的决策。

未来，随着技术的不断发展，旋翼无人机的应用场景将进一步扩大。高效的动力系统、更加精准的飞行控制系统和智能化的自动飞行技术，将使得旋翼无人机在许多领域中得到广泛应用。通过与人工智能、大数据和云计算等技术的结合，旋翼无人机能够实现更加智能化的任务执行和数据分析，推动相关行业的创新与发展。随着无人机技术的成熟，旋翼无人机有望在更多的生活和工作场景中发挥重要作用，改变人类对空中作业的认识。

三、混合翼无人机

混合翼无人机（Hybrid-wing UAV）是一种结合固定翼无人机和旋翼无人机特性的创新型飞行器。通过融合两种不同类型无人机的优点，混合翼无人机能够在垂直起降（VTOL）能力、飞行稳定性、航程和续航时间等方面获得优化，从而满足人们更为广泛的应用需求。这类无人机在技术上突破了传统无人机的局限，既可以像固定翼无人机那样高效地进行长时间飞行，又具备旋翼无人机的垂直起降和悬停能力，使其在执行任务时更加灵活、高效。混合翼无人机的多功能性和适应性，使其成为军事、民用、科研等多个领域的理想选择。

混合翼无人机的基本设计概念是，将固定翼无人机和旋翼无人机的飞行优势相结合，解决传统旋翼无人机续航时间短，以及固定翼无人机起降要求苛刻的问题。通过配备多个旋翼和一个可调节的固定翼，混合翼无人机能够在起飞和降落时利用旋翼提供垂直升力，而在水平飞行时则依赖固定翼提供升力。这种设计使得混合翼无人机能够在不需要跑道的情况下实现垂直起降，同时也能够像固定翼无人机一样进行高效、长时间的巡航飞行，从而提高了飞行任务的灵活性和执行效率。与传统旋翼无人机相比，混合翼无人机的飞行效率要高得多。旋翼无人机的能量消耗通常较大，特别是在执行长时间飞行任务时，电池的续航能力成为一个"瓶颈"。而混合翼无人机通过将动力分配给旋翼和固定翼，使得其可以在不同飞行模式下切换动力系统，从而优化能量消耗。在垂直起降阶段，旋翼提供升力；而在水平飞行阶段，固定翼则承担升力任务，减少了旋翼的负担，从而提高了燃料或电池的使用效率。这使得混合翼无人机相比纯旋翼无人机来说，具有更长的续航时间和更大的飞行范围，尤其适用于需要长时间飞行的任务，如侦察、巡查、环境监测等。

混合翼无人机的飞行模式转换机制是其关键技术之一。在垂直起降模式下，旋翼可提供垂直升力，确保无人机能够从狭小空间起飞并顺利降落。当无人机转入水平飞行模式时，旋翼的作用减弱，固定翼则提供足够的升力和稳定性。在这一过程中，飞行控制系统需要根据飞行状态和任务需求实时切换飞行模式，以保持飞行稳定性和控制精度。这要求混合翼无人机必须具备高性能的飞行控制系统，以实现不同飞行模式之间的平滑过渡。随着飞行控制算法和传感器技术的进步，混合翼无人机能够更精确地调整飞行姿态，从而确保任务执行的准确性和高效性。混合翼无人机的结构设计相较于传统无人机更加复杂。它通常配备多个旋翼和一个固定翼，这要求在设计和制造过程中，必须考虑多种飞行模式下的结构强度和稳定性。在垂直起降模式下，旋翼的稳定性至关重要，这是由于它们不仅要提供升力，还要确保无人机的姿态和方向控制。固定翼部分的设计则要求其具备良好的气动性能，以确保在水平飞行时能够提供足够的升力和航程。由于混合翼无人机在不同飞行模式下需要切换动力输出，因此，电池和动力系统的布局也需要特殊设计，以确保动力切换时的平稳过渡和飞行控制的准确性。

在应用方面，混合翼无人机的优势使其在许多领域具有广泛前景。在军事领域，混合翼无人机可以执行侦察、监视、打击等任务，尤其在城市战斗和复杂地形中的应用。它的垂直起降能力使得其能够在城市环境、山地或复杂地形中操作灵活，而其较长的续航时间则能够为战场提供持续的情报支持。在民用领域，混合翼无人机同样具有巨大潜力。例如，在环境监测中，混合翼无人机不仅可以长时间飞行，覆盖大范围区域，而且可以在飞行中进行高精度的测量和数据采集。此外，混合翼无人机还可应用于应急救援、气象监测、农业巡查等多个行业，以满足快速响应、长时间持续飞行和高效率工作的需求。

尽管混合翼无人机具有众多优势，但其设计和制造过程的复杂性也带来了诸多挑战。例如，混合翼无人机的飞行控制系统需要协调旋翼和固定翼的配合，这对飞行控制技术提出了更高要求。特别是在转变飞行模式时，如何保证飞行平稳、稳定过渡是一个技术难题。由于混合翼无人机需要同时考虑多个动力系统和飞行模式，相较于传统无人机而言，其整体结构的重量和体积可能要大，这对其在某些应用中的机动性和灵活性构成了限制。因此，如何优化混合翼无人机的设计，使其兼顾各类飞行模式的需求，提升整体性能是当前研发中的一个关键问题。

随着无人机技术的不断发展，混合翼无人机有望在更多领域发挥重要作用。未来，随着飞行控制系统的进一步完善、动力系统的升级以及材料科技的进步，混合翼无人机的飞行效率、稳定性和适应性将得到更大提升。通过优化其设计和提高技术水平，混合翼无人机将在应急响应、环境监测、农业生产、空中物流等方面取得更大的应用突破，从而推动无人机技术的进一步发展和应用。

四、无人机的多领域应用

无人机技术的快速发展使其在多个领域获得了广泛应用，尤其在复杂环境和高风险任务中。随着无人机在飞行控制、导航系统、传感器技术等方面的不断突破，其应用范围逐渐从最初的军事用途扩展到民用、工业、农业、环境监测等多个行业。无人机不仅提升了工作的效率和安全性，还能够实现以前人力和传统设备无法完成的任务。以下将详细探讨无人机在几个主要领域中的应用。

在农业领域，随着精准农业理念的兴起，无人机的应用为农民提供了新的工具和方法来优化农业生产过程。无人机能够通过搭载各种传感器（如红外、RGB、激光雷达等）进行作物健康监测、土地勘察、施肥和喷洒农药等任务。通过空中拍摄和数据分析，农民能够实时获取农田的精确图像和数据信息，并根据不同作物的生长状况调整施肥、浇水等措施，从而提高生产效率和农作物产量。同时，无人机能够帮助农民降低劳动强度，减少施肥和喷洒农药的浪费，并减少对环境的污染。无人机在农田巡查中也能够替代传统的人工巡视，通过定期拍摄地面影像，可监测病虫害的发生并及时采取措施，避免作物的损失。这种高效、精准、低成本的农业生产模式逐步改变了传统农业的面貌，推动了现代化农业的进程。

在环境监测领域，无人机的应用同样具有重要意义。无人机能够在环境调查和污染检测中发挥巨大作用，尤其在一些危险或者人类难以到达的区域。通过搭载不同类型的传感器，如气体传感器、温湿度传感器、光谱分析仪等，无人机可以快速采集空气质量、水质、土壤成分等数据，从而进行环境污染监测。尤其在环境灾害发生时，如森林火灾、洪水、化学泄漏等，无人机可以迅速到达现场进行实时数据采集，帮助人类评估灾害的范围和程度，从而为救援工作提供科学依据。基于无人机的数据采集，研究人员能够进行长期的环境变化监测，追踪气候变化、生态系统变化等重要问题，以支持环境保护和可持续发展策略的制定。

无人机在公共安全领域的应用也不断得到拓展，尤其在应急救援和灾后工作恢复中。通过搭载高清摄像头、红外热像仪等设备，无人机能够在自然灾害发生后的第一时间进行空中侦察，以获取灾区的实时图像和视频，从而帮助指挥中心快速了解灾情，并为救援人员制订行动计划提供支持。在一些险情环境中，如山地、城市废墟、火灾现场等，无人机可以替代传统的人工搜索，进入危险区域进行搜救，寻找被困人员，提供重要的救援信息。在一些长时间、大面积的救灾任务中，无人机可以持续进行巡查，并实时反馈灾区情况，提高救援效率和救援人员的安全性。随着无人机技术的不断成熟，未来，其在灾后重建、人员撤离、食品和药物空投等方面的应用将更加广泛。

在物流运输领域，无人机的应用正处于快速发展之中。近年来，随着电商行业的兴起，对物流配送的需求日益增加，无人机作为新型配送工具，展现出巨大潜力。无人机可以在城市、农村、山区等不同环境中进行包裹配送，尤其适用于短途、高频次、快速的配送任务。与传统运输方式相比，无人机配送不仅具有较高的效率，而且可以绕过交通堵塞等问题，缩短配送时间。在一些紧急物资配送、医疗急救物资送达等场景中，无人机的优势尤为突出。通过无人机送货，客户可以在短时间内收到急需的物品，极大地提升了物流服务的时效性。随着无人机运输技术的发展，越来越多的企业开始探索大规模、长距离的无人机货运系统，这可能成为未来物流行业的重要组成部分。

在建筑和基础设施领域，无人机的应用同样展现出独特价值。无人机可以用于建筑项目的进度监测、结构检查、测量和勘察等环节。通过搭载高精度的摄像设备和激光雷达传感器，无人机能够快速获取建筑现场的高精度图像和三维模型，从而帮助工程师进行建筑设计、测量、质量监控等工作。例如，在建筑施工的各个阶段，使用无人机进行航拍能够实时监控工程进度，确保施工按计划进行。对于高层建筑、大型基础设施等人类难以接近的区域，无人机能够轻松完成检查工作，尤其在施工后期的质量检查中，其能够帮助工作人员发现潜在的隐患和问题，避免人工检测可能带来的风险。无人机在结构健康监测方面也有广泛应用，其能够对桥梁、隧道、道路等基础设施进行定期检查，评估其耐久性和安全性，及时发现老化或损坏的部分，从而提前进行维修和加固，避免重大事故的发生。

当前，无人机在多个领域的应用，正逐步推动着各行各业的技术进步和生产效率的提升。然而，随着无人机应用的不断深入，其面临的技术挑战和法律、伦理问题也越来越复杂。故此，无人机的飞行安全、隐私保护、数据安全等问题亟待解决。未来，随着技术的不断发展，特别是在人工智能、大数据、5G通信等新技术的加持下，无人机将在更多领域发挥重要作用。随着法律法规的不断完善，无人机的应用将更加规范化，其市场潜力将得到更大释放，成为推动社会进步和经济发展的重要力量。

第二章 复杂地形的特点与挑战

第一节 复杂地形的定义与类型

一、山地地形

　　山地地形是指地球表面以山脉为主的地区，通常具有较大的垂直起伏，地势高低变化明显。山地地形的形成与地质构造、气候、侵蚀作用等因素密切相关。山地地形不仅包括连绵的山脉，也包括孤立的山丘和突出的山峰。山地的规模和分布较为广泛，从数百米的小山丘到数千米的高山都有存在。与平原和丘陵地形相比，山地的特殊性在于其多样的地貌特征，以及对人类活动的巨大影响。山地地形的典型特点是高差大、坡度陡，地形起伏复杂。由于地质构造的变化，山地中存在着许多不规则的岩层和断裂带。山脉的不同类型、地貌的多样性，使得山地成为具有挑战性的地区。尤其在灾难救援和抢险任务中，山地的地形往往给救援工作带来巨大困难。山脉的高耸使得救援人员难以到达某些区域，且高差悬殊的特点常常使救援人员面临巨大的体力负担。（图 2-1）

图 2-1　山地地形

在山地地区，气候因素对地形的影响也不容忽视。山地气候多变，温差大，湿度变化频繁，且可能因为海拔不同而产生不同的气候带。这样独特的气候条件不仅会影响山地的植被和土壤特征，也直接影响山地救援工作的展开。例如，高山地区的低温、暴风雪、冰雪覆盖等恶劣天气，使得救援工作极为困难。此外，山地的地质条件也是影响救援的一个重要因素。由于山地的岩石往往受到风化、侵蚀和断裂作用的影响，地面稳定性较差，容易发生滑坡、崩塌等灾害。在地震等自然灾害中，山地的滑坡、落石等问题会更加突出，这进一步增加了救援任务的复杂度。因此，山地救援不仅需要应对险峻的地形，还需要在瞬息万变的自然环境中快速做出反应。

山地区域的交通建设相对滞后，常常缺乏适合救援人员和装备进入的道路。许多山地地区的道路条件恶劣，或者根本无法通车，这为传统的地面救援手段带来了极大挑战。加之山地的多样性和复杂性使得仅凭地面交通手段很难全面展开救援，这时，无人机的作用便显得尤为重要。无人机作为一种具有高度灵活性和迅速反应能力的工具，能够在山地地形中发挥巨大作用。无人机可以通过空中视角迅速掌握灾区的整体情况，进而提供实时的影像信息，帮助指挥员进行科学决策。无人机还可以进入一些人力和交通工具无法抵达的区域，尤其在山地的高峰、峡谷等复杂地带，其优势不言而喻。因此，在山地救援中，无人机的应用成为一种重要的补充手段。

二、森林地形

森林地形是指被茂密树木覆盖的地面区域，这些地区通常包括森林、林地、树丛等植被覆盖的自然环境。森林地形的特点是植被密集，树木高大且生长迅速，形成了特有的生态系统。森林地形种类繁多，从温带森林到热带雨林，再到寒带苔原森林，每种森林地形都有着不同的植被和气候特征。森林地形的复杂性主要体现在其立体化的植被层次和多变的地貌特征上，这些因素使得森林成为抢险救援中一个具有极大挑战性的环境。茂密的树木和灌木覆盖使得森林地形的地面视野常常受到遮挡，这对于传统的地面救援来说往往是一个重大障碍。树木的高度和密度直接影响了救援人员的行动速度与效率。尤其在茂密的森林中，树木的交错生长不仅限制了人员和车辆的通行，还使得救援队伍难以通过常规路径快速到达灾区中心。此外，森林地形的地面覆盖也增加了地形的湿滑性，导致徒步行进的困难和体力消耗的增加。

虽然森林通常位于平原或山地之间，但由于地质和气候的不同，森林地形中的地面起伏也极为不均匀。森林的低洼处常常积水，湿地和沼泽地是森林地形中普遍存在的地貌类型。湿滑的泥土和积水区域往往使得地面交通工具难以通行，特别是在救援过程中，环境的湿度和泥泞状况会大大增加救援难度。同时，此类地形中的复杂水文条件也对救援的开展造成了障碍，这是由于无法预见的水位变化和泥沙流动可能会危及救援人员的安全。

森林地形中的气候条件也对抢险救援活动产生着深远影响。森林地区的气候通常较为潮湿，降水量较大，尤其在热带或亚热带地区，雨季会持续较长时间。频繁的降水不仅会导致土壤湿滑，还增加了水域的流量，进而引发山洪、滑坡等灾害，增加了救援难度。除此之外，浓密的树冠遮蔽了阳光，森林中较低的温度和较高的湿度使得气候更加恶劣，给救援人员的体力和装备使用带来了很大的挑战。恶劣气候与森林本身的复杂性共同作用，要求救援人员在严峻的自然环境下迅速作出应对。

在一些原始森林区域，根本没有道路或其他通行设施，救援人员只能依靠徒步或特殊交通工具前行。在这种情况下，传统的地面交通工具几乎无法发挥作用。特别是在雨季，泥泞的道路和突如其来的山洪可能导致交通中断。森林中常常没有完善的信号覆盖，通信设备的使用受到限制，这对救援工作的指挥调度提出了更高要求。在此类地形中，无人机的作用尤为重要，其能够突破植被的遮挡，提供空中视角和实时数据，使得救援指挥人员能快速掌握灾区情况。

由于森林地形的复杂性，传统的救援方法常常无法满足需求，尤其在交通不便或灾难突发的情况下，无人机的快速部署和高效作业能力无疑为抢险救援提供了新的解决方案。无人机能够在不受地面障碍限制的情况下迅速到达灾区，并通过高清摄像头获取地面情况，帮助指挥人员做出正确决策。此外，无人机还可以携带紧急救援物资，如医疗包、食品和水等，直接空投到救援现场，减少了人员的直接接触和潜在危险，极大地提高了救援效率。在复杂的森林地形中，无人机的优势将得以充分体现，为抢险救援开辟出一条新的道路。

三、城市地形

城市地形是指由人为活动与自然地貌相结合而形成的复杂空间结构。与自然地形不同，城市地形往往是在长期的城市建设过程中，由道路、建筑、桥梁等人造设施与自然地貌共同作用而形成。城市地形不仅涵盖了城区的平面布局，还包括了城市内部的高楼大厦、地下空间、交通网络等复杂的立体结构。随着城市化进程的推进，城市地形的复杂性不断增加，成为灾难救援与应急响应中需要特别关注的一个因素。

城市地形的一个显著特点是高密度的建筑群和复杂的基础设施布局。随着城市人口的增加，建筑密集度逐渐提高，高楼大厦和商业综合体成为现代城市的标志。这些建筑不仅占据了大量的城市空间，还改变了原有的自然地貌，形成了截然不同的地面和立体空间。高楼和密集的建筑群对地面交通造成了巨大阻碍，使得常规的地面救援工作变得困难。特别是在高楼密集的区域，建筑物之间的狭窄巷道和复杂的立体结构，增加了人员和装备通行的难度，为传统的救援方式带来了极大挑战。

城市中的道路系统、轨道交通、桥梁和隧道等基础设施，构成了复杂的交通体系。这些设施的布局不仅影响了城市的日常运转，也对突发事件中的救援效率产生了重要影响。特别是在交通高峰时段，道路的拥堵和交通事故可能导致救援车辆无法及时到达灾难现场。地面交通工具的可达性往往是抢险救援是否能成功的关键。在城市地形中，交通的拥堵、道路的狭窄，以及地下设施的复杂布局等因素都极大地影响了救援效率，迫使救援人员不得不依赖更加灵活的手段来实施抢救任务。在现代城市中，地下空间的开发日益广泛，包括地铁系统、地下商业街、地下停车场、管道网络等。地下空间不仅为城市提供了便利的交通和商业活动空间，也在一定程度上增加了城市地形的复杂性。突发的灾害，尤其是地震、火灾、爆炸等灾难，可能导致地下设施的损毁，造成地下空间的堵塞和人员困境。在这种情况下，传统的地面救援手段显得力不从心，而是需要借助高科技手段，快速获取地下空间的信息，以便及时进行救援和疏散。无人机在城市复杂环境中的创新应用，尤其体现在其能够穿越密集建筑群，提供空中视角和实时监控，对于地下空间的搜寻和救援具有重要意义。

城市地形中常常存在热岛效应，尤其在夏季，建筑物和道路吸收了大量热量，使得城市的温度明显高于周围的农村或郊区。此外，城市的空气污染、噪声污染等环境问题也对救援工作造成了困扰。在灾难发生后，复杂的环境条件不仅会加大人员的体力负担，也会对救援物资和装备产生影响。城市地形中的高温、高湿以及可能的化学污染等因素，不仅会影响救援人员的安全，也会对无人机等技术设备的正常使用造成影响。因此，在城市地形的救援过程中，必须高度重视环境因素的变化。

面对城市地形的多重挑战，无人机凭借灵活、高效、远程操作的特点，成为现代城市救援的重要工具。在城市地形中，尤其是高楼林立的区域，传统的救援人员很难迅速进入并获取灾情信息，而无人机能够通过空中视角，迅速识别灾区情况，为救援指挥提供实时数据。无人机不仅能够迅速获取建筑物外部的影像信息，还能够通过热成像、红外探测等技术手段，帮助救援人员发现被困人员或受灾情况。特别是在高楼林立的区域，无人机能够突破交通拥堵和障碍物限制，迅速进行空中巡查，大大提升了救援效率。无人机还能够在灾后为救援人员提供物资空投服务，尤其在灾难区域的交通瘫痪时，空中物资投送成为至关重要的补充方式。

四、水域与湿地地形

水域与湿地地形是地球表面重要的自然地理形态，其涵盖了江河湖泊、湿地沼泽等多种类型。这些地形往往具有独特的生态环境和地貌特征，既是水资源的重要来源，也是多种生物的栖息地。然而，水域与湿地地形的复杂性和多变性，使得抢险救援面临诸多挑战，尤其在发生自然灾害或紧急情况时，这些区域的特殊性往往使得救援工作变得更加困难。（图2-2）

图2-2　水域与湿地地形

水域与湿地地形的最显著特点是水体的广泛存在，这使得这一地形具有强烈的流动性和不稳定性。江河湖泊等水域是流动性强的区域，水位变化直接影响着地面条件的稳定性。在暴雨或自然灾害发生时，水域的水位波动往往极为迅速，迅速上涨的水位可能淹没周边地区，造成洪水灾害。湿地沼泽则常常存在积水和泥泞的情况，由于饱和水分过多，这些地区的土壤往往缺乏足够的支撑力。地面的湿滑性、泥泞性及水流的方向性都使得在这些区域进行救援工作时，人员和设备容易陷入困境。尤其在救援过程中，水域和湿地地形的流动性与不确定性使得救援路径不易被规划，导致人员的安全和救援效果往往受制于地理条件。水域与湿地地区的气候条件极易受到季节变化的影响，特别是在降水季节，水位变化更加剧烈。在雨季或季风气候的影响下，水域的水位可能迅速上升，极易导致洪水泛滥，给周围地区带来极大威胁。同时，水域和湿地的气候也具有较强的湿润性及多变性，这会增加救援工作的复杂性。例如，在湿地沼泽中，湿气重、气温低，极端的湿气和寒冷环境使得救援人员的工作服、装备容易受潮，增加了装备损坏的风险。这些地区的水流方向常常变化不定，给救援队伍带来了更大的不确定性和危险性。

在水域与湿地地形中，传统的陆地交通工具常常无法发挥作用。对于湿地区域，地面常常被厚厚的淤泥和草丛覆盖，这使得地面车辆很难通过。而在水域区域，尤其是湖泊和江河流域，地面交通工具完全无法进入，只有依赖水上交通工具如救援船只、气垫船等才能进行作业。然而，水域的流速和水面上的障碍物如漂浮物、浅滩和水草等，往往会减缓水上交通工具的行驶速度，增加了水上救援的难度。同时，在发生洪水灾害时，水面上可能漂浮着大量的碎片和漂浮物，会给水上交通带来极大风险。因此，在水域与湿地地形的救援中，常常需要考虑水上交通工具的适用性和安全性。特别是在洪水灾害或暴雨天气时，水域的流速可能骤然增加，使河流、湖泊的洪水迅速漫过周围区域，导致大面积被淹没。由于水流湍急，容易造成地面泥泞和不稳定的水文环境，极易导致救援人员被水流冲走或困于泥泞之中。湿地地形本身的低洼特性也常常导致水位积水，形成泡沫、泥沙等障碍物，使得救援路径模糊不清。特别是在突发的水灾中，救援人员必须充分评估水域的水流、湿地的泥沙变化等因素，以保证救援过程中的安全性。然而，这类风险通常难以在水域和湿地中准确预测，这对于传统的地面救援方式构成了重大挑战。

在水域与湿地地形的救援中，无人机技术发挥了重要作用。无人机的灵活性和空中视角使其成为现代水域救援中的重要工具。对于大范围的水域和湿地区域，无人机能够迅速覆盖灾区，提供实时的灾情数据和高清影像，帮助指挥人员快速掌握现场情况。在复杂的水域中，尤其在洪水、泥石流等灾害发生时，传统的救援方式很难有效开展，而无人机能够突破地面交通的障碍，直接提供空中视角，从而获取高精度的灾情信息。此外，无人机还能够

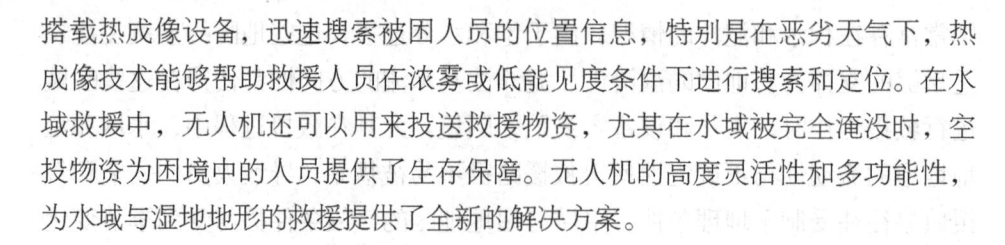

搭载热成像设备，迅速搜索被困人员的位置信息，特别是在恶劣天气下，热成像技术能够帮助救援人员在浓雾或低能见度条件下进行搜索和定位。在水域救援中，无人机还可以用来投送救援物资，尤其在水域被完全淹没时，空投物资为困境中的人员提供了生存保障。无人机的高度灵活性和多功能性，为水域与湿地地形的救援提供了全新的解决方案。

第二节 复杂地形对救援工作的影响

一、地形对人员搜救的限制

在人员搜救方面，复杂地形对救援工作的影响往往体现在多种因素的交织与叠加上。地形的种类和变化，直接决定了救援人员的行动路线和方式。在高山、深谷、丛林、湿地等自然地理环境下，救援人员的行动受到明显限制。山地和丘陵的地形崎岖不平，使得搜救人员必须克服大量自然障碍物，如悬崖、岩石、深沟等，这不仅极大增加了救援人员的体力负担，也可能导致救援速度显著延缓。在这些地区，由于地形的复杂性，传统的地面交通工具往往无法通行，救援人员只能依赖步行、携带装备，甚至需要借助特殊救援工具前行，这无疑对救援效率产生了极大影响。

城市中的高楼大厦、密集的建筑群，以及复杂的交通网络，使得地面救援人员在寻找和营救被困人员时面临着巨大困难。在高楼大厦之间，尤其在城市的核心区域，建筑物之间的狭窄巷道、复杂的地面设施和交通堵塞使得搜救人员的行动受到极大限制。在这些地区，交通瘫痪可能导致救援车辆无法及时到达现场，从而大大减缓救援人员的机动性和响应速度。同时，城市中的地下空间如地铁、地下商场等，往往与地面建筑相互交织，形成了一个立体的空间网络，这给人员的搜救和撤离增加了许多不确定性。救援人员必须精准判断受灾区域的位置和构造，采取灵活的救援方式，才能有效进行人员搜寻和营救。

在湿地和水域等特殊地形中，搜救任务面临的挑战主要来源于水流、泥沙和植被等自然障碍。由于常年积水，湿地地形的地面泥泞且湿滑，搜救人员很难稳步前行，尤其在深陷泥潭和水流的区域，搜救过程往往需要耗费大量的时间和精力。更为严重的是，湿地和水域的环境变化极为快速，水位的上涨、河流的流向变化、突发的暴雨等因素，都会导致原本的搜救路线和方法遭遇意外挑战。即使有救援船只或气垫船等水上工具的帮助，恶劣的天气和复杂的水文条件仍会使搜救效率大打折扣。在湿地和水域地形中，水生植物如芦苇、浮萍等的生长也会影响救援车辆和人员的通行，这些植物往往会遮挡视线，甚至在救援过程中缠绕设备，进而增加救援难度。

山区、森林和丘陵等地形的特点，使得救援人员在搜救过程中，承受更多的生理与心理压力，这些区域的温度、湿度、空气质量等自然环境条件对救援人员的身体状况产生了直接影响。其中，在高山地区，稀薄的空气和低氧环境会让救援人员感到呼吸困难，且长期在高海拔地区作业容易引起高原反应，增加了体力和精力的消耗。在森林地形中，密集的植被、树木的阻挡、湿滑的地面等因素不仅让救援人员的行进速度放缓，还可能导致意外摔倒和受伤。在这类复杂地形中，救援人员往往需要随时调整工作策略，以灵活应对突发的环境变化。尤其在连续作业的情况下，疲劳积累容易导致救援人员的判断力和反应能力下降，从而影响整体的搜救效果。

天气变化也是复杂地形中不可忽视的重要因素，在山区和森林地形中，恶劣的气候条件，如暴雨、强风、大雪等，会进一步加剧救援工作的难度。其中，暴雨可能导致山体滑坡、泥石流等自然灾害，增加了救援现场的危险性。在降雪区域，积雪和寒冷的气候条件不仅会让搜救人员感到寒冷，还可能使得地面变得更加湿滑，进一步增加行动难度。此外，低温天气还可能导致水源结冰，影响水资源的利用，或使得救援人员的设备被冻结，无法正常使用。针对这些问题，救援人员必须提前做好应对恶劣天气的准备，并使用专门的装备和技术，以确保搜救任务能够顺利进行。

在大部分复杂地形中，通信设备的信号往往会受到影响。由于环境的特殊性，山地、森林、湿地和水域等地区的信号往往存在传输困难的问题。在山谷或深林中，卫星信号、无线电信号可能无法覆盖，导致救援人员无法与指挥中心保持实时联系，增加了决策的复杂性。在城市地形中，由于建筑物的密集性，会使信号的穿透性受到影响，尤其在地下空间中，通信问题更为严重。因此，在复杂地形中进行搜救工作时，不仅需要依赖传统的视觉观察，还必须采用高科技设备，如无人机、机器人等，帮助搜寻和定位被困人员，以弥补信息传递和通信方面的不足。

二、地形对设备使用的影响

复杂地形对设备使用的影响是救援工作中一个不可忽视的重要因素。无论是传统的地面救援设备，还是现代化的高科技设备，都在复杂地形中面临不同程度的适应问题。其中山地、森林、水域、城市等各类地形对救援设备的影响尤为突出，其常常决定了设备的使用效果、效率以及安全性。因此，了解这些影响因素，并采取有效的应对措施，能够在灾难救援中发挥至关重要的作用。

在山区和丘陵地形中，救援设备的使用首先面临的是地面通行问题。山地地形复杂、崎岖，地面坡度大，路面不平，尤其在山谷、悬崖等高差较大的区域，常常使得普通救援车辆和机械设备无法通过。在这种情况下，地面救援设备的选择尤为重要。传统的四轮驱动车辆可能因路面湿滑、泥泞或岩石的阻挡而无法通过，虽然特殊的越野车、履带式车辆等具备一定的越野能力，但在极端情况下，依然可能遭遇陷车或翻车的风险。山区的道路条件差，救援设备的运输速度较慢，极大地影响了救援进度。因此，在山区救援中，救援设备的设计必须考虑地形的特殊性，尽量选择具备较强适应性的设备，以便在复杂的山区环境中发挥更大作用。

对于森林地形，设备使用面临的最大挑战是密集的植被和低矮的树木。森林地形的特点是树木密集，覆盖面广，地面植被茂盛，行走和通行的阻力较大。在这些区域，救援设备的适用性会受到植被类型和密度的限制。常规的救援车辆往往无法进入森林深处，机械设备也可能被密集的树木和灌木丛阻挡，导致搜救效率降低。此时，越野车、链条式履带车辆、越野摩托车等设备可以较好地适应森林地形，快速穿越灌木丛和较为平坦的森林地面，但这些设备也存在局限性，尤其在森林密集区，设备的机动性仍然受到限制。另外，树木的高度和形态对于航空设备的使用也是一大挑战，无人机和直升机等飞行器必须规避树木的遮挡，避免发生碰撞。在这一过程中，救援人员需要事先了解当地的植被分布，并结合地形情况进行设备的合理配置和布置。

水域和湿地地形对设备使用提出了更加复杂的要求。其中，水域地形的特殊性主要体现在水面和水流的变化。水流的急剧变化、浅滩的隐蔽性以及水面上的障碍物如漂浮物、枯树、石块等，都可能对水上救援设备造成影响。在洪水灾害中，常见的救援设备如气垫船、救生艇等水上交通工具，往往在水流湍急的情况下难以保持稳定，极易发生倾覆或搁浅的现象。特别是在遇到强风或暴雨等恶劣天气时，会加剧水面波动，使水上设备的操作难度增大。因此，水域救援设备不仅需要具备较强的抗风浪能力，还需要能够在急流、浅滩等复杂水域中有效航行。在湿地地形中，地面常常泥泞不堪，湿滑的泥土和水位变化使得救援设备的机动性降低。由于越野车和履带式车辆在湿地中的作用有限，水上设备在湿地的狭窄区域内也存在较大障碍，对此，近年来开发的特种气垫船和专用湿地救援车等设备逐渐成为湿地救援的主要工具，但高成本和特殊操作要求仍然限制了其普及与使用。

城市地形对设备使用的影响主要体现在交通拥堵、建筑物密集，以及地下空间的复杂性上。在城市中，由于高楼大厦密集、道路狭窄，普通救援车辆往往无法迅速进入灾区。交通堵塞、封闭道路，以及与建筑物之间狭小的通道，使得设备在城市环境中的机动性大打折扣。尤其在发生地震、火灾等突发灾害时，市区的基础设施可能会遭到严重破坏，进而导致道路通行受阻，救援设备很难顺利前进。在这种情况下，救援工作往往依赖更为灵活的小型设备，如四轮驱动的越野车、摩托车，以及救援机器人等设备，这些设备可以在狭窄的道路上灵活穿梭，进入其他设备难以到达的区域。此外，城市中的地下空间如地铁、地下商场等也对设备使用造成了独特挑战。在这些环境中，传统的地面救援设备往往无法进入，救援工作需要依赖专用的地下救援工具和设备，如地下机器人、探测设备等。

设备的能源供应问题也是复杂地形中设备使用的重要考量。山区、森林等偏远地区通常缺乏稳定的电力供应，长时间的救援工作可能导致设备的电池和燃料迅速耗尽。尤其在恶劣天气条件下，太阳能等可再生能源的使用受到限制，这使得传统能源设备在救援中容易出现故障或无法持续运作的情况。因此，在复杂地形的救援工作中，如何保障设备的能源供应是一个至关重要的问题。为了应对这一问题，近年来，越来越多的救援设备开始采用高效能的能源解决方案，如便携式发电机、备用电池、太阳能充电系统等，以确保设备能够在长时间的救援中正常运作。设备的维护保养也对其使用效果产生着重要影响，特别是在长时间野外作业过程中，设备的耐用性和可靠性常常决定了救援效率。

三、气候与环境对救援工作的挑战

气候与环境对救援工作构成了极为严峻的挑战，尤其在灾难发生时，气候变化和自然环境的影响往往加剧了救援难度。在不同的气候条件下，灾难类型、灾区环境的变化，以及救援设备和人员的适应性会受到显著影响。无论是暴风雨、极端高温、低温，还是大风、大雪等天气状况，都可能在灾难发生时极大影响救援工作的速度和效果。了解气候和环境对救援工作的影响，对于确保及时、有效的救援至关重要。

极端天气是影响救援工作的首要因素之一，尤其在气候变化日益显著的背景下，极端天气事件的频率和强度呈上升趋势。暴雨、雷暴、大雪、冰冻等极端天气，不仅给灾区的基础设施带来了严重破坏，还严重影响了救援人员的行动。其中，在暴雨和雷暴天气中，暴雨会导致道路积水，增加交通通行的难度。积水道路不仅会对传统的救援车辆构成威胁，甚至可能使得原本较为稳定的救援路线被完全摧毁。在雷暴天气中，由于雷电的高强度电流，使空中无人机等高科技设备容易受到电磁干扰，可能导致失控或设备故障。在大雪天气中，道路积雪会导致道路交通受阻，救援设备容易陷入积雪深处，导致行动受到严重限制。极端低温也可能对救援工作带来不利影响，低温环境容易导致设备电池的效率下降，甚至导致设备因电池损耗而失去动力，从而无法完成应急救援任务。

气候变化还对人员的体力和心理状态产生着深远影响，尤其在长时间的救援工作中，气候环境的变化可能使得人员遭遇较大的生理与心理压力。在高温环境下，长时间的高温暴晒容易使救援人员中暑或脱水，严重时甚至可能导致休克等生命危险。在高温天气中，水资源的短缺也常常使救援工作变得更加困难。与此同时，寒冷的环境则可能导致救援人员体力透支，出现冻伤等问题。在高海拔地区，空气稀薄、气温低、氧气不足的环境也会让救援人员迅速出现疲劳、呼吸困难等问题。环境因素对人员体力的考验是持续的，尤其在极端气候条件下，长时间的体力消耗和缺乏必要的休息，会使得救援人员在执行任务过程中，遭遇生理上的困扰。不同天气条件对设备的影响是多方面的，如在暴风雪天气中，低温和积雪可能导致无人机等设备的传感器出现故障，使设备的运行速度和精度受到影响。在恶劣天气下，设备的耐候性成为检验其性能的关键。如果设备设计不当，易受环境因素影响，可能无法按时完成任务。因此，针对不同的气候环境，需要对救援设备进行专项设计和改造。例如，在高温地区，设备应加强散热设计，以确保其能够长时间在极端高温下正常运行；而在寒冷地区，设备则应具备防冻功能，避免由于低温而导致设备故障。

气候对交通运输的影响在救援工作中尤为突出，灾区道路的破坏、交通的阻塞以及恶劣天气条件的叠加，都会影响救援物资和人员的快速调配。特别是在山区、森林和水域等复杂地形的灾区，气候条件的变化会进一步加剧交通运输的困难。例如，暴雨过后的山洪泥石流可能摧毁道路，导致救援人员无法通过；而在台风等恶劣气候的影响下，原本通畅的交通干道可能被摧毁，阻碍救援队伍前进。在恶劣气候下，道路交通的受限往往导致救援车辆不能及时送达救援物资，而这些物资正是维持救援工作的必要条件。特别是在一些偏远地区和灾区，由于气候和地形条件的限制，救援物资往往需要通过空投等方式进行运输，这对于设备的精度和安全性提出了更高要求。

气候变化与环境破坏对灾后恢复和重建工作同样带来了巨大影响，灾后恢复不仅是物资和人员的恢复，还包括灾区生态环境的修复。在极端天气条件下，恢复工作往往受到气候条件和环境限制。例如，在强烈的寒冷天气下，恢复工作需要更多的人工和机械设备参与，但这些设备的运行可能因为低温或冰雪的影响而受到限制。尤其在灾后极端天气尚未得到缓解的情况下，恢复进度和效率可能大幅度下降。因此，救援工作不仅需要及时响应，还需要根据气候变化和环境状况做出灵活调整，以确保灾后恢复能够顺利进行。气候和环境因素对救援工作的挑战是全方位的，涉及人员、设备、交通等多个方面。在极端天气和复杂的环境条件下，救援工作面临着巨大的困难和压力。了解和应对气候与环境带来的挑战，对于提高救援效率、保障人员安全、优化资源配置等方面至关重要。因此，在灾难救援过程中，必须综合考虑气候与环境的影响，科学规划和安排救援工作，以实现最佳的救援效果。

四、地形与时间紧迫性之间的矛盾

在复杂地形中进行救援工作时，地形的难度与时间的紧迫性之间的矛盾成为最突出的问题。尤其在自然灾害发生后，时间对于救援任务的成功与否至关重要，但复杂地形的存在往往严重影响着救援的速度和效率。这种矛盾不仅表现在人员的搜救上，也在设备使用和物资运输等各个环节中产生了深远影响。为了克服这种矛盾，必须在救援工作中进行充分准备、合理规划，并根据不同地形的特点采取合适的救援方式。

在复杂的山地和高原地形中，地形的复杂性往往使得救援任务面临较大挑战。山脉的起伏不定、崎岖不平的道路、陡峭的岩壁和不稳定的山体都会严重妨碍救援行动的开展。在这种地形下，救援队伍必须绕过山脊、穿越峡谷，甚至攀登悬崖，这不仅需要救援人员具备较好的体力及较高的技能，还极大地增加了救援难度和风险。在灾后第一时间，需要尽快抵达灾区展开搜救，但复杂的地形会使得原本可以通过常规道路或机械设备完成的任务变得困难。越是险峻的地形，越会增加救援队伍的行进时间。此时，时间与地形的矛盾尤为突出，救援的每一分每一秒都可能决定生死。

森林中的树木繁茂、地形复杂，崎岖的山路和浓密的植被使得救援队伍的前进速度非常缓慢。更为严重的是，在暴雨、洪水或强风等极端气候条件下，森林中更容易发生山体滑坡、泥石流等灾害，这不仅增加了救援难度，也大大加剧了救援队伍的时间压力。在这种环境中，救援人员需要穿越茂密的树林，或通过简单的徒步路线进行搜索，因而导致前进速度缓慢。在这种情况下，灾后救援的时间显得尤为紧迫，延误的每一刻都可能使得被困人员生还的希望变得渺茫，尤其在失联人员较多的情况下，时间的浪费可能直接导致救援失败。

水域与湿地地形则为救援工作带来了另一种形式的挑战，在这种地形中，水流、泥沼以及湿滑的土地均增加了人员和救援设备的操作难度。尤其在发生洪水、台风等极端天气时，水域与湿地地形往往变得更加复杂和危险。救援队伍在这种地形中的活动通常受到严重限制，在时间紧迫的情况下，水上救援设备的投入与使用很容易造成资源的浪费。由于水域地形的不确定性，使救援设备的调动需要更加精细的规划与准备。在这种环境下，时间的紧迫性显得尤为明显，因为一旦地面或水位发生变化，原有的救援计划将难以执行，必须根据现场情况迅速做出调整。这种矛盾的冲突要求救援队伍在进行灾后救援时，必须具备更高的应变能力与设备保障能力，以确保在最短时间内完成任务。

在救援过程中，城市地形在时间紧迫性方面的挑战也不容忽视。随着城市规模的不断扩大，高楼大厦、复杂的街道结构以及交通的拥堵成为制约救援的重要因素。在城市环境中，时间常常是最宝贵的资源，尤其在发生地震、火灾等灾害时，迅速找到被困人员并展开救援是救援工作成功的关键。然而，在密集的城市建筑中，交通拥堵、建筑倒塌、道路封闭等因素大大延长了救援的进程。城市中复杂的地形和道路网络增加了救援队伍的行进时间，特别是在大规模灾难发生后，如何在堵塞的道路中迅速找到通道，合理配置救援资源是救援工作中最重要的挑战之一。在这种环境中，传统的救援方式往往面临着地形复杂、时间紧迫的双重困境，救援队伍必须依赖高科技设备来提高救援效率，如无人机、机器人等。尽管如此，复杂的城市地形仍然增加了救援工作的难度。

面对地形与时间紧迫性之间的矛盾，现代科技的应用成为破解难题的关键。无人机、卫星定位技术、快速反应团队协同作业等新技术、新设备的综合应用，使得救援工作能够在复杂地形中更有效地进行。其中，无人机的使用可以帮助救援队伍迅速完成空中侦察，识别灾区的具体情况，并及时评估受灾面积，为后续的救援工作提供宝贵信息；卫星定位技术能够帮助救援人员快速找到被困人员的精确位置，减少传统方式中可能出现的误差。在山地、森林、水域等复杂地形中，无人机和其他高科技设备的使用极大地提高了救援效率，缩短了救援时间。同时，合理的资源调配、准确的救援路线规划、专业的人员培训等措施，均能够有效缓解地形与时间之间的矛盾，使救援工作更加高效。

第三节　复杂地形对无人机飞行的影响

一、飞行高度与飞行距离的限制

在复杂地形中，使用无人机进行救援工作的一个主要挑战是飞行高度与飞行距离的限制。其中，飞行高度直接影响无人机的飞行稳定性和视野范围，而飞行距离则关系无人机的续航能力和任务完成的有效性。这两者的限制不仅影响无人机在灾后救援中的快速部署和效果，还在一定程度上制约了救援队伍的应急响应能力。对于山地、森林、水域等复杂地形来说，如何克服飞行高度与飞行距离的限制，成为无人机在实际应用中面临的一个重要问题。

在山地和高原等地形中，飞行高度的限制尤为明显。山脉的起伏导致飞行的高度差异较大，无人机在飞行时必须应对这些高度差。较低的飞行高度可能无法满足视野需求，而过高的飞行高度可能导致飞行稳定性下降，甚至在强风等恶劣天气条件下存在失控的风险。在山谷、峡谷等地形中，由于飞行高度受限，飞行器可能因为障碍物的干扰而无法稳定进行定位和导航。对于救援任务来说，这可能导致无人机无法达到预定的任务区域，从而错失救援机会。因此，如何根据山地和高原的地形特点调整无人机的飞行高度，保证飞行稳定性并有效完成任务，是无人机应用中的一大挑战。

在森林等地形中，飞行高度与树木的高度和密度密切相关。森林中的树木通常较为高大且分布密集，无人机在飞行时必须避免与树木发生碰撞，这对飞行高度提出了更高要求。如果无人机的飞行高度过低，极易受到树木的遮挡或撞击；如果飞行高度过高，则可能无法获取清晰的地面信息，进而影响救援任务的有效性。森林的地形复杂，飞行距离的限制也让无人机面临较大挑战。在进行搜救任务时，无人机需要覆盖广泛区域，这要求其具有较长的飞行距离和较强的续航能力。然而，复杂的森林地形往往限制了飞行距离，尤其在树木密集的地区，无人机的导航和飞行稳定性也会受到较大影响。因此，如何优化飞行高度与飞行距离，使无人机能够在森林等复杂地形中充分发挥作用，是救援过程中需要重点解决的问题。

在水域与湿地地形中，飞行高度与飞行距离的限制同样对无人机执行任务构成了挑战。水面上常常伴随着风力变化，风速过大会对无人机的飞行产生较大影响，甚至会导致飞行高度的波动，虽然水域的开阔视野有助于提高飞行的稳定性，但可能由于风浪的作用，使得飞行距离受到制约。尤其在飞行距离较长的任务中，无人机可能面临电池续航不足的风险，导致任务中途无法完成。在进行跨越水域的飞行时，无人机需要具备更强的抗风性能，以及更高效的续航能力，以确保能够完成任务并及时返回。为了突破这些限制，使用高效的电池和优化飞行路径，以及提高飞行器的智能化水平是提升飞行高度与飞行距离有效性的关键。

城市地形中的飞行高度与飞行距离的限制，主要体现在建筑物密集和交通繁忙的环境中。由于在城市中，无人机必须避开高楼大厦、广告牌、塔吊等各种障碍物，使其飞行高度与飞行距离受限。在高度较低的城市地形中，无人机难以避免与建筑物发生碰撞，这要求在飞行时必须严格规划飞行高度。而较高的建筑物则可能导致无人机的信号受到干扰，进而影响其飞行稳定性。此外，城市的交通状况也可能影响无人机的飞行，特别是在紧急救援任务中，交通拥堵和道路封闭会导致救援路径不畅。由于无人机的飞行距离需要在电池续航和飞行任务的时间框架内进行有效平衡，而城市环境中复杂的障碍物和多变的飞行条件使得飞行距离的优化变得尤为困难。因此，在城市地形下进行救援时，如何合理规划飞行路径，避开障碍物，同时保证飞行高度与飞行距离的合理配置是无人机执行救援任务时不可忽视的挑战。

飞行高度与飞行距离的限制是复杂地形中无人机应用面临的主要难题之一。对于不同的地形环境，无人机在飞行高度与飞行距离方面的要求和挑战各不相同。山地、森林、水域、城市等复杂地形对无人机的飞行提出了特殊要求，如何在这些地形条件下优化飞行参数，提高飞行稳定性和任务执行效率成为无人机技术应用中亟待解决的关键问题。随着无人机技术的不断发展，未来可以通过改进飞行器的设计、提高电池续航能力、优化飞行路径规划等手段，进一步解决飞行高度与飞行距离的限制问题，为复杂地形中的救援工作提供更强大的技术支持。

二、障碍物对飞行路径的干扰

在复杂地形中，无人机在执行救援任务时，障碍物对飞行路径的干扰是一个极为重要的问题。障碍物的存在不仅会影响无人机的飞行安全，还可能导致任务的失败或效率低下。不同地形中的障碍物类型、数量和分布方式各不相同，给飞行路径的规划和执行带来了不同程度的挑战。如何有效避开障碍物、确保飞行的稳定性和安全性，成为无人机技术应用中的一个重要问题。

在山地和高原地形中，障碍物主要表现为岩石、悬崖、山脊和植被等自然障碍。山地地形的起伏变化较大，无人机在飞行中可能遇到突如其来的岩石和山脊等障碍物，这些障碍物往往很难在飞行前通过简单的地图或者图像获得准确信息。在飞行过程中，无人机需要时刻保持对周围环境的监控，避免与这些自然障碍物发生碰撞。在某些狭窄的山谷或峡谷区域，由于地形的局限性，飞行路径更加有限，从而导致飞行器可能无法顺利通过这些区域。为了有效避开障碍物，现代无人机需要配备先进的传感器和雷达系统，实时扫描周围环境，为飞行员提供清晰的障碍物信息，从而帮助无人机调整飞行路径。虽然无人机技术在这方面已经取得了一定进展，但复杂的山地地形仍然是飞行路径规划面临的一个巨大挑战。

在森林地形中，障碍物主要由树木、灌木、树枝等组成。森林中的树木通常密集且高大，会使飞行高度与飞行距离受到限制。如果无人机的飞行路径不当，便可能与树木发生碰撞，这不仅会导致飞行器损坏，还可能造成任务失败。在飞行时，树木的高度和分布会影响无人机的飞行稳定性与视野范围。树木密集的区域，尤其是森林的低矮部分，通常会对无人机的飞行路径造成较大影响，因为无人机很难通过常规的飞行路径躲避这些障碍。为了应对这种情况，在规划飞行路径时必须考虑树木的高度和密集程度，并通过高精度地图和环境扫描技术实时获取周围障碍物的信息。同时，飞行器需要配备先进的避障算法，这些算法能够根据周围环境的变化，自动调整飞行路径，避免与树木或其他障碍物发生碰撞。

在城市地形中，障碍物的种类和分布更加复杂，主要包括高楼大厦、电线、天桥、广告牌等人工设施。城市中建筑物的高度差异较大，密集的建筑群往往会造成飞行路径的局限性。特别是在一些狭窄的街道或城区中心，建筑物之间的间隙很小，飞行器必须经过精确的路径规划才能安全飞行。城市中的高楼和建筑物可能遮挡 GPS 信号，这使得无人机在飞行过程中无法进行准确定位，进一步增加了飞行难度。在这种环境下，无人机需要依靠视觉传感器、雷达和超声波等多种技术来感知周围的障碍物，并实时调整飞行路径。同时，城市中的交通状况也是一个不容忽视的因素，拥堵的街道可能影响无人机的飞行和路径选择。为了确保飞行安全和任务的顺利完成，飞行器的控制系统需要具备高度智能化的避障功能，能够实时评估飞行路径的安全性，并根据环境变化进行动态调整。

在水域与湿地地形中，障碍物的类型主要是水面上的浮动物体、湿地中的水草，以及航道中的船只等。尽管水面上的飞行较为开阔，但浮动的物体、漂浮的树木和障碍物都可能对飞行产生干扰。在湿地等水域环境中，水草和浮萍的分布可能妨碍无人机的飞行，特别是在低空飞行时，飞行器可能被这些障碍物阻挡，从而影响任务的进度和效率。在这种环境中，飞行路径规划需要特别关注水域的动态变化，及时识别和避开水面上的障碍物。同时，由于水域环境中的风速变化较大，飞行器的飞行稳定性也可能受到影响。为了应对这种复杂的飞行环境，无人机需要配备更高精度的传感器和更先进的避障技术，以确保飞行路径的安全性和任务的顺利进行。

此外，复杂地形中的障碍物还包括天气变化带来的影响，尤其是风速、降雨、雾霾等天气因素。这些天气因素不仅会增加飞行器的飞行难度，还可能影响飞行器的视距。其中，风速过大可能导致飞行器失控，降雨或雾霾则会影响视觉传感器的效果，使得无人机无法清晰地识别周围障碍物，进而影响飞行路径的安全性。尤其在山区、森林或城市的高楼林立地区，天气对飞行路径的影响更加显著。为了应对这些挑战，无人机在复杂地形中执行任务时，需要配备先进的气象监测系统，实时评估天气条件的变化，并根据天气情况调整飞行策略。此外，飞行路径的规划也应考虑到气候变化对飞行安全的潜在影响，进而制订更为科学合理的飞行计划。

障碍物对飞行路径的干扰是无人机在复杂地形中面临的一个重大挑战，山地、森林、城市、水域等地形中，各种自然和人工障碍物的存在增加了飞行路径规划的难度。无人机必须具备高效的避障系统，并依靠先进的传感器和算法来实时监测与调整飞行路径，从而确保飞行任务的安全性和高效性。随着技术的发展，未来，无人机可能在避障能力、飞行路径规划、气象适应性等方面取得更大进展，为复杂地形中的救援任务提供更加可靠的技术支持。

三、传感器信号的衰减与干扰

在复杂地形中，无人机传感器信号的衰减与干扰是影响其稳定飞行和任务执行效率的重要因素。由于地形特征、天气条件以及人为干扰等多重因素的作用，无人机的传感器往往无法在复杂环境中实现理想的信号传输和接收，从而导致飞行控制精度的下降和任务完成的困难。无人机传感器信号的衰减与干扰主要包括信号强度的减弱、反射干扰、信号遮挡以及外部电磁干扰等方面。在这些因素的影响下，无人机的稳定性和飞行安全性会面临巨大挑战。

在山区、森林等复杂地形中，无人机传感器信号的衰减尤为严重。山区的地形起伏不平，在飞行过程中飞行器可能受到大面积岩石、山脊、悬崖等自然障碍物的影响，会使信号的传输和接收受到极大阻碍。例如，在山区飞行时，GPS 信号容易受到高大山脊和岩石的遮挡，导致定位误差的增加。尤其在峡谷和狭窄的山谷中，信号的衰减情况更加明显，飞行器往往无法依靠常规的信号接收设备进行稳定的定位和控制。这种信号衰减会直接影响无人机的飞行路径规划和任务执行，导致飞行控制的延迟和精度下降。为了解决这种信号衰减问题，现代无人机逐渐引入了多频段 GPS、惯性导航系统和视觉传感器等多种定位方式，以弥补 GPS 信号的不足。通过多重导航系统的结合，飞行器能够在复杂地形中实现更加精准的飞行控制。

在森林地形中，传感器信号衰减和干扰的情况同样突出。森林中的树木密集、植被茂盛，尤其是高大的树木常常会造成信号的遮挡。在飞行过程中，无人机的雷达、激光雷达和其他传感器，可能因为树木的遮挡或分布不均，而无法精确感知地面或其他障碍物的位置信息。例如，在森林中，传感器发出的信号可能被树叶和树枝吸收或反射，导致反射信号变弱或无法被接收器正确捕捉，从而影响飞行器的高度保持、障碍物避让等关键功能。在这种环境下，无人机的导航和避障能力会受到严重限制，飞行器可能无法准确识别周围环境，从而造成飞行路径规划的偏差。因此，为了克服森林地形中的信号衰减问题，研究人员提出了融合不同传感器数据的方案，如视觉和激光雷达数据的融合，以减少环境干扰对传感器性能的影响。这种多传感器融合技术能够提高飞行器的环境感知能力，增强其在森林等复杂环境中的飞行稳定性。

由于高楼林立、建筑物密集，城市中的信号传输容易受到遮挡和反射的影响，尤其在高楼之间的狭小空隙中，信号可能发生多次反射，造成信号的衰减和误导。此时，无人机的传感器可能接收到不稳定的反射信号，导致飞行器无法准确判断周围障碍物的距离和位置，从而影响其避障能力和路径规划。城市环境中的电磁干扰也是无人机面临的一个重要问题。城市中的大量电气设备如手机基站、无线电发射塔等，可能产生强烈的电磁干扰，导致无人机的通信信号和导航信号受到干扰。为了应对这些问题，飞行器通常需要采用抗干扰技术和冗余信号设计，如选择更稳定的频段、增强抗干扰能力的接收设备等，以确保飞行任务的顺利进行。

在水域和湿地地形中，传感器信号的衰减与干扰，通常与水面和湿气的反射有关。水面反射的特性使得传感器的雷达或激光信号容易受到干扰，尤其在低空飞行时，水面上的反射信号会与其他障碍物的反射信号混合，导致信号解码出现错误，影响飞行器对环境的感知和识别。湿地等地区常常存在大量的湿气和雾霾，这些因素会导致激光雷达和红外传感器的信号被吸收或散射，从而使得传感器的探测距离和准确度大大降低。在这种环境下，无人机的飞行路径规划和控制算法需要对湿气、雾霾等环境因素进行适当调节，以确保飞行器在复杂水域和湿地环境中仍然能够稳定运行。采用更高精度的传感器和融合技术，如毫米波雷达和视觉传感器的结合，能够有效提升飞行器在水域等环境中的感知能力，减少信号干扰对飞行稳定性的影响。

除了地形环境因素外，气候变化也是影响无人机传感器信号的关键因素。不同的天气条件如大风、暴雨、雾霾等，都会对无人机的传感器性能产生一定影响。例如，在风力较大的环境中，无人机的飞行稳定性受到影响，可能导致信号的反射与干扰。暴雨和大雾天气常常会阻挡光学传感器的视距，影响无人机对环境的感知能力。在恶劣天气条件下，飞行器可能无法正常使用GPS或视觉传感器，从而导致定位错误和飞行路径偏差。在这种情况下，无人机需要依赖高精度的惯性导航系统和雷达传感器来进行补偿。为了解决气候对传感器信号的干扰问题，开发具备更高适应性的传感器技术和飞行控制系统显得尤为重要。

复杂地形中传感器信号的衰减与干扰，是影响无人机救援任务执行效率和安全性的重要因素，无论是在山区、森林、城市，还是水域和湿地等地形中，信号的衰减与干扰都会导致飞行器的环境感知能力下降，从而影响飞行路径的规划与控制。为了解决这些问题，无人机需要借助多传感器融合技术、抗干扰设计和冗余系统等手段，以提高飞行的稳定性和任务执行的准确性。随着技术的不断进步，未来，无人机在复杂地形中的应用将更加广泛，而信号的衰减与干扰问题也将得到有效解决。

第四节　复杂地形中的通信与定位难题

一、GPS 信号的弱化与丧失

GPS 信号的弱化与丧失是复杂地形中无人机飞行面临的主要难题之一，尤其在山区、城市密集区及其他干扰源多的环境中，GPS 信号的不稳定性对飞行安全构成了严重威胁。作为无人机导航的关键技术，GPS 在复杂地形中的信号受阻、反射和干扰现象非常普遍，这使得无人机在飞行过程中失去了精确定位的能力，严重时可能导致飞行器完全失控。GPS 信号弱化与丧失的原因复杂，通常包括地形遮挡、建筑物反射、电磁干扰等因素。

在高海拔地区，山脉和峭壁经常形成强烈的遮挡效应，使得无人机难以接收到足够数量的卫星信号。这种遮挡通常会导致无人机无法与多个卫星进行有效的信号交换，从而影响其定位精度。在山区，GPS 信号的传播路径会被地形严重干扰，甚至可能出现信号完全丧失的情况。此外，山谷等低洼区域的信号接收条件也远低于平原地区，无人机在这些地方飞行时，GPS 信号会受到山脉反射和多路径效应的影响，从而导致定位误差的增大。即便无人机在高空飞行，山脉之间复杂的空气流动与气流扰动也可能对信号传输产生影响，加剧信号的衰减。

在城市密集区，GPS 信号弱化与丧失的现象同样普遍，这种情况通常由高楼大厦、繁杂的建筑物结构和狭窄街道对信号的强烈遮挡造成的。建筑物表面反射的 GPS 信号会产生多路径效应，使得接收器接收到的是经过反射或折射的信号，这会导致定位的精度下降，甚至丧失准确性。此外，城市环境中的无线电频谱受到干扰，也可能进一步影响 GPS 信号的稳定性。尤其在狭小的巷道或封闭区域内，信号的遮挡和干扰程度更加严重，导致飞行器的导航系统难以通过标准的 GPS 系统进行有效定位。这就使得无人机在执行精确导航任务时面临着巨大挑战，特别是在执行搜索与救援等任务时，信号的可靠性至关重要。

　　电磁干扰是另一个导致 GPS 信号弱化与丧失的重要因素，无人机在飞行过程中，尤其在城市或工业区，周围的电磁环境可能对 GPS 信号产生干扰。电磁辐射来自于无线通信设备、广播塔、电力线，以及其他高功率电子设备。由于 GPS 信号在空间中传播时易受到频率相近的信号干扰，尤其强电磁信号会产生反射和噪声，导致接收器无法准确识别并跟踪多个卫星信号。在一些特定环境下，如军事区域或机场周围，GPS 信号可能受到人为干扰或屏蔽，导致无人机的导航系统失效。同时，电磁干扰还可能通过影响无人机的传感器与控制系统，进一步加大飞行控制的难度。为了避免这些干扰，一些高精度的无人机系统通常会配备抗干扰技术和冗余导航系统，如结合惯性导航系统（INS）和其他定位技术，以弥补 GPS 信号的不足。

　　大气层中的水蒸气、云层、雷暴等现象，会导致 GPS 信号的延迟与衰减。在恶劣天气条件下，GPS 信号的传播路径会受到干扰，尤其在强风、降雨、降雪等极端气候下，信号的传播效率会显著下降。在这种情况下，无人机可能出现定位不准确或完全失去定位功能的现象，尤其在进行高精度任务时，GPS 信号的不稳定可能导致任务失败。此外，大气层中的电离层活动也会对 GPS 信号产生影响，导致信号在传播过程中产生误差，从而影响飞行器的导航精度。对于飞行高度较低、精度要求较高的任务，这一问题尤为突出，需要通过其他辅助定位手段来确保飞行的稳定性与精确性。

　　为应对复杂地形中 GPS 信号弱化与丧失的问题，现代无人机系统通常采用多种定位技术相结合的方法。除了传统的 GPS 外，惯性导航系统（INS）、视觉惯性里程计（VIO）、激光雷达等技术也被广泛应用于无人机导航中。其中，INS 通过测量飞行器的加速度和角速度，并结合已知的初始位置，进行自主导航，以弥补 GPS 信号的不足；VIO 通过相机和其他传感器结合视觉信息来进行定位，可以有效应对 GPS 信号弱化的情况。LiDAR 作为一种激光测距技术，能够提供高精度的三维空间信息，帮助无人机在复杂地形中进行精确定位。地面控制站与无人机之间的实时通信系统也有助于提高定位精度，减少 GPS 信号丧失带来的影响。这些技术的结合不仅增强了无人机在复杂地形中的定位能力，还提高了飞行器在恶劣环境下执行任务的可靠性。

　　在复杂地形中，GPS 信号的弱化与丧失无疑是无人机飞行面临的重大挑战，尤其在山区、城市、干扰源较多的环境中，GPS 信号的稳定性和可靠性常常受到严峻考验。为了解决这一问题，现代无人机逐渐向多重定位系统过渡，通过引入惯性导航、视觉定位、激光雷达等技术，来弥补 GPS 信号的不足，提高飞行的安全性和准确性。尽管如此，复杂地形下的 GPS 信号问题依然是无人机技术进步中的一个"瓶颈"，需要进一步的技术创新和系统优化。

二、无线通信的干扰问题

在复杂地形中，无线通信的干扰问题是无人机飞行时面临的重要挑战之一。无线通信是无人机与控制系统、地面站之间进行信息传输的主要手段，然而在复杂地形环境下，诸如山地、城市、密林等地方，无线通信信号往往会受到不同程度的干扰。这些干扰源既可能来自自然环境的影响，也可能是人为因素所致，甚至是多种干扰源的复合作用。在无线通信信号遭遇干扰时，无人机的飞行控制、任务执行及数据传输都会受到影响，进而威胁救援任务的安全性和准确性。

在复杂地形中，最常见的通讯干扰源之一是地形本身的遮挡效应。山区、峡谷和高楼林立的城市区域都存在信号传播障碍，使无线信号无法直接传输到接收端，造成通信中断或信号衰弱。尤其在山区，山脉的高大山体对会信号传播产生严重的遮挡作用。信号的传播路径受限，会导致信号的强度明显减弱，甚至出现完全的信号丧失。尤其在高山和峭壁之间，信号传播的"死角"非常多，信号不仅难以穿透山体，而且山脉表面会产生强烈的反射效应，使得接收到的信号会发生衰减和失真。这种信号衰减的效应使得无人机的通信系统无法有效接收到远距离的控制信号，或无法将传回的图像、数据传输到地面站，从而影响救援任务的实时性和准确性。

在城市地形中，信号干扰的情况也较为严重。由于高楼大厦、密集的建筑群以及各种构筑物的存在，无线信号的传播常常受到很大阻碍。在城市环境中，无线信号传播会受到建筑物、道路和其他基础设施的影响，特别是在高密度的建筑群中，信号的传播路径往往呈现复杂的反射、折射和衍射效应。这些效应不仅会导致信号衰减，还会产生多路径干扰，即同一信号在多个路径上传播，导致接收的信号失真或丢失。同时，由于建筑物的高度和布局，很多区域的信号覆盖存在"盲区"，如果无人机飞行到这些盲区，那么通信系统的工作将面临严重困难，甚至飞行器与地面控制站之间的信息传输极有可能中断。

除了地形的自然遮挡外，无线通信还可能受到人为电磁干扰的影响。电磁干扰在复杂地形中更为普遍，尤其在高密度城市区或工业区中，电磁干扰源的数量较多。在现代城市中，各类通信设备、电子产品、广播塔、无线电发射设备等都会产生电磁辐射，其可能与无人机所使用的通信频段发生冲突，从而干扰信号的正常传输。尤其在一些重要的通信频段，如 2.4GHz、5.8GHz 等频段，无人机的无线信号容易受到来自无线网络、无线电广播、电力设备等多种电磁源的干扰，从而导致通信链路的失效或信号质量的下降，影响无人机的飞行控制和数据传输。电磁干扰的影响不仅仅局限于信号的弱化，还可能导致通信协议的丢包、错误解码等问题，进而影响飞行器的安全性。

天气条件也是无线通信干扰的重要因素。极端天气，如雷暴、降雨、雪霜等，会对无线通信产生不容忽视的干扰。其中，降雨或降雪天气会加剧电磁波的衰减，尤其在高湿度环境下，水分子对无线电波的吸收和散射作用会使信号强度大幅度降低，从而影响通信距离和质量。雷暴天气更为复杂，不仅会产生强烈的电磁干扰，还可能引发电气设备故障。在这种恶劣的气象条件下，无人机的无线通信系统容易受到干扰，导致飞行器无法获取准确的控制指令或及时传输救援数据，甚至可能导致通信完全中断。此外，气流和风速变化也可能对信号传播产生影响，尤其在高空飞行时，天气变化对无线信号的稳定性构成了挑战。

由于无线通信信号的干扰会直接影响无人机的飞行安全和任务执行，因此在复杂地形中，需要采取一系列技术措施来应对这一挑战。无人机通信系统需要具备抗干扰能力，如通过频谱扩展技术、跳频技术和信号编码技术等提高抗干扰能力。采用多频段通信技术也是解决无线通信干扰的一种有效手段。通过多个频段的并行通信，能够确保在某个频段发生干扰时，其他频段仍然能够确保信号的传输，从而提高通信的可靠性。增强无人机与地面站之间的通信链路冗余性也是应对通信干扰的重要方法。通过设置多路信号传输路径、冗余数据链路，可以有效避免单一路径失效导致的通信中断风险。

无线通信的干扰问题是复杂地形中无人机飞行时不可忽视的挑战。无论是在山地、城市密集区，还是在恶劣天气环境下，无线信号的衰减和失真都会直接影响无人机的控制和任务执行。为了解决这一问题，技术的不断创新和改进至关重要，尤其在通信抗干扰技术和冗余系统的应用方面。随着无人机技术的不断发展，如何克服无线通信的干扰问题是提高无人机应用效果、确保飞行安全的关键所在。

三、信号传输延迟与断连

在复杂地形中,信号传输延迟与断连问题是无人机飞行过程中,不可忽视的技术挑战。这些问题在极端环境下尤为明显,严重影响无人机的实时数据传输、飞行控制和任务执行的稳定性与精确性。随着无人机技术的发展,信号传输延迟与断连问题,逐渐成为制约无人机高效执行复杂任务的重要因素,尤其在救援任务中,这些问题可能导致灾难性后果。

信号传输延迟通常是由于信号在传播过程中受到多种因素的影响,进而导致信号到达接收端的时间延长。在复杂地形中,无人机在飞行过程中,地形因素会对信号传播路径产生严重影响。例如,在山区和峡谷地区,信号需要穿越复杂的地理障碍,甚至被山体和峡谷的墙壁所遮挡,这些障碍物会导致信号的衰减和反射,进而增加信号传播的时间。在城市环境中,建筑物、桥梁以及各种高大结构也会对信号的传输速度产生影响,尤其在密集的市区,高楼之间的反射和折射效应可能使信号传播变得更加缓慢。因此,无人机在执行任务时,经常需要面对信号延迟的问题,尤其在远程控制和实时数据传输的情况下,延迟可能影响操作的实时性,给任务执行带来不可预测的风险。

在复杂地形中,信号传输延迟不仅仅是单纯的时间延长问题,还可能影响无人机的控制精度。飞行员或操作员通过控制信号,实时指挥无人机进行飞行和执行任务。如果信号延迟过长,操作员的指令可能与无人机的实际飞行状态产生偏差,从而导致飞行轨迹偏离预定路径或错过最佳救援时机。特别是在紧急救援任务中,时间至关重要,信号传输的延迟会直接影响救援的效率和安全性。倘若无人机无法及时反馈传感器数据,故而控制系统的响应也会受到延迟的影响,从而错失最佳决策时机,增加任务完成的难度和风险。

信号传输过程中出现断连的现象也是无人机面临的重要挑战,在复杂地形中,无人机的飞行路径往往会穿越不同的地理环境,这些环境的变化可能导致无线信号的衰减,甚至完全丧失。例如,在山区飞行时,山体的遮挡可能完全阻断无人机与地面控制站之间的信号,导致通信链路断开。城市环境中的建筑物密集也可能产生类似的干扰效应,尤其在高楼之间的狭小空隙中,无线信号容易发生多路径效应和衰减,进而造成信号的断裂。此外,恶劣天气条件,如大雨、雷电、雾霾等,也会加剧信号的衰减和断连,导致无人机的飞行控制失去保障,甚至可能引发无人机坠落或任务失败。

信号断连所带来的风险不仅仅是飞行控制问题。无人机在执行复杂任务时，通常需要实时传输大量数据，包括高清影像、热成像图、环境监测数据等，这些数据对任务的成功与否起着至关重要的作用。当信号断开时，传感器收集到的数据就无法及时传输到地面控制站，操作员也无法获取关键的实时信息。这会导致无人机无法在任务中获得足够的信息支持，进而影响决策的精确性和及时性，增加任务失败的风险。信号断连还可能导致无人机丧失与其他设备之间的同步，造成任务的分配和协调出现问题，影响整体救援效果。

为了解决信号传输延迟与断连的问题，无人机的技术将不断改进。采用高带宽、低延迟的通信技术，是提高无人机信号传输速度和稳定性的有效方法。近年来，5G通信技术的应用在一定程度上解决了传统无线电频段存在的延迟问题。5G网络能够提供更高的传输速率和更低的延迟，使得无人机在执行任务时能够实时传输大容量数据，减少了信号传输中的时间损耗。随着低轨卫星技术的发展，卫星通信也被逐渐应用于无人机系统中，尤其在极端环境下，卫星通信可以弥补传统无线通信的不足，以确保信号的稳定传输，降低断连的风险。

为了解决信号断连问题，冗余信号链路的设计也是解决该问题的重要手段。冗余链路可以为无人机提供多个备用的通信路径，确保即使某一路径失效，仍然可以通过其他路径进行信号传输。现代无人机通常采用多频段、多信道的通信方式，这种冗余的设计可以提高信号传输的可靠性。与此同时，无人机还可以配备更加智能化的控制系统，其能够自动识别信号丢失的情况，并迅速切换到备用信道，以保证飞行任务的稳定进行。无人机系统的自适应技术也为解决信号延迟与断连提供了新的思路。通过机器学习和人工智能算法，无人机可以根据环境变化自动调整通信策略，在信号延迟或弱化的情况下，系统能够预测并优化数据传输路径，选择最佳通信方式。实时反馈系统也可以帮助操作员了解信号状况，及时调整任务策略，避免因信号问题导致任务失败。

信号传输延迟与断连是复杂地形中无人机应用的重要挑战，这些问题直接影响无人机的飞行控制、数据传输和任务执行。为了应对这些挑战，技术的不断发展与创新至关重要。通过采用更先进的通信技术、冗余链路设计和智能控制系统，无人机在复杂地形中的应用将会变得更加稳定和高效。随着技术的不断成熟，未来，信号延迟与断连问题将在无人机应用中得到有效解决，为救援、勘探等复杂任务的执行提供更加可靠的保障。

四、应急通信技术的需求

在复杂地形中，尤其在应急救援任务中，通信技术的有效性直接关系到任务的成功与否。随着无人机技术应用的逐渐深入，应急通信技术的重要性越发突出，尤其在复杂地形中，地形和环境的特殊性对通信能力提出了更高要求。无论是在山区、森林、城市，还是水域等特殊地形中，及时且稳定的通信保障对于救援人员与无人机的协调、实时数据传输、飞行控制等方面至关重要。传统的通信方式往往受到地形限制，无法满足应急任务中的高度可靠性和实时性要求。虽然无线通信、卫星通讯、地面无线网络等方式在不同环境中有其优缺点，但在复杂地形中，由于多种因素的干扰，传统通信方式常常出现信号弱化、断连或延迟等问题。这些问题不仅影响了无人机的飞行安全，也使得救援任务的组织和实施面临极大挑战。因此，探索和发展新的应急通讯技术，是提高复杂地形中应急救援效率的关键。

在复杂地形中，尤其是山区和森林等地方，常常由于地势起伏和障碍物的存在，容易造成信号传播的严重衰减。例如，在山区，因高山和峡谷的存在，无线信号常常会被山体阻挡，造成通信链路的断裂。类似问题也出现在城市和水域等地形中，建筑物或水面也可能对信号传播产生干扰。因此，应急通信技术需要具备克服这些障碍的能力，如采用高频信号、低轨卫星通信等技术来确保信号不易受阻碍。同时，应急通信技术还必须具备高度的可靠性和实时性。对于无人机执行的救援任务，及时传递关键数据至关重要。无论是定位信息、实时视频监控数据，还是传感器数据，都需要通过高效的通信网络传输至指挥中心，而延迟过长或数据丢失都可能导致任务失败。在复杂地形中，尤其大规模灾害现场，救援任务需要协调多方力量，这涉及多个无人机、救援人员、后勤支持等环节。因此，应急通信技术需要提供高速率、高带宽和低延迟的通信能力，以确保信息流通的畅通无阻。

除了常规的无线电和卫星通信技术之外，5G 技术的引入也为应急通信提供了新的机遇。5G 网络具备更高的传输速度和更低的延迟，可使救援任务中的数据传输更加实时、可靠。通过 5G 网络，无人机能够更稳定地传输高清图像、视频流和大数据，实时反馈现场情况，提高指挥中心的决策效率。尤其在复杂地形中，5G 能够有效应对信号弱化和衰减问题，提供更为坚实的通信保障。此外，5G 网络还能够为多机协同作业提供支持，使得多个无人机可以通过低延迟、高带宽的通信网络进行协作，从而完成更加复杂的任务。除了

5G技术外，低轨卫星通讯也是一种适用于复杂地形中的应急通信解决方案。低轨卫星能够提供全球范围内的通信覆盖，尤其在极端条件下，其信号可以穿透地面障碍物如山区、森林等地方，提供更加稳定的通信保障。卫星通信不仅能够确保信号的稳定性，还能够在无人机与地面控制站之间建立起无缝的通信链路。在救援任务中，低轨卫星通信可以确保无人机在远离地面控制站的地方依然能够稳定传输数据，并进行远程控制和监测。

在复杂地形中，通信环境变化无常，信号质量可能随着地形的变化而大幅波动。因此，应急通信技术必须具备自适应能力，能够根据环境变化自动调整通信模式，优化信号传输路径和传输功率，确保在各种情况下都能稳定传输数据。同时，冗余技术也是应急通信系统设计中的重要因素。通过建立多条通信链路，可确保在一条链路失效的情况下，系统能够自动切换到备用链路，从而保持通信的连续性和稳定性。冗余设计可以大大提高通信系统的可靠性，减少因通信故障而导致任务失败的风险。在无人机应用中，对应急通信技术的需求不仅仅体现在无人机与地面控制站之间的通信，还包括无人机与其他飞行平台、地面人员、应急响应团队等的协调沟通。为了实现高效的协同作战，所有参与救援的单位需要通过统一的通信平台共享信息和数据。通过集成的应急通信技术，各方可以实时获得最新的任务进展、现场情况和关键数据，并及时做出应对决策，以确保任务顺利进行。

随着科技的不断进步，应急通信技术的创新也在不断推动着无人机救援任务的高效执行。除了传统的无线电和卫星通信技术外，未来的通信技术可能进一步发展，并融合人工智能、大数据分析、云计算等技术，来提升通信网络的智能化水平。通过人工智能的引导，通信网络能够自动识别和处理突发事件，实现自我优化和故障修复。大数据和云计算的应用也能够为通信系统提供更强大的数据处理能力，以及更广阔的分析视角，从而为救援任务提供更精准的支持。

在复杂地形中，无人机对应急通信技术的需求十分迫切。高效、稳定、实时的通信技术是无人机执行复杂任务的重要保障。通过5G、低轨卫星、无线电等多种技术手段的结合，以及自适应和冗余设计的应用，应急通信技术能够有效克服复杂地形带来的种种困难，提高无人机救援任务的效率和成功率。随着技术的不断进步，应急通信技术将在未来的无人机应用中发挥越来越重要的作用。

第三章　无人机在抢险救援中的应用场景

第一节　搜索与定位

一、红外成像与夜间搜救

在抢险救援任务中，尤其在夜间或低能见度的情况下，搜索与定位的精度对救援成功至关重要。传统的地面搜索往往受限于光照条件、视距和地形因素，难以高效地定位受困人员。然而，无人机技术的引入为解决这一问题提供了新的思路，特别是利用红外成像技术进行夜间搜救已经成为无人机在抢险救援中的重要应用。红外成像技术通过探测物体的热辐射，为夜间搜救提供了独特优势。红外成像技术的核心原理是基于物体与环境温差的辐射特性。由于受困人员的体温与周围环境的温度存在差异，因此，红外摄像头能够通过探测这一差异，精准捕捉到目标的热信号。相比传统的可见光摄像头，红外成像仪能够穿透烟雾、雾霾等视觉障碍，在黑暗环境中发挥重要作用。这对于夜间搜救任务尤为重要，尤其在山区、森林等复杂地形中，夜晚的能见度通常非常低，传统的地面搜救难以进行，而红外成像技术的应用可以大大提高搜索的效率和准确性。（图3-1）

图 3-1　红外成像技术

无人机搭载红外成像系统在夜间搜救中表现出极大优势。无人机可以在复杂地形中灵活飞行，且覆盖范围广，能够迅速获取大范围区域的热成像图像。通过无人机的实时图像传输，救援人员可以快速分析现场情况，并准确定位受困人员的位置。相比地面搜救而言，无人机可以大大缩短搜救时间，尤其在大面积的搜索区域中，其能够有效提高搜索的效率和成功率。红外成像技术的另一大优势是高灵敏度，其可以在低温环境中发现目标。在山区、森林等地区，受困人员可能被隐藏在树丛、岩石后面，或者由于其他障碍物的遮挡，难以通过传统的肉眼或光学影像识别。而红外成像能够通过捕捉人体散发的热量，穿透障碍物，准确地发现目标。即使在烟雾、雾霾等视觉不良的条件下，红外成像依然能够有效工作，为救援队伍提供精准的定位信息。

然而，红外成像技术在夜间搜救中的应用也面临一定的挑战。红外成像仪的分辨率问题，限制了其在某些复杂环境下的识别能力。虽然红外成像仪能够捕捉到热信号，但在一些复杂地形中，可能存在热信号干扰或信号重叠的情况，导致难以明确区分目标。例如，在山地或森林中，岩石、动物，甚至其他自然环境的热源，均可能与受困人员的热源相似，从而产生误判。因此，在应用红外成像进行夜间搜救时，需要结合其他传感器技术，如高分辨率可见光摄像头、激光雷达等，以共同提升目标识别的精度。同时，红外成像技术的检测范围有限。在低温环境下，受困人员的热量可能较低，而红外成像仪的灵敏度可能无法在较远距离捕捉到这些微弱的热信号。此外，红外成像仪的视场角较小，虽然无人机可以进行灵活的飞行，但其视角仍然受限，这也增加了目标搜寻的难度。因此，提升红外成像技术的传感器灵敏度和视场角，并配合无人机的飞行路径优化是提高夜间搜救效率的关键。

红外成像技术还需要与其他设备和技术相结合，才能发挥最大的效能。无人机的自动化飞行系统和智能图像分析系统，可以帮助救援人员快速处理和筛选从红外摄像头获取的图像数据。利用人工智能技术，红外成像系统可以对大量图像进行快速分析和目标识别，并将搜救人员的注意力集中在最可能的位置，从而减少人工筛查的时间。同时，配备高效数据传输系统的无人机能够将红外成像的实时数据，快速传送到指挥中心或救援队伍，进行进一步的分析和决策，从而提高救援响应速度。

尽管红外成像技术在无人机夜间搜救中存在一些挑战，但其应用潜力仍然巨大。通过技术的不断优化和无人机平台的持续发展，红外成像在复杂地形中的搜救能力将进一步提升。无人机与红外成像技术的结合为抢险救援提供了更为高效、精准和灵活的手段，特别是在夜间及低能见度条件下，其优势尤为突出。在未来的救援工作中，随着传感器技术的不断进步和无人机智能化程度的提高，红外成像技术的应用将变得更加普及，也将为抢险救援提供更加精准的支持。在未来的研究与发展中，红外成像技术的进一步提升将使其在更为复杂的环境中发挥作用。高分辨率、长距离探测、低功耗等技术的突破，将进一步扩展无人机在夜间搜救中的应用范围。无人机和红外成像技术的深度融合将使搜救任务更加高效，为救援人员争取宝贵时间，挽救更多生命。

二、热成像技术在目标定位中的应用

当前，热成像技术在目标定位中的应用，尤其在复杂地形的救援任务中，已经成为无人机技术的重要组成部分。通过捕捉物体释放的红外辐射，热成像技术能够有效识别温度不同的物体，从而对受困人员或其他目标进行定位。与传统的可见光成像技术相比，热成像技术不受光线条件的影响，在夜间、雾霾、烟雾等低能见度的情况下，依然能够提供清晰的图像。尤其在紧急救援、自然灾害和军事侦察等领域，热成像技术的应用已展现出巨大优势。

热成像技术的工作原理基于物体与其周围环境的热差异。所有物体都会向外辐射红外线，且辐射强度与物体的温度密切相关。通过红外传感器，热成像设备可以捕捉到不同温度物体所释放的红外辐射，并转化为可视化图像，帮助用户识别目标的热图像。由于人体、车辆和大多数动物的温度与周围环境不同，热成像技术可以通过显示这些温度差异，来精确地定位目标。在目标定位应用中，热成像技术能够在复杂环境下发挥显著优势。例如，在灾后搜救中，受困人员的体温与环境温度不同，通过热成像仪，无人机可以快速发现目标。与传统的肉眼搜索相比，热成像可以穿透雾霾、烟雾、暗光等障碍，准确判断目标位置，减少了人工寻找的难度和时间。在恶劣天气或复杂地形中，热成像技术能够在没有光照的情况下依然进行有效搜索，大大提高了救援的效率和成功率。

无人机搭载热成像技术在实际操作中表现出非常强的适应性。由于无人机具有高度灵活的飞行能力，可以在空中进行远程操控并迅速改变飞行轨迹，其配合热成像设备，能够覆盖更大范围的区域。在复杂地形中，无人机能够以较低的飞行高度快速穿越不同的障碍物区域，从而获取目标的热图像。在山区、森林等地，许多受困人员可能被隐藏在障碍物后，肉眼难以识别。而通过热成像，无人机能够精准捕捉到这些目标的热辐射，从而帮助救援人员更快地找到受困者位置。热成像技术的应用不仅仅限于夜间搜救，白天也能发挥重要作用。在阳光强烈的白天，虽然光学成像可能因为环境反射的光线造成了干扰，但热成像能够忽略外界的光线因素，只依赖目标与背景的温差进行定位。尤其在大面积的搜索任务中，热成像技术能够有效区分环境温度与目标体温的差异，在各种复杂条件下都能提供清晰的目标定位信息。

尽管热成像技术在目标定位中具有诸多优势，但也面临着一些挑战。由于热成像设备的分辨率较低，可能无法提供高精度的目标图像。在一些复杂环境中，热成像设备可能同时捕捉到多个相似温度的信号，从而导致目标的判断出现模糊。因此，为了提高热成像技术在目标定位中的准确性，通常需要结合其他技术，如高清摄像头、激光雷达等多重传感器数据进行综合分析。通过技术的融合，能够消除环境干扰，提高目标识别的精度。由于热成像设备的性能受环境温度影响较大。在极端气候条件下，热成像的效果可能受到限制。例如，在寒冷的环境中，受困人员的体温与周围环境温差较小，导致热成像设备难以准确捕捉到目标。而在高温环境下，环境的高温可能使热成像设备的灵敏度降低，难以区分目标与背景的温差。因此，如何优化热成像技术，以适应不同的气候条件是未来研究的重点。

热成像技术还存在一定的成本和设备体积问题，高性能的热成像设备往往较为昂贵，且体积较大，这可能对无人机的载荷和飞行时间造成限制。为了提高无人机在救援任务中的效率，需要对热成像设备进行更小型化、轻量化的设计，同时提高其性价比，使其能够在更多实际应用场景中得到推广和应用。为了应对这些挑战，未来的热成像技术将朝着更高分辨率、更强适应性，以及更长续航时间的方向发展。随着传感器技术的进步和无人机平台的不断优化，热成像技术在目标定位中的精度和适用范围将不断提升。无人机与热成像技术的结合也将为救援任务提供更为精准、快速和高效的支持，使其在复杂地形的抢险救援中发挥更大作用。

热成像技术在目标定位中的应用，为复杂地形中的救援工作提供了可靠的技术保障。通过不断提升技术水平，并结合无人机的高效飞行能力，热成像技术将在未来的救援任务中继续展现强大优势。在不久的将来，热成像技术的进步有望使无人机成为搜救任务中不可或缺的工具，进而帮助救援人员在复杂环境中快速定位目标，为抢险救援赢得宝贵时间。

三、传感器融合技术的优势

传感器融合技术是一种将多个不同传感器的数据进行整合和处理，以获得更精确、更可靠的环境感知结果的技术。该技术在无人机救援任务中具有显著优势，尤其是在复杂地形和极端环境下的应用。通过融合不同类型的传感器，如热成像、激光雷达、视觉传感器等，可以弥补单一传感器在特定条件下的不足，实现数据的互补和增强。传感器融合技术不仅提升了无人机的感知能力，还使其在救援任务中表现出更高的效率和精度。在复杂地形中，单一传感器可能因为环境因素或传感器本身的限制，导致数据不准确或信息缺失。例如，光学相机在低光照环境中容易失去对目标的识别能力，而热成像设备则可能在环境温差较小的情况下无法有效识别目标。通过将多种传感器的数据进行融合，可以有效弥补单一传感器的局限性，从而获得更准确、更可靠的信息。融合后的数据不仅能够提供多维度的信息，还能够通过综合处理减少噪声，提升目标识别和定位的准确度。

在复杂的地形和环境条件下，环境因素的变化往往会影响传感器的表现。例如，强风、雨雪、雾霾等天气条件会干扰激光雷达的激光束传播，降低其测距精度；而在地形复杂的山区或森林中，单一的传感器可能难以应对频繁的障碍物干扰。传感器融合技术能够结合不同传感器的优点，并综合各传感器的输出信息，以应对环境变化带来的挑战。例如，在雨雪天气中，激光雷达和红外传感器可以互相补充,通过数据融合来增强定位和测距能力,从而保证无人机在复杂环境中的飞行稳定性和任务完成度。在救援任务中,无人机需要快速有效地进行飞行路径规划,以覆盖更广泛的搜索区域,并确保任务的顺利完成。通过传感器融合,能够实时获取来自不同传感器的数据,如地形信息、障碍物信息、温度数据等,从而动态调整飞行路径。在复杂地形中,障碍物较多,传统的路径规划方法可能无法实时有效地避开这些障碍物,而融合后的数据能够提供更全面的环境信息,帮助无人机快速计算出最优的飞行路径。此外,传感器融合还可以在飞行过程中实时监测飞行状态,保证飞行的安全性和高效性。

在复杂的地形条件下,单一传感器的应用往往受到局限,可能导致救援任务的效率低下或失败。通过融合多种传感器,无人机可以更好地进行目标识别和定位,提高搜救效率。例如,在山地和森林中,目标可能被障碍物或植被遮挡,导致光学传感器无法识别。而融合热成像、激光雷达和视觉传感器的数据后,无人机能够更精确地探测目标位置,并绕过障碍物进行快速飞行。融合后的信息不仅可以加速目标的搜索过程,还可以帮助救援人员获取更全面的现场数据,提升整体救援效率。

传感器融合技术能够实现多传感器协同工作,进而提升系统的综合能力。在复杂的救援任务中,无人机往往需要多个传感器协同工作来完成不同任务,如目标定位、障碍物检测、环境监测等。传感器融合能够将这些不同传感器的数据融合在一起,并提供一个统一的感知平台,使得各个传感器能够协同工作,以提高整体系统的性能。例如,在救援过程中,无人机可能需要同时使用红外传感器进行目标搜索,激光雷达进行障碍物检测,视觉传感器进行场景重建,多个传感器的协同工作可以确保无人机在复杂环境中的高效运作。

尽管传感器融合技术具有显著优势,但在实际应用中仍面临一些挑战。由于不同类型的传感器具有不同的工作原理和输出格式,数据的融合需要解决传感器之间的异质性问题。如何将来自不同传感器的异构数据有效融合,仍然是一个亟待解决的技术难题。传感器融合技术需要大量计算资源,尤其在实时处理和高频数据传输的条件下,如何优化计算算法、减少延迟,提高实时处理能力是技术发展的一个关键方向。传感器融合的质量还受到传感器本身性能的限制,传感器的精度、响应速度和稳定性等都会影响融合结果的质量。因此,如何选择合适的传感器组合,并通过优化算法提高融合精度是未来研究的重要方向。

传感器融合技术为无人机在复杂地形和极端环境下的应用，提供了巨大的技术支持，通过多传感器的数据融合，无人机能够在复杂的地理和环境条件下，提高感知能力、增强鲁棒性、优化飞行路径、提升救援效率，并实现多传感器的协同工作。随着传感器技术和数据处理算法的不断进步，传感器融合将在未来的无人机应用中发挥越来越重要的作用，成为无人机在抢险救援中的核心技术之一。

四、无人机在复杂环境中的路径规划

无人机在复杂环境中的路径规划是确保无人机能够有效、迅速、安全地完成抢险救援任务的关键技术。复杂环境通常包括山地、森林、城市等多种障碍物密集且变化多端的场景，这些环境特征对无人机的飞行稳定性、任务效率和安全性构成了很大挑战。路径规划的目标是在确保无人机飞行安全的同时，最大限度地提升任务执行效率。因此，针对复杂环境的路径规划需要综合考虑地形、气候、障碍物等多方面因素，并结合实时感知数据进行动态调整。

在复杂环境中，无人机的路径规划首先要解决的是如何避开障碍物，尤其是动态障碍物。复杂地形中存在着大量的自然障碍物，如山脉、峡谷、树木、建筑物等，这些障碍物可能随时影响无人机的飞行路线。无人机必须能够实时感知周围环境，并根据障碍物的位置、形状和尺寸进行避让。传统的路径规划算法通常基于静态地图或预设的路径进行规划，但在复杂环境中，这种方法很难应对突发的障碍物或环境变化。因此，将实时感知与动态路径规划相结合成为无人机路径规划中的重要方向。为了应对复杂环境中的障碍物干扰，现代路径规划算法采用了基于图的搜索方法和基于优化的算法。图搜索方法如 A★ 算法、Dijkstra 算法可以在已知的环境地图中，寻找一条从起点到目标点的最优路径。然而，在复杂环境中，由于地形变化和障碍物的不确定性，静态的环境地图往往无法提供完全准确的信息，因此，动态障碍物的检测和实时路径调整成为路径规划中不可忽视的因素。无人机通过激光雷达、红外传感器、视觉传感器等可实时获取周围的环境数据，将障碍物位置进行动态更新，并结合算法实时调整飞行路径。

在抢险救援任务中，时间往往至关重要。救援人员和设备的及时到达可以显著提高任务的成功率，因此，无人机需要在最短时间内完成任务。这要求无人机在路径规划时不仅要考虑避障，还要考虑飞行的时间效率。在复杂环境中，障碍物密集，飞行路线往往会受到影响，如何在众多可能的路径中选择最优路径是一项巨大的挑战。通常基于优化的路径规划方法，如遗传算法、粒子群算法等，可以通过反复迭代优化飞行路径，找到一个既能够避开障碍物，又能够节省时间的最优解。

然而，随着飞行距离的增加，无人机的飞行时间和电池续航能力也成为路径规划中的一个重要考量因素。尤其在山区或远离电池充电站的救援场景中，无人机的续航时间有限，路径规划必须综合考虑电池消耗、飞行距离和飞行时间的平衡。某些高效的路径规划算法，如基于动态规划的算法，可以在每一时刻根据无人机的剩余电量、飞行高度等因素重新调整飞行路线，以确保任务不会因为续航问题而失败。

除了避障和高效能需求外，路径规划还需要处理复杂环境中的天气变化问题。恶劣的天气条件，如强风、暴雨、雾霾等，往往会对无人机的飞行产生很大影响，甚至使飞行变得危险。路径规划需要实时感知天气条件，并对飞行路径进行动态调整。例如，在强风的环境下，无人机可能需要选择相对避风的区域进行飞行，以减少风力对飞行稳定性的影响；在暴雨天气中，无人机需要尽量避开低能见度区域，选择更为清晰的飞行路线。同时，气温、湿度等环境因素也会影响无人机的飞行性能，路径规划必须能够应对这些复杂的气候挑战。

在大型抢险救援任务中，往往需要多架无人机协同工作，以进行区域搜索、目标定位、物资投放等多种任务。这就要求无人机的路径规划不仅要考虑单一任务的完成，还要考虑多架无人机之间的协同和配合。多无人机的路径规划不仅需要避开彼此之间的干扰，还需要优化整个任务的完成效率。例如，当多架无人机同时执行搜救任务时，需要确保它们在不同区域内进行有效分工，避免重复搜索或遗漏目标。在这种情况下，路径规划算法需要考虑多架无人机的飞行路线协调，以确保它们在复杂环境中顺利执行任务。

随着无人机技术的不断进步，越来越多的智能化算法被引入路径规划中。例如，深度学习技术可以帮助无人机从大量历史数据中，学习到最优的飞行路径；强化学习算法则能够通过模拟环境和实时反馈，帮助无人机在复杂环境中不断优化飞行决策。自适应路径规划能够根据实时反馈调整飞行路线，使无人机能够在复杂且不断变化的环境中始终保持高效的任务执行能力。无人机在复杂环境中的路径规划是一个高度集成的技术问题，涉及感知、计算、控制等多个方面。随着技术的不断发展，未来的路径规划将更加智能化、自适应，能够在各种复杂环境条件下有效提升无人机的任务执行效率，确保抢险救援任务的完成。

第二节 灾后评估与损失评估

一、灾后地形的快速扫描

灾后地形的快速扫描是灾后评估工作中的重要环节。当灾害发生后，第一时间对灾后地形进行快速扫描和评估，能够为后续救援工作提供重要的决策支持。地形变化通常是灾后评估的关键内容之一，尤其在地震、洪水、泥石流等自然灾害发生后，地形发生的变化往往会对交通、人员搜救以及物资运输等产生重大影响。因此，通过现代技术手段对灾后地形进行快速扫描，成为灾后应急响应中的必要措施。灾后地形的快速扫描通常依赖无人机、卫星遥感、激光雷达等技术。其中，无人机技术在灾后地形扫描中发挥了重要作用，尤其在复杂和危险的地形中，无人机能够快速飞行，收集大量的高精度图像和三维数据。这些数据可以帮助灾后评估人员全面了解灾后地形的变化情况，为下一步救援工作提供数据支持。无人机的高效性和灵活性，使其成为灾后评估中不可或缺的工具。

无人机进行灾后地形快速扫描的优势在于，其能够在灾后第一时间进入灾区，并绕过可能因灾害造成的交通阻断问题。相比传统的地面调查和人工测量而言，无人机能够大范围、迅速、无接触地完成地形的扫描工作，特别适用于那些评估人员无法直接到达的地区。在灾后初期，尤其是在交通基础设施受损严重的情况下，无人机能够在不依赖地面设施的情况下，提供及时、准确的灾后地形信息。这一特点，在洪灾、泥石流、山体滑坡等灾害发生后尤为突出。无人机在灾后地形快速扫描中的另一个优势是，可以获取高分辨率的图像和高精度的三维数据。通过搭载高分辨率相机、激光雷达等传感器，无人机能够采集到关于地形变化、建筑物倒塌、道路破坏等详细信息。这些数据经过后续的处理和分析，能够生成高精度的灾后地形图，帮助评估人员判断灾害对地形的具体影响。例如，在地震灾难发生后，无人机通过快速扫描可以识别建筑物的倒塌情况、道路的开裂程度以及土壤的滑坡和沉降情况，从而为后续的救援工作提供精准的参考依据。

无人机在灾后地形扫描中还能够实现实时数据传输和远程操作，极大地提升了灾后评估的效率和安全性。灾区通常处于通信不畅或完全断联的状态，而无人机搭载的通信设备可以在一定范围内实现数据传输，将扫描到的信息实时传输到灾后指挥中心。这一特点使得无人机能够为灾区提供即时的地形变化信息，帮助灾后评估人员及时做出应急决策。例如，救援指挥人员可以通过无人机实时传输的影像，了解哪些道路受损严重、哪些地区存在较大风险，从而及时调整救援策略。在进行灾后地形快速扫描时，除了技术上的挑战外，还需要考虑环境因素对无人机操作的影响。灾后环境通常较为复杂，不仅地形变化剧烈，气候条件也可能十分恶劣。强风、大雨、烟雾等天气现象可能影响无人机的飞行稳定性，甚至导致无人机失控。因此，在灾后地形快速扫描过程中，必须做好飞行计划和气象评估，以确保无人机能够在安全的环境下执行任务。同时，考虑到无人机的续航时间和电池限制，在规划任务时还应确保无人机在飞行过程中能够顺利完成数据采集并返回。

灾后地形的快速扫描不仅仅是为了获取灾区地形变化的数据，更重要的是能为灾后评估和救援工作提供及时的决策支持。灾后评估工作包括对灾区房屋倒塌、道路受损、电力中断等情况的详细记录，其能够帮助政府部门和救援机构确定优先救援区域，并合理分配资源。无人机的高效扫描可以大大提高灾后评估的准确性和效率，确保救援工作不受地形复杂性的影响，从而提升灾后救援的成功率。灾后地形的快速扫描是灾后应急响应中不可忽视的一部分。随着无人机技术和遥感技术的不断发展，灾后地形扫描将更加精准、实时和高效。未来，结合人工智能、数据分析和云计算等技术，灾后地形扫描能够实现更高水平的自动化，进一步提升灾后评估的科学性和及时性，为灾后救援提供更加有力的支持。

二、无人机影像与评估模型结合

近年来，无人机影像与评估模型结合是灾后评估和损失评估中应用广泛的技术手段。其中，无人机影像提供了高分辨率、实时、全面的地面图像，而评估模型则通过对这些影像数据的分析，帮助评估灾后损失和制订有效的救援计划。两者的结合既提升了灾后评估的精准度，又加快了评估的效率，为抢险救援提供了科学、快速的决策支持。无人机影像作为灾后评估的重要信息来源，能够提供灾后地形变化的真实反映。无人机通过搭载高分辨率相机，能够在灾后第一时间对灾区进行全方位扫描，从而获取大量高质量影像数据。这些影像不仅涵盖了灾区的全貌，还能够揭示细节信息，如建筑物倒塌、道路损毁、植被受损等，具备较高的空间分辨率。相比传统的人工测量和地面调查，无人机影像能够大范围、快速、高效地提供灾后地形的第一手资料，特别是在人力难以到达的区域，无人机的作用更为突出。

为了充分利用这些影像数据，评估模型应运而生。评估模型是一种通过数学计算和算法分析，将影像数据转化为灾后损失评估结果的工具。这些模型通常包括地理信息系统（GIS）、遥感技术（RS）和计算机视觉（CV）等技术，其结合无人机影像进行分析，可以实现对灾后损失的自动化评估。评估模型可以对无人机影像中的建筑物倒塌、道路毁损、植被受损等进行精准识别，进而对灾后损失进行定量估算。评估模型的工作原理主要基于图像处理和数据分析。通过无人机影像的高分辨率特性，评估模型能够对影像中的变化进行细致的比对和分析。以建筑物为例，模型可以对灾前和灾后的无人机影像进行对比，识别哪些建筑物出现倒塌或损毁，并根据倒塌程度推算可能的经济损失。在道路损毁评估中，评估模型可以利用影像数据，自动识别道路破损区域，并计算破损程度，为后续的修复工作提供数据支持。

结合无人机影像和评估模型可以实现灾后损失的自动化评估。无人机获取的影像数据经过预处理后，会输入评估模型中，模型会通过算法分析得出具体的损失评估结果。这些结果可以通过图表、地图或三维可视化的形式呈现出来，帮助决策者快速了解灾后情况，制订抢险救援计划。此外，结合无人机影像和评估模型还可以进行多时相分析，了解灾区在不同时间点的变化情况，为救援工作提供全周期的数据支持。例如，在地震灾后评估中，利用无人机影像并结合评估模型可以对受灾区域进行高效、全面的扫描，并通过模型计算得出灾后建筑物、道路、桥梁等的损失情况。这些数据不仅能够帮助政府和救援机构了解灾情的严重程度，还能够为资源的分配和调度提供科学依据。无人机影像和评估模型的结合不仅能提升评估的效率，还能提高评估的准确性，为灾后恢复和重建工作提供数据支持。

不过，在无人机影像与和评估模型结合的过程中仍然面临一些挑战。灾后地形的复杂性和多变性可能影响无人机影像的质量，尤其在恶劣天气条件下，无人机的影像质量可能会受到影响。同时，评估模型的准确性也受到数据质量的限制，若无人机影像存在模糊、误差或缺失，可能导致评估结果的不准确。评估模型需要大量的训练数据和参数调优，才能够适应不同的灾害类型和复杂环境。因此，在实际应用中，需要不断优化模型算法，并提高影像数据的质量和处理能力，以保证评估结果的准确性。无人机影像和评估模型的结合为灾后评估工作提供了高效、精确、实时的数据支持。通过无人机影像采集灾区数据，并结合评估模型进行分析，能够实现对灾后损失的全面、精准评估，为抢险救援和灾后重建提供有力的决策支持。随着无人机技术和评估模型的不断发展和完善，未来，这一技术将能够在更复杂的灾后评估中发挥更大作用，为救援工作提供更加科学、高效的支持。

三、建筑物损害程度的评估

建筑物损害程度的评估是灾后评估中至关重要的一部分。它能够为抢险救援、灾后恢复以及资源调配提供重要依据。无人机技术的引入大大提升了建筑物损害评估的效率与精确度。通过无人机搭载的高分辨率相机、激光雷达等传感器可采集灾后建筑物影像及数据，并结合先进的图像处理与分析技术，能够全面、精准地对建筑物损害程度进行评估。在评估过程中需要考虑多个因素，包括建筑物的类型、结构、损坏模式以及灾害类型等，只有综合这些信息，才能做出合理的损害评估。无人机在建筑物损害评估中的应用首先体现在快速、全面的影像采集上。传统的损害评估方法通常依赖人工勘察，不仅耗时，而且效率低，同时在恶劣的环境中可能无法全面覆盖灾区。而无人机能够在短时间内完成大范围扫描，且能够进入高风险或人类难以到达的区域，从而获取建筑物的高清影像。这些影像可以作为损害评估的基础数据，并通过图像处理技术，进行自动化识别和分析。同时，无人机也能够拍摄到建筑物外立面的细节，提供全面、高清的地面信息，帮助评估人员快速掌握损害情况，极大地提升了评估工作的效率和精度。

在进行建筑物损害程度评估时，首先需要识别建筑物的损坏模式。不同的灾害类型（如地震、洪水、风暴等）对建筑物的影响有所不同，损坏模式也各异。例如，地震往往造成建筑物结构的裂缝、倒塌等，而洪水则可能导致建筑物的浸泡、腐蚀等损害。无人机搭载的红外成像、热成像等技术可以帮助识别这些不同的损坏模式。在灾后建筑物的评估中，红外成像能够检测到建筑物表面温度的变化，进一步分析可能存在的结构性损害或热水泄漏问题。通过这种技术，评估人员可以及时发现建筑物的隐性损害，从而更精准地判断损害的严重程度。无人机通过拍摄多角度、多视角的影像，结合计算机视觉算法进行三维重建，能够生成建筑物的三维模型。这个模型不仅能够帮助评估人员更好地了解建筑物的整体结构，还能够用于评估各个部位的损害程度。例如，通过三维建模可以清晰地展示出建筑物各层的损坏情况、外立面的裂缝、屋顶的破损等细节，这对于后续的恢复工作和风险评估非常重要。三维模型的准确性高，可以在损害评估时为决策者提供直观、具体的参考数据，从而帮助其做出科学、合理的决策。

然而，无人机在应用于建筑物损害评估过程中也存在一些技术挑战。无人机拍摄的影像质量可能受到天气条件、光照强度、风速等因素的影响，导致图像清晰度下降，进而影响损害评估的准确性。建筑物的高度、复杂性以及周围环境的干扰可能使得无人机的飞行和图像采集变得更加困难。对于高层建筑或被其他物体遮挡的建筑来说，影像的采集可能存在盲区，这会影响建筑物损害评估的全面性和准确性。因此，为了确保评估的准确性，往往需要结合多种技术手段，如激光雷达、地面巡检等，以形成数据互补，弥补无人机单一技术的局限。无人机与先进评估模型的结合是解决上述问题的一种有效途径。通过图像处理算法，并结合建筑物的结构信息，可以自动化地分析并识别出损害区域。这些模型可以帮助评估人员准确判断损害程度，如是否需要立即修复，或是否存在潜在的安全风险。评估模型的不断优化能够提高建筑物损害评估的自动化程度和精确度，减少人为因素的干扰。人工智能和机器学习技术的应用也使得损害评估从人工识别转向自动识别，极大地提升了评估效率。

在灾后重建过程中，建筑物损害程度的评估对于优先级排序、资源调配和人员安排都具有重要影响。无人机技术和评估模型的结合，使得建筑物损害评估不仅仅局限于地面检查，而是通过实时影像和数据分析，高效、快速地完成对整个灾区的评估。这对于保障救援工作的及时性和有效性，以及避免资源浪费提供了强有力的技术支持。建筑物损害程度的评估是灾后评估工作中不可或缺的环节。无人机技术通过高效、灵活、精准的影像采集与处理能力，为损害评估提供了基础数据和技术支持。通过图像处理、三维建模、传感器融合等技术手段，无人机能够全面、准确地评估建筑物的损害情况，为灾后恢复和重建工作提供重要依据。尽管在应用过程中存在一定的技术挑战，但随着技术的不断进步和优化，无人机在建筑物损害评估中的广阔应用前景，将在未来的抢险救援中发挥更大作用。

四、无人机数据在灾后救援和决策中的应用

无人机数据在灾后救援和决策中的应用，尤其在复杂地形环境下，具有重要的战略意义。随着技术的不断发展，无人机已经不再局限于图像采集工

具，而是逐步成为数据收集、分析与决策支持系统的重要组成部分。通过无人机采集的高清影像、传感器数据以及三维重建模型等，可以为决策者提供实时、全面的灾后情况评估。这些数据不仅能够帮助决策者制订抢险救援计划，还能够为灾后重建工作提供科学依据，尤其在复杂的灾后环境中，无人机数据的应用能够有效提高决策的科学性与精准度。无人机在灾后评估中的应用首先体现在数据的实时性与全面性上。传统的灾后评估往往依赖地面巡查，评估周期长，数据获取不及时且受环境条件限制。而无人机能够在极短时间内覆盖广阔的灾区，拍摄高分辨率影像，并实时传输到指挥中心。这种快速、广泛的数据采集能力使得决策者能够第一时间掌握灾后现场情况，为紧急响应与救援提供及时支持。无人机采集的数据不仅包括建筑物损害情况，还可以获取地形变化、交通设施损坏等信息，从而为决策者提供全面的视角。

通过无人机采集的影像与传感器数据，并结合地理信息系统（GIS）技术，能够对灾后区域进行精确建模。无人机可以生成三维模型，展示灾后环境的立体结构。这些模型在决策过程中起到了至关重要的作用，尤其在复杂的地形条件下。例如，在山区或城市废墟中，传统的地面勘察可能受限，而通过无人机生成的三维地图可以清晰地展现建筑物、道路、桥梁等关键设施的损害程度及分布情况。决策者可以通过这一模型，对灾区的交通、通讯、电力等基础设施的损毁情况进行实时评估，进而优化救援路线和资源配置。无人机通过搭载不同的传感器，如红外成像、热成像、激光雷达等，能够精准捕捉灾后环境中的微小变化。例如，热成像技术能够在夜间或低能见度条件下，检测出受灾区域的人体热量信号，有助于救援人员精确定位被困人员；而激光雷达技术则可以高精度地扫描建筑物或地面，从而获取建筑物破损、地面沉降等信息。将这些传感器数据与图像数据进行融合处理，能够为决策者提供更加翔实的灾后情况分析，帮助其做出更科学的决策。

灾后救援工作通常涉及多个部门和团队，包括消防、医疗、民政、交通等。无人机作为信息采集与传输的工具，可以将现场数据实时传送到各个部门的指挥中心。通过云计算与大数据分析平台，各部门可以同时获取统一的灾后数据，避免信息孤岛，提高救援工作的协调性与高效性。例如，在进行建筑物损害评估时，无人机获取的实时数据不仅能为建筑结构工程师提供分析依据，也能帮助急救人员确定建筑物内的被困人数与位置，从而优化资源调配，提高抢救效率。无人机数据在决策中的应用不仅限于灾后救援阶段，还延伸至灾后恢复和重建工作。灾后恢复需要依据损害评估、资源分布、环境变化等数据来制订合理的恢复计划。无人机获取的数据能够帮助决策者全面评估灾区基础设施的恢复情况，并提供灾后重建的最优路径。无人机采集的数据可以为后续的灾区资源重建、灾后安置点规划，以及社会资源的调配提供参考。例如，无人机拍摄的影像能够揭示道路的通行情况、电力设施的完好程度，从而帮助政府相关部门合理配置物资，确定哪些区域需要优先恢复。通过对无人机数据的全面分析，能够使灾后重建的方案更加符合实际情况，有助于减少资源浪费，加速灾区的恢复进程。

无人机在决策中的应用仍然面临一些挑战，其数据采集质量受天气、飞行高度、飞行范围等多种因素的影响。特别是在复杂地形或恶劣天气条件下，无人机的飞行稳定性与数据采集能力可能受到限制。无人机获取的数据量庞大，需要强大的数据处理和分析能力才能转化为决策所需的信息。实时数据传输、处理和分析的技术要求很高，涉及大数据存储、云计算平台的支持等。无人机数据的安全性也是一个不可忽视的问题。灾后救援与决策过程中涉及大量敏感数据，必须采取严格的数据加密与隐私保护措施，才能确保数据的安全性和完整性。

尽管面临挑战，但无人机在灾后决策中的应用前景依然广阔。随着无人机技术的进步、数据传输速度的提升、传感器种类的丰富，以及数据处理能力的增强，无人机将进一步发挥其在灾后评估、决策与重建中的作用。通过不断优化无人机技术与数据分析模型，未来，无人机将在灾后抢险救援中提供更加精准、高效的信息支持，帮助决策者在复杂环境下做出更加科学的决策，为灾后恢复与重建提供强有力的技术支持。无人机数据在灾后决策中的应用体现了其在信息采集、分析与决策支持中的重要作用。无人机通过提供全面、实时、高精度的数据支持，为灾后救援、评估与恢复工作提供了可靠依据。随着技术的不断发展，未来，无人机将在灾后决策中发挥更加重要的作用，进一步推动灾后管理的科学化与现代化。

第三节　物资投送与输送

一、无人机物资投送的安全性

无人机在灾后物资投送中的应用具有巨大潜力，尤其在复杂地形中，其能够为物资输送提供高效且迅速的解决方案。然而，无人机物资投送的安全性问题始终是制约其成功应用的关键因素。随着无人机技术的进步，越来越多的无人机被用于物资投送，但其安全性依然面临着多方面挑战。从飞行控制到物资投送的精准性，从飞行路径的选择到设备的可靠性，均是保障无人机安全执行任务的关键环节。（图3-2）

图3-2　无人机物资投送

无人机物资投送的安全性首先体现在飞行控制系统的稳定性上。飞行控制系统是无人机实现自主飞行的核心，它直接关系到无人机的稳定性与飞行精度。在复杂环境中，尤其在山区、城市废墟等复杂地形中，飞行控制系统必须能够处理复杂的地形数据，并实时调节飞行参数。若飞行控制系统发生故障，可能导致无人机失控，无法精确完成物资投送任务。因此，无人机的飞行控制系统必须经过严格的测试与验证，以确保其在各种环境下都能够稳定运行。此外，飞行控制系统还需要具备应急处理能力，使其在遇到突发情况时能迅速做出反应，从而保障无人机的安全。

物资投送的精准性是无人机物资投送的另一个关键性的安全因素。在复杂的地形环境下，物资投送需要精准定位目标区域，以确保物资的准确投放。无人机通常通过导航系统来确定投送位置，而在一些高风险环境下，GPS信号可能不稳定甚至完全丧失。在这种情况下，无人机如何确保物资能够准确投放到指定位置就成了一个难题。为了解决这一问题，一些高精度导航系统被应用于无人机物资投送中，包括激光雷达、视觉识别和惯性导航等技术。通过这些技术的结合，无人机能够在没有GPS信号的情况下，依靠环境数据进行定位，从而保证投送的精准性。

无人机物资投送的安全性还与飞行路径的选择密切相关。在复杂地形中，飞行路径的选择不仅关乎任务的效率，还涉及飞行安全性。无人机的飞行路径必须避开障碍物，如建筑物、山脉、森林等，以避免与其他飞行器发生碰撞。同时，在选择飞行路径时，还需要考虑气候、风速等外部因素的影响。在风速较大的环境下，无人机容易受到气流的干扰，飞行稳定性差，容易发生偏航或撞击障碍物。因此，科学合理的飞行路径规划对保障无人机物资投送的安全至关重要。在实际应用中，通过地形分析、气象数据的采集和实时监控，可以动态调整飞行路径，以应对各种突发情况。

无人机物资投送的设备安全性也是保障其整体安全的一个重要方面。无人机用于物资投送时，需要搭载运输设备，这些设备不仅要具备足够的承载能力，还要能确保物资在投送过程中不受损害。尤其是在长时间飞行或恶劣天气条件下，物资投送设备可能遭遇意外的机械故障，导致物资投送失败或出现丢失的情况。因此，需要定期检查与维护物资投送设备，确保其功能完好。在设计时，设备需要考虑到各种复杂的环境条件，包括温度、湿度和气压等变化，以保证设备的高效运行。

人工干预与自动化系统的结合，也是确保无人机物资投送安全性的一项重要措施。在一些特殊情况下，无人机的自动飞行系统可能出现判断失误或故障。为了最大限度地避免安全事故的发生，可以通过设立人工干预机制，对无人机的飞行过程进行实时监控与干预。例如，在飞行过程中，操作员可以通过远程控制对无人机进行调整，以避免潜在的飞行风险。随着人工智能与机器学习技术的不断发展，自动化系统将能够实现更加智能化的决策，进而自动规避障碍物、调整飞行路径，提高飞行安全性。

无人机物资投送的安全性问题不仅仅局限于飞行本身，还包括飞行过程中的数据安全。无人机在执行物资投送任务时，需要采集大量的实时数据，这些数据通常包括位置信息、飞行状态、环境变化等。在传输这些敏感数据时，若发生数据泄露或遭到恶意攻击，将可能导致飞行任务的失败，甚至造成更严重的安全隐患。因此，确保无人机数据传输的安全性，防止外部对数据的篡改或盗取是无人机物资投送安全性保障的重要一环。当前，数据加密、身份验证和网络防护等技术已被逐步应用于无人机系统，提升了数据传输的安全性。

无人机物资投送的安全性问题涉及多个方面，涵盖了飞行控制系统、物资投送精准性、飞行路径选择、设备安全性、人工干预等多个领域。只有综合考虑这些安全因素，并采取相应的技术措施和保障手段，才能确保无人机在复杂环境中顺利完成物资投送任务。因此，在未来的无人机物资投送应用中，必须持续关注这些安全性问题，并推动技术创新和制度建设，以确保无人机在抢险救援中的安全、高效应用。

二、物资配送中的精度与效率问题

物资配送是无人机在抢险救援中的重要应用之一，特别是在复杂地形和灾后环境中。无人机能够突破传统配送方式的局限，通过快速、精准的投送有效解决救援物资的运输问题。然而，在实际应用中，物资配送面临的精度与效率问题仍然是一大挑战，尤其在极端环境和复杂地形下，无人机的物资配送任务往往伴随着较大困难。解决这些问题不仅能提升无人机配送的可靠性，还能大大提高抢险救援的效率。精度问题在物资配送中尤为关键，特别是在复杂地形中。无人机通常依靠 GPS 来导航与定位，但在山区、城市废墟等地方，GPS 信号的弱化或丧失会影响无人机的飞行稳定性与目标定位。例如，在高楼密集的城市环境中，GPS 信号往往被建筑物遮挡，导致无人机的定位误差增大，进而使投送位置偏差也随之增大。为了保证物资的精确投送，必须依赖其他传感器与定位技术，如激光雷达、视觉传感器和惯性导航系统（INS）。这些技术可以帮助无人机在 GPS 信号不稳定的环境下依然保持较高的定位精度，以确保物资能够投送到指定位置。通过多传感器融合技术，能够进一步提升物资配送的精度，从而保证在极端环境下，物资能准确送达。

与此同时，精度问题还与无人机的飞行路径规划息息相关。在复杂环境中，飞行路径的设计不仅需要避开障碍物，还需要综合考虑风速、气温等气象因素，这些都会影响无人机的飞行精度。例如，强风可能导致无人机的飞行方向发生偏移，降低投送精度。因此，为了提高物资配送的精度，必须精确规划飞行路径并实时监测环境变化。在实际应用中，可以通过结合地形图和气象数据，并利用计算机算法进行飞行路径的动态优化，确保无人机能够顺利避开障碍并精准投送物资。除了精度外，效率也是无人机物资配送面临的一大挑战。在抢险救援中，时间就是生命，物资投送的效率直接关系到救援行动的速度。在这一过程中，无人机主要依靠电池提供动力，而电池续航时间的限制则影响了无人机的飞行时间和配送效率。尤其在需要覆盖大范围区域的情况下，单次飞行的距离和载重能力受到电池续航的制约。因此，为了提高物资配送的效率，需要优化电池技术或增加无人机的电池容量，以延长飞行时间。此外，通过设计更加高效的电池充电和更换机制，也可以大大提高无人机的运行效率，保证其能够快速响应。

在灾难发生后的初期，救援队伍通常会面临物资紧缺的状况，因此，如何在最短时间内完成大量物资的配送是一个巨大挑战。无人机的调度和任务分配需要高效进行，以确保每一架无人机都能够在规定时间内完成任务。为此，可以通过多无人机协同作业来提高配送效率。在多个无人机的协作下，可以实现更广范围的物资投送与分发，同时通过实时监控和数据反馈，及时调整任务计划，可以避免出现单个无人机过载或配送延迟的情况。多无人机协同配送可以在一定程度上解决物资投送效率低下的问题，提升救援行动的响应速度。随着人工智能技术的发展，无人机能够通过机器学习和优化算法自主完成任务规划。通过分析历史数据和实时反馈，无人机能够智能化地选择最佳飞行路线和物资配送策略，以实现最大效率的物资投送。例如，在复杂的山区环境中，利用机器学习算法可以对飞行路径进行优化，避免重复飞行或绕远路，从而节省时间和能源。随着大数据技术和计算能力的提升，智能算法在无人机配送任务中的应用将越来越广泛，未来，无人机能够更加高效地进行物资投送。

在复杂地形中，无人机必须应对各种环境挑战，如恶劣天气、地形变化等。尤其在山区或城市废墟中，无人机需要飞越起伏的山脉或穿越高楼林立的区域，这些都需要消耗大量的能量和时间。为了提高效率，降低环境对无人机配送的影响，除了技术手段的创新外，还需要进行更加精细的环境感知与数据处理。例如，通过环境感知系统，无人机能够实时监测周围环境的变化，包括风速、气温、湿度等因素，及时调整飞行策略，以应对不同的环境挑战。通过高效的环境适应机制，无人机可以在各种极端条件下完成任务，保证救援物资能够快速投送。通过优化飞行路径、提升飞行控制精度、改善电池续航、采用多无人机协同作业及智能算法等手段，可以有效提高无人机物资配送的精度和效率。然而，尽管技术不断进步，但是仍然需要在实践中不断探索，以完善现有技术，提升无人机在灾后抢险救援中的整体表现，从而确保其能够在复杂环境中高效、精准地完成物资投送任务。

三、货物类型与重量限制

当前，无人机在物资投送中的应用已经得到了广泛关注，特别是在复杂地形和灾后救援中。尽管无人机具有极高的灵活性和精准度，但在实际应用中，货物类型与重量限制始终是一个不可忽视的挑战。无人机的承载能力是其物资投送功能的基本保障，而不同类型的货物需要不同的运输方案。因此，如何在保障飞行安全的前提下有效进行物资配送，特别是面对各种复杂的货物类型和重量限制时，提升无人机的投送效率是关键。

不同类型的货物具有不同的体积、形状以及重量特征，这些直接决定了无人机的承载能力。轻型货物通常适合小型无人机进行投送，而较重或体积较大的货物则可能需要专门设计的无人机。例如，药品、急救包、食品和水等生活必需品通常体积较小、重量轻，适合小型无人机进行配送；而一些大型设备、建筑材料或者救援工具由于体积较大或重量过重，可能需要更为强大的无人机，甚至是具备多重动力系统的重型无人机。由于现有的无人机技术存在限制，导致大多数商用无人机的最大载荷能力较低，因此在货物类型的选择上必须进行细致的规划和选择。

除了货物的重量和体积外，货物的形态和结构也是影响无人机运输的一个重要因素。某些货物可能具有特殊的形态特征，如不规则形状或易碎物品，这将大大增加无人机运输过程中的复杂度。无人机的载货空间通常有限，且大部分无人机采用的是单一的货舱结构，这使得对于不规则形态的货物，特别是需要严格保护的物品，如医疗设备、重要文件、电子仪器等，其在运输过程中的稳定性和安全性成为重点考虑问题。例如，电子设备在飞行过程中可能遭遇震动或外部冲击，这可能导致其损坏。因此，除了考虑无人机的载荷能力外，还需要制订适合特定货物类型的保护方案，如增加减震系统、强化货舱稳定性，或采用专用的保护包装，以确保货物在配送过程中的完整性。

第三章 无人机在抢险救援中的应用场景

现有的无人机通常只能承担较轻的负荷，而一些重要的救援物资如应急医疗器械、抗灾物资等往往重量较大，导致普通商用无人机无法满足需求。为了解决这一局限，研究人员已经提出了一些解决方案，如开发重型无人机、提高飞行效率和载重能力，或采用多架无人机协同作业，以提高整体运送能力。例如，某些重型无人机能够携带重达几十公斤的负载，足以满足大部分救援物资的配送需求，但这些无人机通常体积庞大、成本较高。多无人机协同作业是一种有效方式，通过多架小型无人机协同完成一项较大任务，可以在不超载单架无人机的情况下完成更多物资的配送，然而这种方式需要更复杂的调度与协调，故而增加了操作难度和系统要求。

随着无人机技术的不断发展，如何提升无人机的载重能力和效率仍然是一个重要的研究方向。当前的无人机仍然面临着电池续航和动力系统的制约，大型货物的运输不仅需要强大的动力支持，还需要更长的飞行时间。电池技术的进步是解决这一问题的关键之一，未来，更高效的电池或替代动力系统，有望提升无人机的负载能力和续航时间。与此同时，负载控制系统和飞行稳定性技术的提升，也将极大扩展无人机在物资投送中的应用范围。例如，改进无人机的负载调节系统，可以使其根据货物重量的不同自动调整飞行参数，从而在保证飞行的稳定性和安全性的同时，提升运输效率和精度。

货物的运输和配送不仅仅是一个技术问题，还涉及操作流程和策略的制定。如何根据具体的救援需求，选择合适的无人机类型、配备适当的载货设备以及优化运输路径，是提升无人机物资投送效率的另一个关键因素。无论是应急医疗救援，还是灾后重建的物资，都会涉及多种类型的物资，且每种物资的投送都需要进行精准规划。除了技术层面的限制外，操作员的经验和技能也会对无人机的使用效率产生影响。随着无人机在灾后救援中的应用日益增多，专业化的无人机操作和物资配送流程正在逐步建立，未来，这一领域将会有更多创新性解决方案，以确保在复杂地形和特殊环境下，物资的运输能够更加高效、安全地完成。

无论是轻型货物，还是大型救援物资，都要求无人机具备相应的承载能力、精准的飞行控制和有效的保障系统。解决这些问题需要从无人机的设计、载重系统、飞行稳定性以及操作策略等多个方面进行技术优化，以提高无人机在复杂地形中的物资投送能力。随着无人机技术和相关技术的不断进步，未来，无人机的物资配送能力将更加多样化，能够满足不同类型、不同重量货物的运输需求，从而在抢险救援中发挥更大作用。

四、投送任务中的操作规范

在无人机物资投送的应用中，操作规范的制定至关重要。无人机的高效与安全运行不仅依赖先进的技术支持，也离不开严格的操作规程和标准。尤其在复杂地形和紧急救援场景中，操作规范的有效实施直接关系投送任务的成功与否。因此，在开展无人机物资投送任务时，必须遵循一系列科学合理的操作规范，以确保每一项任务都能够高效、安全地完成。

操作规范首先需要涵盖飞行前的准备工作，包括对无人机及其设备的检查、飞行计划的制订以及任务目标的确认。在每次任务开始之前，操作者必须对无人机进行全面检查，确保飞行器处于良好的工作状态，这包括电池电量、动力系统、导航与控制系统、传感器、摄像头，以及其他附加设备是否正常运行。其中，无人机的电池电量是飞行任务的关键因素，若电池电量不足，将直接影响飞行距离和时间，甚至可能导致飞行中断。因此，电池管理系统的检查和充电设备的准备应当是每次任务准备中的第一步。随后，操作者还需检查其他配件的功能，如货舱和投放系统，以确保其能够顺利完成物资的投送。

除了设备检查外，飞行计划的制订也是操作规范中不可或缺的环节。飞行计划应当根据投送任务的实际需求进行详细规划，尤其是投送路线的选择、飞行高度的设定以及飞行时间的控制。飞行计划的制订应充分考虑复杂地形的影响，如山区、森林、城市等环境中的障碍物、风速、气温等因素。在飞行计划中，还应考虑飞行过程中的安全措施，如避开人口密集区，以及确保飞行高度不会与其他飞行器或建筑物发生碰撞等。飞行计划必须经过精确计算，并在任务执行之前进行模拟测试，确保操作规范能够最大限度地降低飞行风险。

飞行过程中的操作规范同样至关重要，在飞行过程中，操作者需要实时监控无人机的飞行状态，并根据实际情况做出调整。对于无人机来说，飞行过程中可能面临不同的障碍和干扰，如风速变化、气象变化或设备故障等，这时操作员需要迅速做出响应，以确保飞行的安全性与稳定性。此外，飞行员应随时监控无人机的飞行路径、速度与方向，并确保在任务过程中，飞机始终处于可控状态。针对突发情况，如飞行器偏离预定路径、信号丢失等问题，操作员应具备快速反应能力，及时采取手动操作或其他应急措施，以确保无人机按计划完成物资投送任务。

在进行物资投放时，无人机的控制与安全性要求尤为严格。特别是在复杂地形中，物资的投放位置必须精确无误。为了确保物资能够准确投放到目标区域，无人机的定位系统与传感器必须处于正常工作状态。飞行员应根据地面情况和飞行高度进行实时调整，避免因风速过大或地形不平导致投放失误或物资丢失。飞行员还需要确保物资投放过程中无人机的稳定性与安全性，避免由于物资过重或飞行状态不稳而引发坠机事故。

在飞行任务完成之后，操作规范同样要求进行详尽的飞行后检查与数据记录。其中，飞行后检查旨在确保无人机和设备没有受到损害，尤其在复杂地形中，需要及时发现并修复飞行过程中可能出现的故障、损伤及系统偏差。飞行后检查包括对飞行器的全面检查，以及对传感器、导航系统和物资投送系统的功能验证。飞行数据记录也是飞行任务的一部分，数据应包括飞行路径、飞行高度、物资投送位置、气象条件等信息，这些数据将为后续的任务改进和操作优化提供重要依据。为了确保无人机在复杂地形中的高效运作，还需要将相关的法律法规纳入操作规范中。不同地区对无人机的使用规定可能存在差异，操作者应当在进行任务前，了解并遵守当地的法律法规。特别是在城市环境中，无人机飞行受限区域较多，飞行员不仅需要提前获取飞行许可，并遵循相关飞行区域的限制，还应考虑无人机与其他飞行器的空域共享问题，以确保飞行过程中不会影响到民用航空或其他无人机的正常飞行。同时，操作员的专业素质和法律意识，也是确保任务安全与顺利完成的重要因素。

操作规范的制定和实施需要不断地进行完善与优化。随着无人机技术的不断发展，新的飞行器设计、传感器技术，以及更强的飞行控制系统将不断涌现。在这一过程中，原有的操作规范可能需要做出相应的调整与更新。例如，随着重型无人机的普及，新的载重、飞行高度等要求将会被引入，操作规范也需要不断适应新的技术需求。因此，飞行员和相关人员应定期进行技术培训，保持对新技术的敏感性，并及时更新操作规程。无人机物资投送任务中的操作规范，对于任务的顺利完成起着至关重要的作用。从飞行前的准备工作到飞行过程中的操作，再到飞行后的检查与数据记录，每一个环节都需要严格按照规范进行。只有通过规范化的操作，才能最大限度地保障飞行的安全、效率和稳定性，从而确保无人机在复杂地形中的物资投送任务能够顺利完成。

第四节 急救与医疗救援

一、无人机运输医疗物资的实践

无人机在医疗急救和物资运输领域的应用，已经成为现代救援工作中不可忽视的重要技术手段。特别是在复杂地形和突发灾难的情况下，无人机能够以独特的机动性和灵活性，突破常规交通工具的局限，迅速将急需的医疗物资和药品送达最需要的地点。无人机运输医疗物资的实践，不仅在国内外的救援行动中取得了显著成效，而且为紧急医疗响应体系的建设提供了新的思路和方案。无人机运输医疗物资的实践，首先体现在其对运输时间的显著压缩上。传统的物资运输，尤其在灾后救援和医疗应急中，常常受到交通受阻、道路损毁或灾区环境复杂等因素的影响，导致物资的及时配送成为一大难题。无人机凭借其不依赖传统道路网络的飞行优势，能够直接通过空中路径将急需的医疗物资送到指定区域。这对于发生地震、洪水等灾难的地区，尤其是交通瘫痪或道路无法通行的偏远地区，具有极大的救援价值。例如，在2017年墨西哥地震后，无人机被用于灾情评估和通信支持，不仅大大缩短了救援时间，还提高了应急响应的效率。

无人机的飞行路径可以进行灵活调整，避免了传统运输过程中可能遭遇的道路堵塞、交通事故等安全隐患。特别是在战区或危险区域，无人机能够避免地面交通的危险，安全地将物资送至灾民手中。此外，无人机本身就具有高效的自动化控制系统，飞行员可以通过地面控制系统实时监控飞行状态，调整飞行路径和速度，以确保医疗物资能够准确无误地送达目的地。在一些特殊情况下，飞行员可以根据现场情况进行远程操控，能够避免物资在投送过程中的任何意外事件。在自然灾害中，尤其在山区、森林、沙漠等复杂地形中，传统的道路运输往往无法顺利进行。而无人机的飞行不受这些地形的限制，能够直接从灾区外部或周边的区域起飞，直达灾难现场。特别是在城市环境中，尤其在高楼密集的地区，无人机可以通过飞行避开建筑物等障碍，精准地将急救物资送达目标位置。无论是山区还是城市，无人机都能够快速反应，灵活应对不同地形和环境的挑战，显著提高了物资运输的可达性和有效性。

在无人机运输医疗物资的实践过程中，技术的不断进步也是其成功应用的关键因素。随着无人机技术的发展，尤其在飞行控制、传感器技术、自动化系统等方面的创新，使无人机的稳定性和安全性得到了极大提高。现代无人机装备有先进的导航系统、图像识别技术以及实时数据传输系统，可以精确计算飞行路径，避免障碍物，减少飞行过程中的风险。同时，无人机还具备自动返航、自动避障和自动着陆等功能，能够在飞行过程中自动进行调整，保证飞行安全。这些技术的突破使得无人机在灾难现场运输医疗物资时更加可靠，且能够在极短时间内将紧急物资安全送达目的地。

尽管无人机在运输医疗物资方面具有显著优势，但在实际应用中仍然面临一些挑战和限制。首先是无人机的载重问题。虽然现代无人机的负载能力不断提高，但相对于传统的运输方式，无人机的载重依然有限。对于大宗物资，尤其是大量药品和设备的运输，单一无人机可能无法完成。因此，在实际应用中，需要合理规划物资的分批投送，或者利用多个无人机同时进行运输。其次是飞行距离的限制。无人机的飞行距离受到电池续航的限制，长时间飞行或长距离运输可能面临电池电量不足的情况。为了解决这一问题，无人机生产商和研发机构正在不断提升电池技术，延长无人机的续航时间，甚至尝试开发可更换电池或快速充电系统来提高无人机的作业效率。

飞行过程中的天气条件也对无人机运输产生了影响，如强风、暴雨、雷电等恶劣天气可能导致无人机的飞行稳定性下降，甚至出现失控的风险。特别是在高海拔地区或多变的气候环境中，无人机的飞行精度和稳定性面临着更大挑战。因此，在用无人机运输医疗物资时，需要精确评估气象条件，以确保飞行时的天气适宜，从而避免由于天气原因造成的事故或延误。虽然无人机在医疗物资运输中的实践应用展示了巨大的潜力和优势，但也提醒我们在推动这一技术应用的同时，必须关注技术与管理的双重挑战。如何突破现有的技术瓶颈、优化飞行规划、提升物资投送精度，以及应对复杂环境和不可预见的情况，都是无人机在急救与医疗物资运输中亟待解决的问题。通过技术创新、经验积累与协同合作，未来，无人机在急救和医疗物资运输中的应用将更加广泛，成为救援行动中的重要力量。

二、无人机协同救援系统的建设

无人机协同救援系统是一种集成无人机技术、通信技术、数据处理技术与人工智能等现代科技手段，能够为灾后救援、应急响应提供高效、精确和快速救援的新型系统。随着无人机技术的不断发展与成熟，特别是在复杂地形和恶劣环境下的应用，无人机协同救援系统在抢险救援中的作用愈加突出，已成为提高救援效率、降低救援成本、保障救援安全的重要工具。构建一个高效的无人机协同救援系统不仅能快速响应突发灾难，还能实现对灾区的全面、实时监控与信息传递，从而有效弥补传统救援方式的不足。

无人机协同救援系统的建设，需要建立完善的任务调度与指挥控制平台，该平台作为系统的核心部分，负责统筹管理救援任务的安排和指挥调度。通过建立一个高度集成的指挥系统，将多个无人机组成一个协作团队，可以实现无人机群体的协同作战，使它们在进行灾后搜索、物资投送、医疗救援等任务时能够发挥各自的优势。平台通过高度集成的任务分配机制，使不同类型的无人机能够根据任务需求分别进行分工，有效避免了无人机在空中的互相干扰，从而确保救援任务的顺利进行。任务调度平台的智能化还可以实时获取无人机的飞行状态、位置、任务完成情况等信息，指挥人员可以根据现场状况，灵活调整无人机的飞行路径与任务，确保灾区最需要的物资能够及时送达。

在复杂的灾区环境下，传统的通信设施往往极易受损，导致信息传输中断，影响救援工作的开展。而无人机在执行救援任务时，可以通过搭载先进的无线通信设备，与地面指挥中心进行实时通讯。在此基础上，通过使用5G、卫星通信、蜂窝网络等技术手段，能够提升无人机与指挥中心之间数据传输的速率，进而确保实时获取灾区现场的高清图像、视频和传感器数据。同时，数据传输技术的升级不仅能够增强救援过程中信息流通的可靠性，还能够保障无人机群体的协同作业。这意味着多个无人机在同一时间内能够同步获取相同的数据，并在不同区域进行任务执行，从而提高整体作战效能。

无人机协同救援系统还需要依赖智能化的决策支持系统。智能化决策系统能够分析现场灾情，快速生成救援方案，并在无人机飞行过程中实时优化路径规划。基于人工智能与大数据分析技术，决策系统能够通过大量实时数据的处理与分析，对灾区的地理信息、气候环境、人员分布等多种因素进行综合评估，以生成最优的救援方案。这一过程不仅能够提高救援的效率，还能够有效减少救援人员的风险。在飞行过程中，智能系统能够实时监控无人机的飞行状态，并在出现偏离目标、路径障碍或突发情况时，自动调整飞行路径，确保无人机能够在最短时间内完成救援任务。

无人机协同救援系统的成功应用离不开高效的协同作战机制。无人机协同作战要求系统能够在保证每架无人机执行独立任务的同时，实现全局协调与信息共享。为此，系统需要通过自主规划与协作控制算法，确保各个无人机在执行任务时的飞行路径不会相互干扰。例如，在进行大规模区域搜救时，多架无人机需要同时覆盖不同区域，并实时回传图像与数据。通过协同作战机制，无人机能够避免重复飞行，减少空中的冲突，最大限度地提高任务效率。在物资投送任务中，不同无人机可根据任务的不同要求，协调完成物资的精确投放与配送。多个无人机之间的协调与信息共享，是确保救援任务顺利进行的关键所在。

随着无人机技术的不断发展，各类无人机在性能、用途和操作系统上存在较大差异。因此，为了确保无人机协同救援系统的高效运行，必须制定统一标准，确保不同型号无人机的兼容性与互操作性。这不仅有助于提高系统的灵活性，还能够降低系统的故障率与维护难度。随着无人机系统的长期应用，其维护和更新将成为重要的工作内容。无人机的硬件设施、飞行软件以及传感器系统等都需要定期进行检测、校准和升级，以确保系统能够应对复杂的环境变化与突发灾害。无人机协同救援系统的建设是一项复杂而系统的工程，涉及任务调度、通信网络、智能决策、设备协调与标准化管理等多个方面。随着技术的不断发展和完善，未来，无人机协同救援系统将在灾难响应、应急救援中发挥越来越重要的作用。通过提高系统的智能化、自动化与协同作战能力，能够有效提升无人机灾后救援的响应速度和救援效果，挽救更多生命，并为未来应急管理体系的建设提供有力支持。

三、急救药品与器械的运输管理

面对突发灾难和紧急情况，及时运送急救药品与器械到达现场是保障伤员得到快速、有效治疗的前提。随着无人机技术的不断发展，越来越多的救援组织开始采用无人机进行药品与器械的运输，尤其在复杂环境中，传统的运输方式可能受到限制或难以实施。无人机作为一种新型的紧急运输工具，在急救药品与器械的运输管理中发挥了重要作用，其提升了救援效率，并确保物资能够迅速、准确地送达最需要的地方。

在急救药品与器械的运输中，无人机首先能够解决复杂地形和交通瓶颈问题。灾区往往存在交通基础设施受损或交通不畅的问题，这使得传统的急救药品与器械运输方式变得困难重重。在这种情况下，无人机凭借灵活的飞行特性，能够不受地面交通的限制，直接从空中飞往目标地点，快速送达急救物资。尤其在山地、森林或城市等复杂地形中，传统的车辆运输往往因道路破坏或交通堵塞而无法及时到达，而无人机则能够通过空中航道避开这些障碍，快速完成运输任务。利用无人机的空中运输优势，可以在最短时间内将急救药品与器械送到灾区，提供紧急医疗支援。

无人机在急救药品与器械运输中的应用，还需要具备高效的运输能力和精准的投送技术。药品和急救器械往往对运输过程中的温度、湿度、震动等因素有较高要求，因此，运输过程中的稳定性至关重要。无人机能够搭载先进的传感器与监测设备，对载荷的环境进行实时监控，从而确保急救药品与器械在运输过程中的质量不受影响。为了保证药品与器械的安全送达，无人机在设计时通常会考虑到负载能力、飞行稳定性以及抗干扰能力等多个因素，确保即使在复杂环境下，也能保持稳定飞行，完成精准投送。精准的路径规划和定位技术能够帮助无人机将急救物资准确投送到指定位置，减少了误投和延误的风险。

尽管无人机在急救药品与器械的运输中表现出很大优势，但也面临着一些挑战，特别是在运输过程中物品的安全性和可靠性管理上。药品和医疗器械是高度敏感的物资，其运输过程中的任何意外都会导致物资损坏或效果下降。因此，在运输管理中必须建立严格的监控和管理制度。无人机的飞行高度、速度、天气状况、飞行路径等因素都可能影响运输过程的安全性。因此，运输管理团队需要实时监控无人机的飞行状态，确保无人机在运输过程中保持安全的飞行路线，并根据现场天气、环境等因素进行适当的调整。通过智能化监控系统，运输管理团队能够实时获取无人机的飞行数据与物资状况，确保急救药品与器械的安全运输。

无人机在急救药品与器械运输中的应用，还需要地面救援队伍的协调和配合。虽然无人机的投送高效、快捷，但在物资接收和使用过程中仍然需要地面人员的配合。例如，当无人机将急救物资投送到目标区域后，地面人员需要及时接收并运送到受灾的伤员或医疗点。同时，地面人员也需要为无人机提供必要的技术支持，如协助无人机完成起降、充电和检修等工作。因此，急救药品与器械运输的管理不仅仅是无人机的飞行问题，还需要与救援队伍的协调配合。无论是无人机的起飞、飞行、降落，还是物资的接收、分发和使用，都需要有高效的地面团队进行配合，以确保整个救援系统的无缝对接和高效运行。

随着无人机技术的不断发展，未来，急救药品与器械运输管理将更加智能化和自动化，而无人机的自主飞行与决策能力也将使运输过程更加高效、灵活。结合人工智能、大数据与云计算等技术，未来的无人机可以根据实时变化的灾区情况和天气条件，自动调整飞行路径与任务优先级，进一步提高运输效率。同时，无人机的网络协作能力也将大大增强，不同类型的无人机可以通过协作配合，形成一个高效的物资运输网络。这种无人机群体作战模式能够更好地应对大规模灾难救援需求，确保急救药品与器械的及时配送。

无人机在急救药品与器械运输管理中的应用，不仅提升了救援的速度和效率，还克服了传统运输方式在复杂地形与灾区环境中的种种限制。然而，随着技术的发展和应用的不断深入，如何进一步保障运输过程的安全性、可靠性和精确性，仍然是无人机在急救运输管理中亟待解决的关键问题。通过不断优化技术、提升管理水平、加强地面与空中的协同合作，未来，无人机将在救援任务中发挥更加重要的作用，为灾后救援提供更加高效和智能化的支持。

四、无人机在特殊环境中的应用

当前，无人机在特殊环境中的应用正逐渐成为现代救援操作的重要组成部分，尤其在灾后紧急救援和复杂环境中的物资运输、人员搜救等领域。由于无人机具有高机动性、快速部署以及可跨越障碍的特点，它们能够在许多传统手段无法触及的环境中发挥作用。特别是在山地、森林、城市废墟、海洋及其他极端条件下，无人机展现出了巨大的应用潜力。随着无人机技术的不断进步，这些应用场景不仅增加了无人机在复杂环境中的实际价值，还对传统救援方式产生了深远影响。

在山地、峡谷等高低起伏的复杂地形中，传统的地面交通手段常常因为道路损毁或通行困难而无法迅速到达灾区。然而，山地地形中的无人机却能够灵活飞行，突破这些物理障碍，执行搜索与救援任务。无人机的空中优势使其能够以更短时间跨越阻碍，迅速接近受灾区域。特别是在山地、峡谷这样的区域，无人机可以避开障碍物，直线飞行并精准投送急救物资。此外，无人机还配备了热成像、红外摄像等传感器，能够在视线受限的情况下，通过热源识别帮助救援队伍寻找被困人员。借助无人机强大的数据处理能力与实时反馈，救援指挥中心能够清晰掌握灾区的最新状况，进而合理调度救援力量，以提升整个救援效率。

对于森林或茂密的植被覆盖区，无人机同样具有不可替代的优势。在这些环境中，地面救援队伍往往受限于浓密的植被和崎岖的地面，导致行动速度大大降低。无人机的飞行能力使其轻松跨越这些障碍，不仅能够实时监测灾情，还能够执行物资投送等任务。特别是在森林火灾发生后，迅速评估火灾范围、监测火情动态和寻找被困人员至关重要。无人机搭载的传感器和高清摄像设备能够实时回传地面监控数据，帮助救援人员获取更精确的现场信息，从而制订出更为高效的救援计划。同时，无人机的协同作战能力也在森林救援中得到了充分应用，多个无人机协作飞行可以覆盖更广泛的区域，从而提高搜索的效率和准确性。

在城市废墟等高度受损的环境中，传统救援方式面临着复杂的城市结构和严重的交通堵塞问题，这使得抢险救援工作变得异常艰难。在此类环境下，无人机的应用显得尤为重要。无人机可以飞越废墟，直达难以接近的建筑物和灾区进行人员搜救。无人机搭载的红外线热成像技术能够迅速捕捉到建筑物内部的温度变化，从而帮助救援队伍识别被困人员的位置。在许多地震、火灾等灾害发生后，城市废墟下往往有大量受困人员。传统的救援队伍难以进入这些危险区域进行有效搜救，而无人机则能在没有人员直接进入的情况下，通过空中侦查找到幸存者的位置，减少了二次灾难发生的风险。

对于海洋和水域等特殊环境而言，尤其在发生海上事故或洪水灾害时，无人机的应用同样取得了显著成效。在海上，受限于航道和船只的操作，传统救援力量往往难以迅速到达灾区进行人员搜救或物资投送。而无人机的优势在于其能够飞越水面，甚至搭载水下设备执行相关任务。在发生海上事故时，无人机可用来执行空中侦察，实时回传灾区图像与数据，帮助指挥中心掌握事态发展。对于水上物资投送而言，无人机能够跨越距离障碍，直接将急救物资精准投送到事故发生点，尤其适用于海洋平台或远洋作业等环境下的应急救援任务。无人机在水域中的应用不仅局限于人员搜救，还可以借助高科技设备进行水质检测、污染监测等任务，进而发挥更为广泛的作用。

第四章　无人机技术在复杂地形中的适应性分析

第一节　无人机硬件适应性

一、飞行平台的稳定性分析

当无人机在复杂地形中应用时，飞行平台的稳定性是其性能发挥的关键因素之一。飞行平台的稳定性直接影响无人机在各种环境下的飞行控制能力、航行精度，以及任务执行的成功率。特别是在复杂地形如山地、森林、城市废墟等环境中，无人机面临诸多挑战，包括突如其来的气流变化、强烈的风速波动、障碍物的干扰等，飞行平台的稳定性对于完成救援、监测等任务至关重要。飞行平台的稳定性首先依赖无人机的飞行控制系统。飞行控制系统通常通过多个传感器，如陀螺仪、加速度计、磁力计等，来实时监控无人机的姿态和运动状态。在复杂环境中，尤其在山地或城市等地形起伏较大的区域，这些传感器能够精准反馈无人机的倾斜角度、加速度变化等信息，从而及时调整飞行姿态，确保飞行平台的稳定性。飞行控制系统通过自动化调节，无论是遭遇强风、突风或飞行轨迹出现偏差，都能迅速做出反应，从而保障无人机的稳定飞行。

飞行平台的设计也是影响无人机稳定性的重要因素。在复杂地形，特别是在山区或城市废墟中，飞行中的风速、气流等变化非常复杂，对飞行平台的影响较大。为应对这种情况，现代无人机采用了多旋翼设计，尤其是四旋翼无人机，其以更高的灵活性和稳定性被广泛应用于各类任务中。四旋翼的设计使得无人机在遇到强风时，能够通过调整四个旋翼来保持稳定，以避免无人机偏离预定轨迹。这种设计能够提供较强的抗风能力，并有效降低无人机在复杂环境中飞行的不确定性和风险性。飞行平台的动力系统在稳定性方面也起着至关重要的作用。无人机的动力系统通常包括电动机和电池,其中,电动机提供动力驱动旋翼,而电池则提供必要的电力支持。在复杂地形中,特别是在偏远山区或海岛等地区,长时间的飞行要求无人机必须维持较高的续航能力。电池的容量与电动机的功率直接影响无人机的飞行稳定性和抗风能力。随着技术的进步,许多无人机采用了高效能的动力系统,并配备大容量电池,以确保长时间飞行的稳定性,且能够应对突发的飞行条件。

飞行平台的重量与平衡也对稳定性起到至关重要的作用,无人机的重量与各部件的分布直接影响飞行时的重心平衡。若无人机重心不稳,可能导致飞行过程中失去控制,甚至发生坠落。因此,设计合理的无人机重量分配,尤其在复杂环境中,能够有效提升飞行平台的稳定性。在一些需要搭载负载的应用中,如灾后评估或物资投送,无人机的设计需要合理平衡各类设备与任务负载,以确保其能够稳定飞行。飞行平台的适应性还体现在其抗干扰能力上。在复杂地形中,尤其是城市废墟、山区或受到强电磁干扰的区域,无人机的飞行可能受到各种因素的影响,进而导致信号丢失或控制系统失灵。为此,现代无人机的设计引入了抗干扰技术,如多频段接收、信号加密技术、冗余控制系统等。这些技术的应用有效提高了无人机在复杂环境中的稳定性,确保了其在遇到干扰时仍能保持正常飞行。飞行平台的稳定性是无人机能够在复杂地形中顺利执行任务的前提。现代无人机通过先进的飞行控制系统、合理的设计、强大的动力系统以及抗干扰能力,可以确保其在各种复杂环境下都能保持较高的飞行稳定性。这些技术的融合不仅提高了无人机的飞行可靠性,还扩展了其应用场景,使其在灾难救援、环境监测等领域发挥越来越重要的作用。

二、传感器的适应性与性能优化

无人机在复杂地形中的应用依赖其传感器的适应性与性能,尤其在进行地形感知、目标定位、环境监测等任务时,传感器发挥着至关重要的作用。复杂地形如山地、城市废墟、森林等环境,往往存在着障碍物密集、气流紊乱、信号干扰等问题,这对无人机传感器的稳定性和精准性提出了更高要求。因此,传感器的适应性与性能优化成为提高无人机作业能力的关键。

传感器适应性与性能优化的核心之一是确保传感器能够在各种环境条件下正常工作。例如,在山地、森林等地区,由于空气稀薄且气流复杂,传感器面临着信号传输受到干扰的问题。在此类环境中,传感器必须具备较强的抗干扰能力，且能够在复杂背景噪声中提取有效信息。为了应对这一挑战，现代无人机通常配备了多种传感器，如激光雷达、红外成像摄像头、超声波传感器、光学相机等，并通过传感器融合技术来增强数据的可靠性与精度。其中，激光雷达能够高效探测地面物体和障碍物，红外成像摄像头能够提供夜间或低光环境下的视觉信息，超声波传感器适用于低空飞行中的障碍物检测，而光学相机则能够捕捉高清图像，为定位与分析提供支持。多传感器融合技术的应用能够有效提高无人机在复杂地形中的感知能力，从而增强其对环境变化的适应性。

传感器的精度和响应速度是优化性能的另一关键因素。在复杂地形中，传感器需要快速响应外界环境的变化，尤其在进行高速飞行、避障和定位时，其反应速度直接决定了任务的执行效果。例如，在山地或森林地区，飞行过程中可能遇到突如其来的障碍物或气流变化，这时传感器需要迅速捕捉并反馈这些信息，使飞行控制系统及时做出调整。为了确保传感器的高精度与快速响应，很多无人机采用了先进的实时数据处理技术，将传感器数据直接反馈到飞行控制系统，以确保飞行平台的稳定性和任务的顺利进行。

传感器的适应性与性能优化还涉及环境适应能力的提升，如在高温、高湿、低温等极端气候条件下，传感器的稳定性和长期工作能力是无人机在这些环境下完成任务的前提。为了提高传感器在极端环境下的适应性，许多无人机传感器采用了加固设计，使其具备较强的抗温、抗湿能力，并采用耐腐蚀、抗电磁干扰的材料。特别是在湿气较重的森林和湿地地区，传感器的密封性能和防潮设计显得尤为重要。这些设计不仅提高了传感器在不同环境中的稳定性，还有效延长了传感器的使用寿命，确保无人机可以在长时间的任务执行中保持高效运行。

无人机传感器的适应性与性能优化，还必须考虑到电池续航能力的限制。随着技术的进步，虽然无人机的续航时间逐步提高，但在复杂地形中的长时间飞行任务仍然面临较大挑战。传感器作为电力消耗的主要部分之一，其功耗的优化至关重要。在此方面，许多无人机通过传感器节能模式的设计来延长续航时间。例如，传感器可以根据飞行任务的需求，智能调节工作模式，如在无须实时感知的情况下降低采样频率，或关闭不必要的传感器，减少能源消耗。同时，智能电池管理系统的引入也有助于优化电池的工作效率，提高能源利用率，为长时间、高负荷的飞行任务提供支持。

此外，传感器的适应性与性能优化也需要考虑到无人机的控制系统和任务需求之间的协同作用。在复杂地形中，传感器提供的信息往往需要与无人机的飞行控制系统紧密配合，并通过算法优化实现数据的实时处理与分析。这就要求传感器与控制系统之间必须保持良好的数据交互和协调，以便在飞行过程中快速识别并应对突发状况。例如，在进行紧急搜救任务时，传感器必须在实时定位与图像识别中提供准确数据，飞行控制系统则需要根据这些数据进行智能决策，以确保无人机在复杂环境中的精确操作。通过加强传感器与控制系统的融合，能够大大提升无人机在复杂地形中的适应性和任务执行能力。

传感器的适应性与性能优化是无人机在复杂地形中成功执行任务的基础。从抗干扰能力、精度与响应速度到环境适应能力、续航优化和系统协同，多个方面的技术创新共同推动了无人机在复杂环境中应用能力的提升。随着传感器技术的不断进步，无人机将在更多复杂环境中展现出强大的适应性和可靠性，成为未来灾难救援、环境监测等领域不可或缺的工具。

三、通信系统在复杂地形中的适应性

通信系统在复杂地形中的适应性是影响无人机执行任务效果的重要因素。复杂地形如山地、城市废墟、森林、湿地等环境，通常存在许多信号传播的挑战，如信号衰减、反射、干扰以及障碍物的遮挡。随着无人机应用领域的不断扩展，尤其在灾难救援、环境监测、军事侦察等任务中，通信系统的适应性显得尤为重要。确保无人机在这些复杂地形中能够稳定通信，不仅是任务完成的前提，更是保障飞行安全和任务精准性的重要手段。

在复杂地形中，通信系统面临的首要挑战是信号传播的障碍。在山地、峡谷等地形中，地形的起伏、山脉和丘陵的遮挡会导致信号的衰减，甚至可能完全丧失。尤其在飞行高度较低时，地面物体、建筑物或其他自然障碍对通信信号的影响更为显著。为了解决这一问题，无人机通信系统通常依赖多频段和多通信链路的技术，通过使用不同频率的信号传输，可以在不同环境下适应信号衰减的变化。同时，采用基于不同传播方式的信号，如地面波传播与空中波传播的结合，可以确保通信信号在复杂地形中具有更强的穿透力。随着 5G 通信技术的发展，超高速数据传输和低延时特性也为无人机通信提供了更为坚实的技术支撑。

除了地形带来的直接影响外，环境中的电磁干扰也是影响无人机通信系统适应性的关键因素。在城市或工业区，电磁波的反射与散射、设备的辐射等问题都可能导致通信信号的衰减或失真。此外，雷电、强风等自然因素也会对信号的稳定性造成干扰。为了解决这些问题，现代无人机的通信系统通常采用频率跳跃、加密传输、抗干扰算法等技术来提升信号的抗干扰能力。通过动态选择干扰最少的频段并实时调整传输策略，无人机能够在高干扰环境下维持稳定的通信链路。与此同时，基于频分复用的通信技术和信号编码技术的运用，也进一步提高了无人机通信系统在复杂地形中的适应性。

复杂地形中的通信系统不仅需要解决信号衰减和干扰问题，还必须克服信号覆盖范围的限制。在山区、森林、废墟等环境中，传统的单一地面基站通信系统常常无法覆盖所有区域，导致无人机无法在执行任务过程中与控制中心保持持续、稳定的通信。为了解决这一问题，越来越多的无人机系统开始采用自组网技术，使多个无人机通过协同飞行，形成一个无线通信网络，从而实现信号的转发和延伸。这种自组网技术不仅可以扩展通信范围，还可以在网络中断的情况下实现"自愈"功能，进而保证无人机在复杂环境中持续通信。无人机之间的相互协作和通信不仅使得整体任务的协调性与效率大大提升，也在一定程度上解决了地形遮挡带来的通信瓶颈。

通信系统的适应性还与无人机的飞行控制和导航系统紧密相关，在复杂地形中，无人机飞行常常面临不规则的地面和不确定的气象条件，这对飞行控制和导航的准确性提出了更高要求。而通信系统的稳定性和可靠性直接影响飞行控制系统与导航系统的工作效果。如果通信链路出现断开或信号延迟，飞行控制系统将无法及时获得必要的数据支持，从而导致飞行路径的偏离，甚至发生安全事故。因此，在复杂地形的通信系统设计中，通常会将导航信息与飞行控制数据的实时传输作为优先级的任务，以确保无人机的飞行指令能够在关键时刻得到准确执行。这就要求通信系统能够实时监测飞行状态，并与其他系统保持无缝连接。

无人机通信系统在复杂地形中的适应性，还需要考虑到系统的整体可靠性和冗余设计。无人机在执行复杂任务时，往往需要在长时间内稳定运行，且任务环境复杂多变。例如，在灾难救援中，可能需要长时间在低空、高温、高湿或恶劣天气条件下执行任务。此时，通信系统的稳定性直接影响任务的完成质量。为了应对这种挑战，通信系统通常配备了冗余链路和备份传输通道，以确保在主通信链路出现问题时，备用链路能够自动接管通信任务。一些先进的无人机通信系统还配备了智能路由技术，可以根据实时环境变化自动选择最佳通信路径，以最大限度地减少通信中断的风险。

通信系统在复杂地形中的适应性是无人机能够顺利执行任务的关键因素之一。在面对地形阻挡、电磁干扰、信号衰减等多重挑战时，无人机通过采用多频段通信、自组网、抗干扰技术、冗余设计等手段，不仅能够保持稳定的通信链路，还能够确保飞行安全和任务精确性。随着通信技术的不断进步，无人机将在更加复杂的环境中发挥出更大潜力，为灾难救援、环境监测等领域提供更为高效、可靠的技术支持。

四、电池续航能力的挑战

电池续航能力一直是无人机技术中的核心挑战，尤其在复杂地形和长时间任务执行中，其影响尤为显著。无人机的电池续航直接决定了其在执行任务时的时间长度、任务覆盖范围，以及任务完成的效率。随着无人机应用范围的扩大，尤其在复杂环境下进行灾难救援、环境监测、军事侦察等任务时，电池续航能力的问题变得更加突出。这一挑战不仅涉及电池本身的技术限制，还与无人机的设计、负载、环境因素等密切相关。在山区、森林、城市废墟等环境中，无人机的飞行轨迹通常更为复杂且充满不确定性。飞行中遇到的地形起伏、空气流动、障碍物遮挡等因素都可能导致飞行模式的频繁调整，进而加重电池的负荷。尤其在高度不规则的地形中，无人机需要不断调整飞行高度和速度，以应对变化多端的环境。在这样的任务环境下，无人机的飞行时间会大大缩短，电池的消耗速度也会显著加快。这要求无人机系统必须在飞行规划时充分考虑地形的复杂性，并通过合理的飞行路径选择来优化电池的使用效率。

无人机通常需要搭载传感器、摄像设备、通信系统等多种负载，这些设备的功耗直接影响电池的续航能力。在复杂地形中，特别是灾后评估、物资投送等任务中，负载通常较为沉重，对设备的功率需求也相对较高。例如，使用高分辨率摄像头或热成像仪进行搜索与定位时，电池的消耗会显著增加。同时，无人机在执行任务时还可能需要进行多次起降、快速机动等，这些行为都需要更多的能量支持。为了应对这一挑战，许多无人机制造商正在研究和开发更高效、更节能的电池技术，并通过智能化的能源管理系统来优化电池的使用。环境因素，尤其是温度和气候条件，均可对无人机电池的续航能力产生重大影响。电池的性能通常受到温度的极大影响，在低温环境下，电池的电化学反应速度减缓，导致电池容量降低；而在高温环境下，电池可能出现过热，影响其正常工作，甚至导致安全隐患。在复杂的地理环境中，极端的气候条件时常发生，特别是在高山、极地等地区，这些环境的温度变化均对电池续航能力构成了严峻考验。为了保证无人机在极端天气下的可靠性和续航能力，必须采用耐高低温的电池材料和系统，并设计适应环境变化的电池管理系统，以确保电池的工作性能和安全性。

随着无人机功能的不断扩展，飞行控制系统和动力系统的复杂性也在不断增加。高效的飞行控制算法能够根据环境变化实时调整飞行策略，从而提高飞行效率，减少电池消耗。然而，一些复杂的飞行模式和高负荷的飞行状态仍然会加重电池负担。例如，急速爬升、快速机动、长时间飞行等都需要更多的电力支持。与此同时，电池管理系统（BMS）能够对电池的充电、放电过程进行精确控制，以确保电池的最大效率，从而延长其使用寿命。然而，若无人机在任务过程中频繁进入高负载状态，则BMS需要频繁调节电池输出，便会导致续航时间进一步缩短。因此，提升飞行控制和动力系统的整体效率是延长电池续航的一个重要方向。

为了解决电池续航能力的问题，当前许多无人机研发者正在采取一系列创新措施。例如，通过更轻量化的设计和高效的能源管理方案来减少负载，以延长电池的使用时间；采用更高能量密度的电池材料，如锂硫电池、固态电池等，以提高电池的能量存储能力和续航时间。此外，研究者们还在探索无线充电、太阳能充电等新型充电技术，有望为无人机提供更加持续、稳定的电力支持。随着自动飞行技术的不断进步，无人机可以通过更精确的飞行路径规划，避免无谓的能量浪费，提高飞行效率。

电池续航能力的挑战是无人机技术发展的"瓶颈"之一，尤其在复杂地形环境下，影响因素更加多样。地形起伏、飞行负载、环境温度等因素，都对电池的消耗产生了深远影响。要解决这一问题，除了提升电池本身的技术性能外，还需通过优化飞行控制策略、合理规划飞行任务、采用新型能源技术等多方面的努力。随着技术的不断进步，未来，无人机在复杂环境中的应用将更加广泛，而电池续航能力的提升也将为无人机的各类任务提供更可靠的保障。

第二节 无人机软件适应性

一、飞行控制算法的优化

飞行控制算法是无人机技术中的核心组成部分，直接关系到无人机在复杂环境中的飞行表现。随着无人机在救援、侦察、监测等多个领域的广泛应用，飞行控制算法的优化将成为提升无人机性能的关键。尤其在复杂地形和动态环境中，飞行控制算法的优化不仅关乎飞行稳定性，还直接影响飞行效率、安全性以及任务的成功率。因此，飞行控制算法的优化对于提高无人机的适应性具有重要意义。传统的飞行控制算法通常基于较为简单的环境模型，未能充分考虑复杂地形所带来的不确定因素。在山区、城市废墟等环境中，地形的起伏、建筑物的遮挡、空气流动的变化等都可能对无人机的飞行轨迹产生影响，进而导致飞行不稳定或任务中断。为了应对这些挑战，飞行控制算法需要不断优化，以增强对复杂地形的适应性。基于模型的控制算法、数据驱动的学习算法，以及多传感器融合技术的应用，都为飞行控制算法的优化提供了新的方向。通过不断改进这些算法，能够提高无人机在复杂环境中的飞行稳定性和抗干扰能力。

飞行控制算法的优化不仅体现在复杂地形中的适应性增强，更体现在如何有效处理飞行中的动态变化。无人机在执行任务时，通常需要应对环境的实时变化。例如，突如其来的强风、天气的突变、障碍物的突然出现等，都会对飞行轨迹产生影响。传统的飞行控制算法多依赖预设的飞行轨迹，缺乏灵活应变的能力。为了提高无人机的适应性，新的飞行控制算法开始引入自适应控制机制。这些算法能够实时获取飞行环境的变化，并根据变化自动调整飞行策略。例如，当无人机遇到强风时，控制算法会自动调整飞行高度和速度，以保证飞行稳定；当发现障碍物时，控制算法能够迅速规划新的飞行路径，从而避免碰撞。自适应控制机制通过实时反馈和调整，使得无人机能够更加灵活地应对复杂环境中的动态变化。

在复杂地形中，单一传感器往往无法提供足够的飞行信息，导致飞行控制不够精确，甚至可能发生误操作。多传感器融合技术通过将来自不同传感器的信息进行整合，来提供更加全面、准确的飞行数据。例如，激光雷达、光学传感器、红外成像仪、GPS等多种传感器的联合使用可以帮助无人机实时获取飞行环境的全景信息，从而为飞行控制算法提供更加精确的输入。通过融合不同传感器的数据，飞行控制系统能够更加有效地感知复杂环境中的变化，从而提高飞行精度和稳定性。多传感器融合技术的优化使得无人机能够在更加复杂和动态的环境中稳定飞行，减少了因传感器误差导致的飞行偏差。

在复杂环境中，飞行控制算法不仅需要快速处理大量数据，还需要在极短时间内做出决策。传统的飞行控制算法往往依赖较为简单的模型，计算量较小，实时性较强，但在面对复杂环境时，这些算法可能显得力不从心。随着无人机技术的进步，深度学习、强化学习等新兴的人工智能技术被逐渐引入飞行控制算法中。这些技术能够通过大量训练数据进行学习，并在飞行过程中实时调整决策，从而提高飞行控制的智能化和自主性。例如，深度强化学习算法通过模拟环境与无人机的交互，能够在复杂环境中进行自我学习和优化，从而实现更为精准的飞行控制。这些新型算法的引入不仅提高了飞行控制系统的计算能力，还增强了其对复杂地形的适应性。

飞行控制算法的优化不仅关乎无人机在复杂地形中的适应性，还影响到执行任务的成功与否。无人机在执行任务时如灾后搜救、环境监测等，通常需要长时间稳定飞行，并在这一过程中应对多种突发情况。优化的飞行控制算法能够确保无人机在飞行过程中始终保持稳定，避免因突发情况而导致任务失败。通过实时监控飞行状态、预测环境变化，并快速调整飞行策略，优化后的飞行控制算法能够在保证飞行安全的同时，提升任务执行的效率和可靠性。特别是在高危任务中，飞行控制的精准性与灵活性对救援效果至关重要。例如，在高楼废墟中进行灾后评估时，飞行控制算法需要根据实时地形变化，灵活调整飞行路径，以避免与建筑物发生碰撞，并快速完成任务。这种高效、精准的飞行控制，不仅能够保证无人机的安全，还能够大大提高救援效率。

飞行控制算法的优化是无人机适应复杂地形的关键所在。通过引入自适应控制、多传感器融合、人工智能等技术，可以极大地提升无人机在复杂环境中的飞行稳定性、灵活性和任务执行能力。随着技术的不断进步，未来的飞行控制算法能够更好地应对各种挑战，并提高无人机在复杂地形中的适应性，从而推动无人机在各类高难度任务中的应用。

二、自动路径规划与避障技术

自动路径规划与避障技术是无人机能够在复杂环境中高效、安全飞行的核心技术之一。在执行各种任务时，无人机不仅需要在高度动态的环境中快速做出决策，还必须能够避开障碍物、选择最佳路径，从而保证任务的顺利完成和飞行安全。随着无人机应用领域的不断扩展，特别是在灾难救援、环境监测和城市巡检等复杂任务中，自动路径规划与避障技术的优化和创新显得尤为重要。该技术不仅能够提高无人机在复杂地形中的适应性，还能够大幅提升飞行效率和任务执行的成功率。

复杂地形中的飞行环境常常充满不确定性，如山脉、建筑物、桥梁等固定障碍物，以及风速、气流等动态因素，这些因素使得无人机在飞行过程中可能面临诸多挑战。传统的路径规划方法往往依赖预先设定的飞行轨迹，并且无法实时应对环境变化，这使得无人机在执行复杂任务时容易出现路径偏移、碰撞等问题。自动路径规划技术正是应对这一挑战的重要手段。通过综合利用地理信息系统（GIS）、传感器数据和高效的算法，无人机能够在复杂环境中自主规划飞行路线，避开障碍物，并根据实时数据进行调整。

自动路径规划通常需要依赖多种算法来实现，包括基于图搜索的算法、基于优化的算法和基于人工智能的算法等。图搜索算法，如 A★ 算法、Dijkstra 算法，通常被用于构建无人机的飞行路径。这类算法通过将环境分割为多个节点，并寻找从起点到终点的最短或最优路径来实现规划。然而，图搜索算法在面对动态变化的环境时可能存在一定的局限性，特别是在路径规划过程中，缺乏对实时障碍物和环境变化的快速响应能力。因此，近年来，基于优化的路径规划方法逐渐得到了广泛应用。这类方法通过建立数学模型，考虑飞行中的各种限制因素，并利用优化算法（如遗传算法、粒子群算法等）来寻找最佳飞行路径。优化算法不仅能够有效避免障碍物，还能够在多目标优化中实现目标的平衡诸如最短路径、最低能耗等，从而提高飞行的效率和安全性。

随着人工智能技术的发展，基于深度学习和强化学习的自动路径规划技术逐渐崭露头角。这些技术能够通过学习大量的飞行数据，自主优化飞行路径，从而适应各种复杂环境。例如，深度强化学习能够让无人机在飞行过程中通过与环境的互动，不断调整飞行策略和路径规划，从而应对飞行过程中突发的障碍物和变化的环境。通过这种方式，无人机不仅能够在已知环境中规划最优路径，还能够在未知环境中进行自主探索，逐步优化飞行路线。无论是在环境感知上，还是在路径选择上，这种基于人工智能的路径规划技术都具有极大的优势，能够大幅提升无人机的自主性和适应性。

在复杂环境中，障碍物的种类繁多，包括静态障碍物（如建筑物、山体、树木等）和动态障碍物（如行人、车辆、其他飞行器等）。为了应对这些障碍物的干扰，无人机不仅需要高效的路径规划技术，还需要先进的避障技术。避障技术主要依赖多种传感器的实时数据，如激光雷达、视觉传感器和红外传感器等。这些传感器能够为无人机提供准确的环境数据，帮助其实时识别前方的障碍物，并进行避障操作。其中，激光雷达是一种被广泛应用于避障系统中的传感器，它可以通过激光束扫描周围环境，并生成高精度的三维点云图，帮助无人机识别静态障碍物和动态障碍物。而视觉传感器和红外传感器则能够辅助无人机识别更加细微与复杂的障碍物，尤其在低光或夜间条件下，其能够确保避障系统的高效性和可靠性。

除了依赖单一传感器的避障技术外，近年来，传感器融合技术在无人机避障系统中的应用也得到了广泛关注。通过融合多种传感器的数据，无人机能够获得更为精确的环境感知信息，从而实现更加高效、精准的避障操作。例如，将激光雷达、视觉传感器和超声波传感器的数据相融合，能够同时获得距离、速度、方向等多维度信息，从而为路径规划和避障决策提供更为全面的依据。传感器融合技术的应用不仅能够提高避障的反应速度，还能够显著降低由于传感器单一故障或误差导致的避障失败风险。

自动路径规划与避障技术的结合使得无人机在复杂环境中飞行时，能够实时调整飞行轨迹，避免与障碍物发生碰撞，从而保证任务的安全性与高效性。在灾难救援、环境监测和交通管理等领域，无人机的自动路径规划与避障技术能够帮助其在复杂地形中高效地执行任务。例如，在地震灾区的救援中，无人机可以快速分析灾后环境，自动规划飞行路径，避开塌方、倒塌建筑等障碍物，并将救援物资精确投送到指定地点；在森林火灾监测中，无人机能够穿越浓烟区域，避开树木和建筑物，实时传输火情信息。随着无人机技术的不断进步，自动路径规划与避障技术将在更多复杂环境中得到广泛应用。未来，随着人工智能、传感器技术和算法的不断创新，自动路径规划与避障技术将更加智能化、自主化，能够更加精准、迅速地应对复杂环境中的变化和挑战，为无人机的广泛应用提供更加坚实的技术保障。

三、数据处理与分析系统的适应性

数据处理与分析系统是无人机技术应用中至关重要的一环,尤其在复杂环境中执行任务时,无人机所采集的大量数据需要快速、准确地处理和分析,以提供决策支持和任务反馈。随着无人机任务类型的多样化,如灾难救援、环境监测、农业作业等领域的应用要求越发严格,使数据处理与分析系统的适应性面临着越来越多的挑战。在复杂地形、动态环境以及不确定因素的影响下,如何确保无人机采集的数据能够准确、及时地得到处理,并且能有效支撑任务执行是当前无人机技术发展的关键问题。

无人机在执行任务时通常依赖多种传感器来收集信息,包括图像传感器、激光雷达、温度传感器、气象传感器等。这些传感器所产生的数据量巨大,涉及图像、点云、温度、湿度等多个维度。传统的数据处理方法在面对如此庞大和复杂的数据时,往往显得力不从心。为了实现高效的数据处理,现代无人机的数据处理系统需要具备强大的计算能力和实时性,尤其在动态环境中,实时处理和分析成为任务成功的关键。因此,如何在大数据背景下确保数据处理系统的高效性、准确性和实时性,已经成为无人机技术面临的一个重要问题。

在数据处理能力上,传统的数据处理方法往往依赖集中式的计算平台,这意味着所有采集到的数据需要传输到地面站或云端进行处理。虽然这种模式能够保证数据处理的高精度,但在面对大规模数据和复杂环境时,容易出现延迟和"瓶颈"。在复杂地形中,无人机常常需要面对通信信号的不稳定或断连问题,导致数据的实时传输和处理受到极大制约。为了解决这一问题,现代无人机的数据处理系统开始转向边缘计算模式,其能够将数据处理和分析任务下放到无人机本身或靠近采集源的设备中进行,从而减少数据传输的延迟,同时其也能够在飞行过程中实时进行数据分析和决策。例如,采用高性能的嵌入式计算平台,可以让无人机在飞行时对实时采集的数据进行初步处理,并及时反馈至地面控制中心。这种分布式计算的方式不仅能够有效提高数据处理的实时性,还能够减少对传输带宽的依赖。

复杂环境下的动态变化,要求无人机的数据处理系统需要具有更强的适应性。在复杂的地理环境或突发的灾难场景中,传感器采集的数据可能因环境变化而发生剧烈波动。例如,飞行过程中遇到的风速变化、气候突变、地形阻碍等因素,都会影响数据的准确性和完整性。为此,现代数据处理系统需要具有强大的数据融合和去噪能力。其中,数据融合技术可以将来自不同传感器的数据进行综合处理，减小噪声干扰，提高数据的可靠性和精度；去噪算法可以有效消除数据中由于环境不稳定引起的错误或不准确信息，使得处理后的数据更加精确，从而提高任务的执行效果。例如，在灾后评估中，激光雷达与图像传感器的数据融合，能够帮助无人机更精确地识别受损建筑物和基础设施；而去噪技术则能够消除因烟雾、灰尘等造成的测量误差。

数据处理系统的适应性不仅体现在硬件平台和数据融合技术上，还需要软件算法的不断优化。随着人工智能和机器学习技术的发展，基于深度学习的图像识别、模式识别和异常检测等算法已经在无人机数据处理系统中得到了广泛应用。这些算法能够基于大量历史数据进行训练，并自动学习复杂环境下的数据规律和任务需求，从而提升数据分析的准确性和效率。例如，在灾后评估任务中，深度学习算法可以帮助无人机快速识别损毁的建筑物，并根据损毁程度自动评估灾后损失，从而为灾后救援和重建工作提供科学的决策依据。此外，机器学习还可以用于分析传感器数据中的潜在模式，提前识别飞行中的风险，帮助无人机及时做出调整和规避。

在无人机的应用场景中，数据的存储和处理也是一项挑战，特别是在飞行过程中如何高效、稳定地存储和传输海量数据。在复杂环境中，数据的存储需求急剧增加，而无人机通常面临有限的计算和存储资源。在这种情况下，如何在确保数据完整性的同时，优化数据存储和传输效率成为数据处理系统设计的一个关键问题。为了解决这一问题，研究人员开始探索基于压缩算法、数据预处理和高效传输协议等技术手段，来提升数据存储和传输效率。例如，在无人机飞行过程中，数据预处理可以通过初步筛选和压缩减小数据量，从而减少存储压力，并加快数据传输速度。采用高效的传输协议（如5G通信技术）能够在有限的带宽和网络条件下实现高效的数据传输，从而确保实时数据流的稳定传输。

数据处理与分析系统的适应性还要求无人机具有较高的安全性。由于无人机在执行任务时常常涉及敏感数据，如灾后评估数据、环境监测数据等，这些数据的安全性直接关系任务的成功与否。因此，无人机的数据处理系统需要具备防止数据泄露、篡改和丢失的能力。为此，数据加密技术、身份认证技术以及安全通信协议等手段，被广泛应用于无人机的数据处理系统中。其中，数据加密技术能够确保数据在传输过程中不被非法获取或篡改；而身份认证技术和安全通信协议则能够确保数据来源的可信性，并防止外部攻击对系统的干扰。

四、实时反馈与应急响应机制

实时反馈与应急响应机制是无人机在复杂环境中，执行任务时的核心能力之一，尤其在突发事件和紧急救援任务中，实时反馈能够极大提高决策的效率与准确性，为应急响应提供有力支持。随着无人机技术的快速发展，飞行控制系统、数据采集与处理系统、通信技术等方面的进步均为实时反馈与应急响应机制的实现提供了坚实的技术基础。然而，复杂地形、多变的环境和任务的不确定性使得实时反馈与应急响应机制的构建面临许多挑战，如何确保无人机在飞行过程中迅速、准确地传递信息，并根据环境变化进行灵活响应是无人机技术未来发展的关键之一。

无人机的实时反馈能力依赖高效的信息采集、处理和传输系统。在执行任务过程中，尤其在进行灾后评估、环境监测、搜索与救援等任务时，无人机会采集大量传感器数据，包括图像、温度、湿度、气压等信息，这些数据通常需要通过飞行控制系统进行实时分析与处理。为了实现实时反馈，无人机的飞行控制系统需要具备高效的处理能力，能够迅速对传感器数据进行分析，识别出关键的异常信息，并将处理结果及时反馈至地面站或指挥中心。实时反馈的关键在于信息的实时传输。高效、稳定的无线通信系统能够确保无人机采集的数据不受环境干扰，并且能够将数据传输到指定接收端，避免信息丢失或延迟。因此，通信技术的完善对于实时反馈至关重要，特别是在复杂环境中，无人机与地面站之间的通信往往受到地形、天气、无线电干扰等因素的影响，如何保障通信的稳定性和可靠性成为实现实时反馈的一个重要难题。

在紧急救援或灾后评估的场景中，实时反馈不仅仅是数据的传递，更重要的是反馈的即时性与决策的有效性。当无人机飞行到灾区或事故现场时，它需要在极短的时间内采集到有效信息，并及时向指挥中心报告现场情况。此时，实时反馈机制不仅需要依赖数据传输，还需要依赖无人机的飞行控制系统与指挥系统的有效协调。例如，在灾后评估中，无人机通过搭载的红外热成像、激光雷达或高清摄像头等设备，能够迅速扫描受灾区域，生成实时的地形图、建筑损毁情况图，以及人员分布图等关键数据。这些数据能够帮助指挥中心快速了解灾区的整体情况，从而制订救援方案并协调资源。与此同时，无人机的实时反馈能力还体现在对飞行状态的监控和调整上。在复杂环境中，无人机的飞行可能受到风速变化、障碍物等因素的影响，飞行控制系统需要实时对飞行状态进行评估，并根据实时数据调整飞行路径，以确保飞行安全。

实时反馈机制的有效性还体现在其对应急响应机制的支持。应急响应机制是一种在突发事件或灾难发生时，组织和指挥救援人员与资源的快速反应系统。无人机作为应急响应的重要技术工具，需要与应急响应机制紧密结合，以快速响应现场需求。在救援现场，无人机能够根据实时采集到的数据，快速确定受灾区域的重点，并将这些信息实时反馈给指挥中心。指挥中心可以根据这些信息调整救援计划，合理调配救援力量和物资，确保救援工作高效进行。例如，在地震灾区，无人机可以迅速对震中区域进行航拍，并提供灾区的实时图像和受损建筑的信息，为救援人员提供精确的进入路线和救援目标。同时，无人机还可以在灾区投放急需的物资，迅速填补物资空缺，确保救援工作的顺利开展。将无人机的实时反馈与应急响应机制紧密结合，能够显著提高应急响应的效率与效果。

随着人工智能技术的发展，无人机的实时反馈与应急响应机制也朝着智能化方向发展。人工智能技术可以帮助无人机在数据处理和决策过程中，实现更高效的分析与响应。传统的实时反馈机制依赖人工干预和基于规则的决策，而基于人工智能的实时反馈机制则能够通过学习和适应，自动优化反馈策略。无人机可以基于历史数据和实时监测的情况，自动识别风险区域、危险因素和潜在问题，并通过机器学习算法不断提高反馈的准确性和响应的时效性。例如，在灾难救援中，人工智能算法能够帮助无人机根据现场的环境变化，自动调整飞行路径，避免碰撞或进入危险区域。同时，还通过图像识别技术自动识别被困人员或受损建筑，为后续救援行动提供精确指导。

虽然人工智能和自动化技术为实时反馈与应急响应机制提供了巨大帮助，但在复杂环境中，无人机的实时反馈与应急响应机制仍然面临着许多挑战。复杂的地理环境、极端天气、设备故障、网络延迟等因素，都会影响无人机实时反馈的质量和应急响应的效果。例如，山区、森林等复杂地形会对信号传输带来极大挑战；而极端天气条件，如暴雨、大风等，则会直接影响无人机的飞行稳定性和数据传输的可靠性。因此，如何提高无人机在复杂环境中的适应性，确保实时反馈与应急响应机制能够在不同的环境条件下稳定运行，是当前无人机技术研究的重要方向。为了提升无人机实时反馈和应急响应机制的可靠性，未来的研究将更加注重无人机与地面站、其他无人机系统的协同作战。无人机与多个无人机、地面控制中心之间的协同作战能够提供更多反馈信息,并在灾难现场进行更精细的任务分配。通过多架无人机协同工作,能够同时对多个区域进行实时扫描,并实时传输反馈数据,以形成完整的情报网络,为应急响应提供更全面、更准确的信息支持。同时,无人机之间的协同作战也能使它们在遇到飞行障碍或技术故障时,可以通过互相配合来确保任务的顺利完成,从而提升应急响应的能力。

第三节 操作员的适应性

一、无人机操作员的培训需求

无人机操作员的培训需求是确保无人机技术能够安全、有效应用的重要因素。随着无人机在各行各业中的广泛应用,操作员的能力和素质直接关系任务的成功与否。尤其在应急救援、灾后评估、物流配送等高风险和高精度的任务场景中,操作员的专业知识和技能显得尤为关键。随着无人机技术的不断发展和应用场景的不断扩展,操作员的培训内容也变得更加复杂和多样化。从基础的飞行技能到高级的数据处理与分析能力,再到应对复杂环境和突发事件的能力,无人机操作员的培训需求已呈现出多层次和多元化的趋势。无人机操作员首先需要掌握飞行控制的基本知识,包括飞行原理、飞行模式、操控系统的操作等内容。在实际飞行过程中,操作员需要具备高度的操作熟练度,以确保无人机能够在各种环境下稳定飞行。这不仅仅是对飞行技能的要求,还包括对飞行安全的重视。操作员必须能够识别飞行中的潜在风险,如气候变化、电池电量不足、信号丢失等,并采取相应措施进行处理。此外,操作员还需要掌握不同类型无人机的特性和使用方法,这是由于不同类型的无人机在飞行控制和任务执行中可能存在差异。基础飞行技能的培训不仅是无人机操作员培训的起点,也是保证其他高级技能培训的前提。

除了掌握基础飞行技能外,无人机操作员还需要接受与任务相关的高级技能培训。在一些特定的应用场景中,如灾难救援、环境监测等,操作员不仅需要掌握飞行技能,还需要具备处理传感器数据、图像分析以及任务规划等高级能力。例如,在灾后救援任务中,操作员可能需要使用无人机搭载的红外成像、热成像等设备对灾区进行侦查,识别受困人员或损坏建筑。这就要求操作员必须具备相关的传感器操作知识，并且能够对传感器反馈的数据进行实时分析与判断。无人机在特定任务中的作用不仅仅是执行飞行任务，还涉及数据的采集、处理和反馈。因此，操作员需要掌握无人机搭载的各种设备的使用方法，并且能够根据不同的任务需求灵活调整设备的使用方式。

在复杂环境中飞行，操作员时常面临突发状况，如设备故障、通信中断或飞行环境剧烈变化等。操作员需要具备应急响应能力，在遇到这些问题时，能够迅速做出反应并采取有效措施，以确保飞行任务的顺利完成。例如，当无人机遇到通信信号中断或飞行控制系统出现故障时，操作员必须能够根据操作手册和经验，迅速判断故障原因，并通过手动控制、备份系统或紧急着陆等措施解决问题。操作员还应当了解无人机常见故障的类型，以及维护保养知识，能够在非飞行时段进行设备的检查和维修，从而减少故障的发生率。这类应急操作与故障排除技能的培训，不仅有助于提升操作员在复杂环境中的应对能力，也能显著提高无人机的任务成功率。

随着无人机应用的广泛化和复杂化，操作员的培训需求也越来越注重多任务协同操作和团队合作能力。在一些大型任务中，如灾后救援和物流配送等，可能需要多架无人机同时执行任务。此时，操作员需要具备与其他操作员的协同能力，以确保无人机在完成任务过程中的高效配合。协同操作的关键在于任务分配和信息共享，操作员需要与其他团队成员保持实时沟通和信息传递，确保每架无人机都能够按计划执行各自的任务，并能及时反馈关键数据。多任务协同操作的培训不仅要求操作员具备独立操作的能力，还要培养其在团队中的合作能力和协调能力。这种能力在紧急救援等任务中尤为重要，其能够提高任务的执行效率，确保应急响应的速度与效果。

在无人机飞行过程中，操作员需要遵守相关的法律法规和伦理准则。例如，在执行搜索与救援任务时，操作员需要了解飞行许可、隐私保护、空域管理等方面的法律法规，以确保任务的合法性和合规性。操作员还应当了解无人机在不同场景中的伦理问题，例如，如何避免侵犯他人隐私、如何合理使用无人机采集的数据等。法律与伦理知识的培训不仅能够帮助操作员在实际操作中遵循相关规定，避免违规行为，也有助于提高操作员的责任感和职业素养。无人机操作员的培训需求是多方面的，涵盖了从基础飞行技能到高级任务操作、应急响应能力、团队协作能力以及法律伦理等多个领域。随着无人机技术的不断发展和应用场景的不断拓展，操作员的培训内容也在不断更新和丰富。为了确保无人机在各种任务中的高效、安全运行，需要对操作员进行全面而系统的培训。只有具备专业知识和技术能力的操作员，才能确保无人机技术在复杂环境中的有效应用，从而达到预期的任务目标。

二、灾难场景中的操控技巧

在灾难场景中，操控技巧对无人机操作员的能力要求尤为严苛。这些技巧不仅仅是操作员对于无人机基本飞行控制的熟练掌握，还包括在极端环境下应对复杂情况的能力。灾难场景通常伴随复杂的地形、恶劣的天气条件和突发的紧急情况，这些都为无人机的操控带来了巨大挑战。操作员在此类场景中的技能和判断能力，直接影响救援效率和任务的成功率。因此，操作员在灾难场景中的操控技巧需要结合环境特点和任务需求来综合提升。

灾难场景中的操控技巧首先要求操作员具备良好的飞行控制能力，能够在高压和突发情况下保持冷静。灾难现场常常伴随复杂的地形和强烈的环境干扰，如大风、降雨或山区等不利飞行条件。这就要求操作员在飞行过程中，要能够根据现场的具体情况调整飞行策略。例如，在山区环境中，无人机可能遇到信号反射、遮挡等问题，导致飞行不稳定。此时，操作员需要快速识别问题，并采取相应措施，如调整飞行高度、速度，或者通过手动模式来稳定飞行。操作员还应当掌握应急着陆技巧，以防无人机遭遇无法解决的飞行问题时，能够在保证安全的前提下顺利着陆。这种技能要求操作员具备一定的应变能力和丰富的飞行经验，能够应对各种复杂的飞行环境和突发状况。

除了飞行稳定性外，灾难场景中的操控技巧还包括对传感器和设备的操作与调整。在一些特定任务中，如搜索与救援，操作员不仅仅需要控制无人机的飞行，还需要对搭载的传感器进行实时操作，以获取有效数据。在搜索与救援任务中，无人机通常需要搭载红外成像、热成像等传感器，用于识别受困人员或灾后损毁的建筑物。操作员需要熟悉传感器的调节和操作技巧，如调节传感器的灵敏度、视野范围、成像模式等，以确保在复杂环境下仍能获得清晰的图像和数据。操作员还应能够根据任务需求调整传感器的工作模式，如切换不同的成像模式或切换到夜视模式。这要求操作员不仅要具备飞行操控能力，还需要对传感器工作原理和操作方法有深入的了解，并且能根据现场的实际情况灵活调整，从而确保任务目标的顺利实现。

灾难场景中的操控技巧还体现在对紧急情况的快速反应能力上。在复杂环境中，操作员常常面临无法预见的紧急状况，如天气突变、设备故障、通信中断等。此时，操作员必须能够快速做出判断，并采取有效措施加以应对。

例如，在遭遇突如其来的暴风雨时，操作员必须迅速判断天气变化对飞行的影响，并通过降低飞行高度、调整航向或提前返航等措施来应对恶劣天气。如果在飞行过程中遇到设备故障或信号丢失，操作员还需要具备在有限信息下进行手动操控的能力，以确保无人机能够安全降落或自动返回。尤其在灾难救援的高风险环境中，操作员的应急反应能力直接决定了任务是否能够顺利完成，因此，操作员必须经过专门的应急培训，以培养高度的危机意识和迅速处理突发问题的能力。

灾难场景中的操控技巧也包括对多任务协调能力的要求，在一些大规模的灾后救援任务中，可能需要多架无人机同时执行任务，第一架无人机负责搜索，第二架负责数据采集，第三架则执行物资投送等。在这种情况下，操作员需要具备较强的多任务协调能力，能够合理分配和管理每架无人机的任务，以确保无人机之间的协同作业高效、无冲突。这不仅仅是技术操作上的要求，更是任务管理与团队协作的能力体现。操作员需要能够快速调度资源、调整飞行计划，并在执行任务过程中与其他操作员和团队成员保持实时沟通，以确保任务的顺利推进。在灾难场景中，往往面对时间和效率的双重压力，在高强度的任务要求下，操作员要能够保持冷静，并有效管理无人机团队的飞行工作，从而保证每架无人机都能够按时完成各自的任务。

在灾难救援过程中，无人机通常会拍摄大量的地面图像和视频数据，这些数据可能涉及受害者的隐私或敏感信息。操作员必须对无人机的拍摄范围和获取的数据进行适当控制，确保不侵犯他人隐私权。操作员还应了解相关的飞行法规，如空域限制、飞行许可、无人机飞行的时间和高度等，避免因违规飞行而导致任务失败或引发法律纠纷。灾难场景中的操控技巧不仅要求操作员具有过硬的飞行技能和应急处理能力，还需要具备较强的法律意识和职业道德，以确保任务的合法性和伦理合规性。灾难场景中的操控技巧涉及多个方面，包括飞行控制、传感器操作、应急响应、多任务协调，以及法律法规的遵守等。在灾难救援任务中，无人机操作员必须具备全面的技术能力和高度的应急反应能力，能够在复杂和高压的环境下快速做出决策，确保任务的顺利完成。随着无人机技术的不断进步，操作员的操控技巧也需要不断适应新的技术要求，只有经过专业培训和实践积累的操作员，才能使无人机技术在灾难救援中发挥巨大潜力。

三、人工智能与无人机操作的融合

当前，人工智能与无人机操作的融合正成为推动无人机技术发展的重要力量。随着人工智能技术的不断进步，无人机不仅能够执行简单的飞行任务，还能够进行复杂的任务规划、决策和自主控制。人工智能与无人机操作的融合使无人机在灾难救援、农业监控、环境保护等领域展现出巨大潜力。人工智能赋能无人机的关键在于其能够提升无人机的智能化水平，优化飞行路径规划，增强对复杂环境的适应能力，并大大提高无人机的自主性和决策能力。通过人工智能技术，无人机能够自主识别目标、分析环境变化，并做出最优决策，极大地提升了无人机的作业效率和任务成功率。

人工智能和无人机操作融合的一个核心应用是飞行路径规划与决策，在传统的无人机操作中，飞行路径往往是由人工输入的预定路线，操作员需要根据实时数据进行调整和修正。然而，人工智能的引入改变了这一模式，其能够通过实时分析环境数据（如气象条件、地形地貌等）来自动优化飞行路径。例如，在灾难救援任务中，人工智能系统可以根据实时的地面变化、障碍物分布、无人机电池电量等因素，动态调整飞行路线，以确保无人机能够以最短时间、安全路径完成任务。这种自适应的飞行规划不仅减少了人为干预的需求，还能够提高任务效率，减少任务执行过程中因路径不当导致的时间浪费和风险。

除了路径规划外，人工智能在无人机操作中的应用还包括飞行控制系统的智能化。传统无人机的飞行控制系统依赖事先设定的飞行模式和操作员的实时操控。在复杂环境中，如山区、城市或灾后废墟等，传统飞行控制系统可能无法有效应对环境变化，导致飞行不稳定或失控。人工智能的引入为无人机提供了更为智能的飞行控制系统。基于深度学习和强化学习算法，人工智能能够实时处理传感器数据，识别飞行中的障碍物和异常情况，并对飞行状态进行自动调整。例如，在强风环境下，人工智能系统可以通过不断分析风速、飞行高度和无人机的实时状态，自动调整飞行姿态和动力分配，从而确保飞行的稳定性。这种自动化和智能化的飞行控制不仅大大提高了无人机的飞行稳定性，还减少了操作员的负担，让其能够更专注于任务执行，而不是频繁地干预飞行控制。

在人工智能与无人机的融合过程中，图像识别与处理技术的应用也发挥了重要作用。许多无人机任务需要通过搭载各种传感器（如摄像头、红外传感器等）来获取地面信息，并进行分析与处理。传统的图像处理方法往往依赖人工分析和计算，处理效率低且容易受到人为因素的影响。而人工智能技术的引入使得图像处理变得更加高效和准确。基于计算机视觉和深度学习算法，无人机能够自主识别图像中的物体、人物、地形等目标，并根据预设的任务要求进行分类与标记。例如，在灾后评估任务中，无人机通过搭载高分辨率摄像头采集灾区图像，人工智能系统可以自动识别受损建筑、被困人员等关键目标，并生成相应的损害评估报告。通过这种智能化的图像识别与处理，无人机能够在更短时间内完成更复杂的任务，大大提高了灾难救援的效率和准确性。

人工智能技术的融合不仅提升了无人机的自主性，还增强了无人机在复杂任务中的适应能力。在传统操作中，无人机的操作往往需要依赖操控员对环境的判断与分析，尤其在复杂的地理环境中，如山区、城市废墟等，飞行员可能很难获取足够的信息来进行决策。而在人工智能系统的辅助下，无人机能够通过自主感知和智能决策来完成任务。人工智能技术结合传感器（如激光雷达、热成像摄像头、气象传感器等），使得无人机能够实时感知环境变化，识别障碍物，判断飞行安全，并自动选择最优飞行路线。例如，在复杂的城市废墟环境中，人工智能可以帮助无人机识别建筑物之间的空隙，判断是否有障碍物或电力线，并根据这些信息进行动态路径调整。这种智能化的适应能力使得无人机能够在更复杂、更危险的环境中执行任务，减少了人为操作的失误，提高了任务成功率。

人工智能与无人机操作的融合，还在大数据处理和分析方面发挥着巨大作用，在许多无人机任务中，特别是灾后评估和环境监控任务中，涉及大量的传感器数据和图像数据。这些数据量庞大且实时性强，传统的数据分析方法往往无法及时处理和提取有效信息。而人工智能技术通过机器学习和数据挖掘技术，能够快速分析和处理大数据，为无人机执行任务提供决策支持。例如，在灾难救援中，人工智能可以通过对无人机收集的大量图像数据进行深度学习，识别受灾情况的关键特征，如房屋倒塌、道路阻塞等，并根据这些分析结果及时生成救援指令或报告。这种智能化的数据处理方式能够在复杂任务中为无人机提供高效、准确的决策支持，极大地提升了任务执行的效率。

人工智能与无人机操作的融合，正在重塑无人机在各类应用中的能力与功能。从飞行路径规划、飞行控制、图像识别到复杂环境的适应性提升，再到大数据的处理与分析，人工智能技术为无人机带来了前所未有的智能化能力。这种融合不仅推动了无人机技术的快速发展，还拓宽了无人机应用的边界，为灾难救援、环境保护、农业监控等领域带来了更多的可能性和挑战。随着人工智能技术的不断进步和无人机硬件性能的提升，人工智能与无人机的融合将进一步推动无人机走向更加智能化、自动化的新时代。

四、团队协作与指挥系统的优化

团队协作与指挥系统的优化是确保复杂任务顺利进行的关键因素，尤其在涉及紧急救援、灾难响应等高压、高风险的情境中。随着技术的发展，越来越多的高效协作系统被应用于无人机操作领域，使其对多架无人机协同作战的需求日益增加。优化团队协作与指挥系统不仅能够提升任务效率，还能够增强系统的抗干扰能力和应急响应速度，为救援任务的成功提供保障。特别是在灾后救援、安防监控等领域，多无人机协同工作模式能够发挥巨大优势。如何有效地整合多架无人机，并进行协同作业成为无人机操作领域中的重要课题。在传统的单机操作中，操作员只需要关注一架无人机的飞行和任务执行，而在多人协作的场景中，指挥系统需要实时协调每架无人机的任务分配、飞行路径以及应急响应。在灾难救援任务中，通常需要多架无人机同时参与搜寻和救援工作，而这些无人机往往需要在复杂环境中共同工作，避免相互干扰并确保任务执行的高效性。为此，指挥系统的优化不仅需要保证每架无人机能够独立执行任务，还需要确保无人机之间的协作性和互操作性。通过采用集中式和分布式相结合的指挥控制方式，指挥系统能够根据任务需求进行灵活调度，从而实现无人机群体的高效协作。

实时数据共享与协同决策机制的建设，是团队协作与指挥系统优化的一个核心环节。在无人机协作中，每架无人机通常配备了不同的传感器，用于采集环境信息和执行特定任务。为了确保多架无人机能够高效协作，指挥系统必须能够实时接收并整合各架无人机的数据，并根据实时信息做出决策。例如，在进行灾后评估时，第一架无人机可能负责拍摄高空图像，第二架无人机可能执行热成像任务，第三架无人机则可能负责实时传输数据。在这种情况下，指挥系统需要通过高速数据传输技术和集成平台将来自各架无人机的信息进行实时汇集，并根据任务的优先级和即时变化调整各架无人机的任务。数据共享和协同决策不仅能够提升工作效率，还能够在动态变化的环境中迅速调整任务策略，从而最大限度地提高协同作业的效果。

为了实现高效的团队协作，无人机之间的互联互通至关重要。现有的多无人机协同系统主要依赖无线通信网络，但在复杂环境下，无线信号往往容易受到干扰或覆盖，导致通信不畅，进而影响任务的执行。因此，在优化团队协作与指挥系统时，通信系统的稳定性和可靠性尤为重要。为此，现代指挥系统往往将多种通信方式相结合，如无线局域网（WLAN）、蜂窝网络、卫星通信等，以保证在不同环境下的通信稳定。更进一步来说，通过采用高效的网络协议和先进的抗干扰技术，指挥系统能够实现对多无人机的精准调度与实时监控，确保各无人机在复杂场景中的信息交换不受干扰。通过无线Mesh网络技术，无人机可以建立起自组织的网络，实现群体之间的相互通信，即使在一些孤立或信号较差的区域，也能保证指挥系统的正常运作。

协同作业中的无人机不仅要依赖指挥系统的调度，还要具备高效的自主性与灵活的应变能力。尽管指挥系统能够提供整体的任务规划与调度，但无人机在执行任务时仍需根据实际情况做出快速反应。为此，在优化团队协作与指挥系统的过程中，必须加强无人机的自主决策能力。自主决策不仅可以提升无人机的任务效率，还可以减少对操作员的依赖，特别是在灾难救援等紧急情况下，减少人为干预的可能性。无人机可以通过传感器实时获取周围环境的变化，并根据环境条件进行飞行调整。例如，在山区救援时，无人机需要根据高程变化、气流干扰等因素调整飞行姿态；而在水域附近进行搜救时，可能需要避开水面波动带来的干扰。通过自主决策与指挥系统的结合，无人机能够在复杂环境中灵活调整任务，确保每架无人机在执行任务过程中均能自适应环境变化，提高协作效率。

除了飞行调度与任务执行外，团队协作与指挥系统的优化还涉及人员培训和协作能力的提升。在复杂任务中，操作员与无人机之间的协作也需要高效的配合。由于无人机技术的高度智能化，操作员不仅需要具备基本的飞行控制技能，还需要熟悉指挥系统的操作，掌握如何根据任务需求调整多无人机的协作模式和飞行路径。为此，操作员的培训也需要不断优化，不仅要培养其专业的飞行操作能力，还要强化其与无人机团队的协同作战能力。通过模拟训练和实战演练，操作员能够更好地应对紧急情况，提高团队的协作效率。指挥系统的优化也需要充分考虑操作员的需求，设计更加简洁、直观的操作界面，以降低操作员的负担，确保其在高强度工作下仍能保持高效的指挥与协作。

团队协作与指挥系统的优化是确保无人机群体高效作战的关键因素，在多无人机协同作业中，指挥系统需要实现实时数据共享、协同决策、可靠通信与自主决策的有机结合,进而确保任务执行的高效性与安全性。同时,操作员培训和协作能力的提升也是系统优化的重要组成部分。随着技术的发展和需求的变化,团队协作与指挥系统的优化将继续朝着更加智能化、自动化的方向发展,极大地提升无人机在灾难救援、环境监控、农业管理等领域的应用能力,为未来复杂任务的顺利完成提供有力保障。

第四节 环境适应性与安全性分析

一、极端天气条件下的飞行安全

极端天气条件下的飞行安全是无人机应用领域中的一个重要研究课题,尤其在灾后救援、环境监控、物流配送等高风险任务中,极端天气的影响尤为显著。无人机在飞行过程中会遭遇不同的气象条件,如风速、降雨、温度、湿度等,这些因素不仅会影响飞行的稳定性,还可能导致任务失败或设备损坏。因此,确保无人机在恶劣天气条件下的飞行安全,是无人机技术进一步发展和广泛应用的重要前提。在风速较高的环境下,无人机的稳定性会大大下降,尤其对于轻型无人机,强风可能导致无人机失控或飞行轨迹偏移。高风速不仅使无人机难以保持稳定飞行,还可能影响无人机的飞行时间和续航能力。特别是在风速达到一定程度时,飞行器的操作系统可能失去对飞行姿态的控制,从而导致飞行事故的发生。为了解决这一问题,无人机的设计和飞行控制系统需要具有较强的抗风能力。例如,采用更强的机体设计、改进的动力系统以及先进的自动控制算法,都可以有效提高无人机在强风条件下的稳定性。一些高端无人机还配备了风速感应器,能够实时监测气流变化,并自动调整飞行模式,以确保飞行安全。

若无人机在飞行过程中遭遇降雨,雨水的积累可能导致电气系统短路,进而影响飞行器的稳定性和控制精度。特别是对低成本的无人机来说,防水设计通常较为简单,极易受天气变化的影响。而在极端天气条件下,持续的降雨或高湿度环境会使无人机的机身积水,增加设备的负担,影响电池续航能力,甚至导致无人机故障。因此,为了保证在雨天或高湿度环境下的飞行安全,许多高端无人机已采用防水设计,并使用特殊的密封材料和防水涂层,从而确保机身和关键部件不受水分影响。此外，改进电池技术和防短路系统也是确保无人机在湿润环境下正常飞行的重要措施。

除了风速和降雨外，温度变化也对无人机的飞行安全构成了挑战。在极端高温或低温环境下，无人机的电池性能可能受到影响，由于电池的放电能力会随温度变化而发生剧烈波动，进而导致飞行时间和续航能力下降。尤其在极寒天气中，电池可能迅速降温，导致电池效率降低甚至完全失效。为了提高无人机在高温或低温环境中的适应性，制造商通常需要采用高温或低温环境下专用的电池保护系统。这些系统通过调节电池温度，避免电池在极端温度下失效，从而确保无人机在各种恶劣天气条件下的正常飞行。温度变化还可能对无人机的机身材料产生影响，特别是塑料和轻质合金等材料在极寒环境下容易脆化，从而降低无人机的结构强度。因此，使用更加耐高低温的材料进行机身构建，也是提高无人机在极端天气中安全性的有效手段。

雷电不仅对飞行器本身构成了直接威胁，还可能破坏无人机的电气系统和通信链路。在雷电天气中，无人机飞行时容易成为雷击的目标，特别是当无人机飞行的高度较高时，接触雷电的概率更大。为了解决这一问题，无人机的设计通常采用金属材料包裹关键部件，增加抗电磁干扰的能力，并加强电磁屏蔽措施，从而避免雷电对飞行系统造成破坏。一些无人机还配备了雷电预警系统，能够提前识别雷电天气的风险，并自动调整飞行计划，避免飞行器进入雷电活跃区域。极端天气条件对无人机飞行安全的影响是多方面的，不仅涉及气流、降水、温度等自然因素，还包括雷电等特殊气象现象。在极端天气条件下飞行的无人机，需要具备强大的适应性和抗干扰能力。为了确保飞行安全，制造商和研究人员已采取多种措施，从提升无人机的结构强度到改进电池性能，从优化飞行控制算法到增强飞行器的抗干扰能力，这些技术手段共同作用，确保无人机能够在极端天气下安全飞行。随着无人机技术的不断进步，未来的无人机将在更多极端环境中发挥重要作用，进一步拓宽其应用范围。

二、复杂地形中的飞行风险

复杂地形中的飞行风险是无人机在实际应用中面临的一大挑战，尤其在灾后救援、军事侦察、环境监控等任务中，复杂地形往往成为影响飞行安全的重要因素。复杂地形通常是指具有陡峭坡度、障碍物密集、气流不稳定等特点的地理环境，这类环境不仅增加了无人机飞行的不确定性，还可能导致飞行控制系统的误操作、传感器失效等问题。因此，如何在复杂地形中保障无人机飞行的安全性，是目前无人机技术发展中亟待解决的难题。

复杂地形中的起伏地貌对于无人机的飞行稳定性和路径规划提出了更高要求。在山地、峡谷、森林等地形复杂的区域，无人机在飞行过程中常常遭遇强烈的气流变化，特别是风速和风向的剧烈波动。这些环境因素可能导致飞行器的姿态发生剧烈变化，甚至失控。例如，山谷中的气流通常呈现出涡流现象，强风可以迅速改变飞行路径，使无人机难以保持稳定飞行；山区的地形高低起伏，也使得无人机在飞行时容易遭遇障碍物和电力线等潜在危险。为了应对这些风险，飞行控制系统必须具备强大的适应性，能够实时根据环境变化调整飞行模式和姿态控制算法，以应对不稳定的气流和复杂的地形。

在山地、峡谷等地形中，无人机可能遇到树木、建筑物、电力线等障碍物，尤其在低空飞行时，障碍物的存在极大增加了碰撞的风险。虽然现代无人机大多配备有避障传感器，但这些传感器在复杂地形中往往无法有效识别和规避所有障碍物。尤其在树木密集的森林区域，激光雷达或超声波传感器可能受到树叶和树干的遮挡，导致其探测不到潜在的障碍物。为了减少障碍物碰撞的风险，无人机的避障系统需要与高精度地图、实时传感器数据和飞行控制系统紧密结合，通过多种传感器融合技术，精确识别飞行路径中的障碍物，并及时做出避让决策。

在山区、峡谷等地形中，由于地势的遮挡和反射效应，信号传输容易受到干扰，尤其是 GPS 信号的弱化或丧失。GPS 信号的丧失不仅会影响无人机的定位精度，还可能导致飞行轨迹的偏离，甚至造成失联。在通信不畅的环境下，飞行控制系统无法接收到地面站的实时指令，可能导致无人机无法完成预定任务或发生意外事故。为了解决这一问题，许多无人机采用了多模态定位技术，如结合 IMU、视觉传感器和地面站的通信系统，以增强飞行器在复杂地形中的定位能力。采用自适应通信技术，如跳频通信和网络优化技术，可以有效提高信号的稳定性和传输距离，确保无人机在复杂地形中的稳定通信。

在复杂地形的飞行中，无人机往往需要进行较长时间的飞行和频繁的高空机动，这对电池的续航能力提出了较高要求。然而，复杂地形中的飞行环境通常伴随着气流的不稳定，可能导致对无人机的飞行能量消耗需求远高于平坦地区。高度变化剧烈的地形会使飞行器消耗更多电力以维持飞行高度，进一步加速了电池的消耗，增加了飞行途中电力不足的风险。因此，提升电池续航能力，优化电池管理系统，使用轻量化、高效能的电池技术是提高无人机在复杂地形中适应性的关键。同时，合理规划飞行路径，可以避免不必要的能源消耗。高空飞行和适度的机动性操作也有助于延长电池的使用时间。

由于复杂地形的影响，局部气象条件往往呈现出不稳定性，尤其在山谷和峡谷等狭窄地带，气流的流动规律更加复杂，极易出现气流滞留、反向气流等现象，增加了飞行的难度和风险。同时，温度、湿度等气象因素的剧烈变化也会对无人机的电池性能、传感器精度等产生影响。例如，在低温环境下，电池放电能力降低，飞行时间缩短；在湿度过高时，传感器可能因受潮而失效，导致飞行控制系统无法准确判断环境状况。为了有效应对这些风险，需加强气象监测和飞行预警系统的建设，结合实时气象数据动态调整飞行策略，并对无人机进行防冻、防潮设计，以确保飞行器能够在各种复杂气象条件下安全飞行。

复杂地形中的飞行风险是多方面的，涉及飞行稳定性、障碍物规避、通信信号、续航能力以及气象变化等多个因素。为了在这些环境中实现安全飞行，无人机不仅需要具备强大的飞行控制系统，还需要具备高精度的传感器、稳定的通信系统和高效的能源管理。随着无人机技术的不断发展，未来将有更多创新的技术应用于应对复杂地形中的飞行风险，从而进一步拓宽无人机的应用领域，提升其在灾难救援、环境监测等关键领域的作用。

三、环境污染对飞行器的影响

近年来，环境污染对飞行器的影响日益受到关注，特别是在无人机、直升机等飞行器的使用过程中，这一问题变得愈发突出。环境污染不仅能够影响飞行器的外部结构，还能够对飞行器的动力系统、传感器设备、电子系统等多个方面产生深远影响。随着全球气候变化和工业化进程的推进，环境污染对飞行器的影响越来越不容忽视，尤其在大气污染、沙尘暴、气溶胶等污染物的作用下，飞行器的飞行安全、稳定性和性能可能受到威胁。因此，全面了解环境污染对飞行器的影响，并采取有效的技术措施予以应对，是确保飞行器正常运行和飞行安全的关键。

空气中的污染物，如 $PM_{2.5}$、氮氧化物、二氧化硫等，直接影响飞行器的发动机和动力系统。飞行器在飞行过程中，空气流动经过发动机进气口，污染物颗粒和气体可能进入发动机内部，对发动机的燃烧过程造成干扰。细小颗粒物（如 $PM_{2.5}$）在高温高压条件下容易与燃烧气体发生反应，形成积碳或腐蚀性物质，这不仅降低了发动机的工作效率，还可能引发发动机过早磨损、部件腐蚀等问题，从而缩短飞行器的使用寿命。同时，空气中的化学污染物还可能对发动机的燃油系统和润滑系统造成影响，进而增加发动机故障的风险。因此，在污染严重的地区，飞行器的动力系统必须具备更强的抗污染能力，且需对其定期进行检测和清理，避免污染物的长期积累。

飞行器在大气中飞行时，其表面常常直接暴露于各种环境污染物中，特别是在工业区、城市以及污染较为严重的区域，飞行器的外部结构常受到酸性气体、腐蚀性物质、空气湿度等的侵蚀。尤其在湿度较高的环境中，空气中的二氧化硫和氮氧化物容易与水分反应生成酸性物质，导致飞行器表面被腐蚀。腐蚀不仅能够影响飞行器的外观，还可能削弱飞行器结构的强度和稳定性，影响飞行安全。尤其是长时间暴露于污染环境下，腐蚀问题可能变得更加严重，增加了维护成本和安全隐患。因此，为了提高飞行器的适应性，需要对飞行器的外部结构进行抗腐蚀处理，选用耐腐蚀的材料，并定期进行检查和维护，以确保飞行器在污染环境中的长期稳定运行。

飞行器的传感器、导航系统、电子控制系统等对于飞行安全至关重要，然而污染物的存在可能对这些系统产生影响。空气中的尘土、油烟、化学物质等可能会进入飞行器的传感器和电子设备中，从而影响其工作性能。例如，光学传感器受尘土或烟雾污染后，可能会出现图像模糊、信号失真等问题，导致传感器无法准确捕捉和处理数据，进而影响飞行器的导航精度和障碍物检测能力。在污染物渗透的情况下，电子设备中的电路板和芯片可能出现电路短路或腐蚀，导致系统故障。气溶胶和化学物质可能影响飞行器的电子信号传输，造成飞行控制系统的响应延迟或误操作。因此，对于飞行器的传感器和电子系统，需要采取防护措施，如密封设计、防尘处理和抗干扰设计，以确保飞行器在污染环境中的正常运行。

环境污染可能导致飞行器飞行性能的下降，尤其在低能见度和强风条件下。沙尘暴、大雾等污染天气现象常常导致能见度大幅下降，使飞行器难以通过视觉、红外等传感器进行准确定位和障碍物识别，这对于飞行安全构成了威胁。污染物的存在还可能改变大气中的气流模式，导致气流的不稳定，增加飞行器的控制难度。例如，在沙尘暴中，空气的密度变化和气流的不规则波动可能导致飞行器的升力减少，这时飞行控制系统需要快速反应以保持飞行稳定。而在大雾天气中，飞行器无法依赖视觉导航，必须依赖激光雷达等其他传感器进行辅助飞行。这要求飞行器必须配备更加高效的传感器和控制系统，并具备应对恶劣天气条件的能力。同时，飞行器的电池性能也可能受到环境污染的影响，特别是在低温、高湿等环境中，电池的容量和续航能力可能大幅下降，从而影响飞行器的飞行时间和任务完成度。

环境污染对飞行器的长期健康状况和维护成本也带来了严峻挑战。长期处于污染环境中，飞行器的各项设备和部件容易受到污染物的侵蚀，导致其性能逐渐下降。由于飞行器的维护成本会随着污染环境的加剧而增加，尤其在极度污染的区域，飞行器的维修周期将缩短，维护工作量将加大。这不仅提高了飞行器的使用成本，还可能影响飞行器的可用性，甚至导致任务的中断或失败。为了降低环境污染对飞行器的影响，飞行器制造商需要在设计阶段充分考虑污染环境的适应性，选用耐污染、耐腐蚀的材料，设计更为高效的过滤系统，并加强飞行器的维护和保养，从而确保飞行器能够在污染环境下保持较长的使用寿命。

环境污染对飞行器的影响是多方面的，从动力系统、外部结构到传感器和电子系统，再到飞行性能和长期维护，污染环境可能对飞行器的各项功能均产生负面影响。因此，飞行器在设计和使用过程中，需要充分考虑环境污染因素，并采取相应的技术措施来提高飞行器的适应性和抗污染能力。同时，环境污染的治理和减少也是确保飞行器能够安全、稳定运行的基础，只有在清洁、健康的环境中，飞行器才能最大限度地发挥技术优势和应用价值。

四、飞行数据的安全保障

飞行数据的安全保障是无人机飞行系统中的重要组成部分，尤其在现代无人机技术被广泛应用于各个领域时，飞行数据的保密性、完整性和可靠性变得尤为关键。飞行数据包括飞行路径、速度、航向、位置、传感器数据等重要内容，这些数据不仅关乎飞行器的操作安全，还涉及用户隐私、商业机密以及国家安全等层面。随着无人机技术的快速发展，飞行数据面临着来自恶意攻击、网络入侵、数据丢失等多种威胁。因此，确保飞行数据的安全性，防止数据被篡改、泄露或丢失，是无人机飞行管理中的核心任务。

飞行数据的保密性是保障无人机飞行系统安全的重要任务之一。无人机的飞行数据一旦泄露，可能被不法分子用来破解飞行器的控制系统，或者实施干扰、窃取任务等恶意行为。因此，在飞行数据的传输和存储过程中，需要采用加密技术来保护数据的机密性。数据加密技术通过将数据转化为无法识别的形式，能够确保即使数据在传输过程中被截获，也无法被破解。加密算法的选择和密钥管理也是飞行数据保密的重要环节，只有采用强大的加密算法，并确保密钥的安全管理，才能最大限度地保障飞行数据的安全性。除了加密技术外，飞行数据还需要结合身份认证和访问控制等手段，确保只有授权人员可以访问和修改数据，进一步提升数据的保密性。

数据完整性是飞行数据安全保障中的另一个关键要素。在飞行过程中，数据的完整性决定着飞行系统的安全性和准确性。一旦飞行数据被篡改或丢失，可能导致飞行控制系统的异常运行，甚至引发飞行事故。因此，确保数据在采集、传输和存储过程中的完整性至关重要。数据完整性保护主要依赖哈希算法和数字签名技术。其中，哈希算法通过将数据转化为固定长度的散列值，能够在传输过程中对数据的完整性进行验证。基于任何对数据的篡改都将导致哈希值发生变化，从而能够及时检测到数据异常。数字签名技术则通过加密手段对数据进行签名，从而确保数据在传输过程中不被篡改。数据的完整性保护不仅需要依赖技术手段，还需要建立完善的监控机制，实时监测飞行数据的变化情况，可以及时应对数据被篡改或丢失的风险。

飞行数据的可靠性也是确保无人机飞行安全的重要因素。飞行数据的可靠性意味着数据在传输和存储过程中应当保持不丢失、不受干扰，并且能够准确反映飞行器的实际情况。在无人机飞行过程中，飞行数据的传输一般通过无线通信网络进行，这些网络容易受到干扰、丢包和延迟等问题的影响。为了确保数据的可靠性，需要采用可靠的通信协议和技术，来减少传输过程中的数据丢失或损坏。例如，采用数据包重传机制、冗余数据传输、校验和技术等手段，以确保飞行数据在传输过程中能够保持完整、可靠。对于存储数据，尤其是重要的飞行日志和控制指令数据，需要进行定期备份，并在不同的存储介质中保存，以避免因存储设备损坏或丢失造成的数据损失。

飞行数据的安全传输是其安全保障中的关键环节。飞行数据的传输通常依赖无线通信技术，如 Wi-Fi、LTE、5G 等，这些通信网络在提供高效数据传输的同时，也面临着信号干扰、网络拥塞、黑客攻击等安全威胁。为确保飞行数据的安全传输，需要采用高效且安全的通信协议，以保障数据传输过程中的加密性、完整性和保密性。例如，使用 TLS/SSL 等加密协议对数据进行加密传输，能够防止数据在传输过程中被截获或篡改。网络安全防护措施也需要与飞行控制系统进行协同，以防止通过网络漏洞进行远程入侵，进而影响飞行器的安全性。在飞行数据的传输过程中，飞行控制系统应具备实时监控和异常报警功能，一旦发现数据传输异常，系统能够及时做出响应，避

第四章　无人机技术在复杂地形中的适应性分析

免飞行数据丢失或受到攻击。

　　飞行数据的监控与管理同样是保障飞行数据安全的必要手段。飞行数据的监控主要包括对飞行数据的实时采集、分析和存储，确保数据的完整性和准确性。在飞行过程中，飞行控制系统需要不断采集传感器数据，并进行实时分析，以判断飞行器的状态和飞行路径是否正常。飞行数据监控系统还需要具备异常检测的能力，一旦发现数据异常或传输错误，能够及时报警并采取措施，避免安全事故的发生。飞行数据的存储和管理需要符合相关的安全规范，如定期备份数据、加密存储、设置访问权限等，防止数据丢失或被非法篡改。数据的长期存储和管理也是飞行数据安全保障的重要环节，尤其在应急响应、调查取证等情况下，历史飞行数据可能起到关键作用。

　　飞行数据的安全保障是无人机飞行系统设计和管理中的重要内容，涉及数据的保密性、完整性、可靠性、传输安全和监控管理等多个方面。在无人机的实际应用中，飞行数据安全保障不仅要求采用先进的技术手段，还需要建立完善的安全管理制度和监控机制。随着无人机技术的不断进步，飞行数据的安全保障将面临更多的挑战，需要不断提升技术能力和管理水平，以确保无人机在复杂环境中的安全运行。同时，飞行数据的安全不仅关系飞行器本身的安全性，还涉及用户的隐私保护和国家的安全防护。因此，在无人机飞行系统的设计和应用过程中，必须充分考虑飞行数据的安全保障问题，以确保无人机技术能够健康、可持续地发展。

第五章　无人机在复杂地形中的数据采集与处理

第一节　数据采集的技术方法

一、传感器的类型与选择

在无人机的应用中，传感器扮演着至关重要的角色，特别是在复杂地形中进行数据采集时。无人机通过搭载不同类型的传感器，能够实时获取地面、空气以及目标物体的多维数据，为环境监测、灾害评估、农业管理、交通监控等领域提供重要的数据支持。由于不同类型的传感器具备不同的功能和性能特点，因此在选择传感器时，必须根据具体的应用需求、地形特点以及任务目标来进行合理匹配，以确保数据的准确性和可靠性。

影像传感器是无人机数据采集系统中最常用的传感器之一，尤其在复杂地形下，其能够通过获取地面或目标区域的视觉信息，为后续的数据处理和分析提供基础。根据成像原理，影像传感器主要分为RGB相机、红外相机和多光谱相机等。其中，RGB相机主要用于常规的高清影像采集，适用于需要高分辨率视觉数据的应用，如地图制作、建筑检测等；红外相机能够获取热成像数据，适用于夜间监测、森林火灾检测等应用，其能够穿透烟雾或雾霾等环境影响，来获取温度分布信息；多光谱相机则通过获取不同波长的光线信息，能够实现对不同物质的精确识别，常用于农业监测、环境保护等领域，尤其在复杂地形中，其可以获取地表植被、土壤、水体等特征，并进行精细化分析。

激光雷达是一种常用于高精度地形测量的传感器，特别适用于复杂地形环境的三维数据采集。激光雷达通过发射激光束，并根据激光束的反射时间和强度，来获取地面物体精确的三维坐标信息。与传统的光学传感器相比，激光雷达具有较强的穿透能力，能够有效穿透植被、森林等障碍物，获取地面细节信息。因此，激光雷达特别适用于森林、山地等复杂地形的测绘，可以准确描绘出地形的起伏变化、地表障碍物以及植被分布等特征。在灾害应急响应、考古勘探、城市规划等应用中，激光雷达提供的高精度数据具有重要的参考价值。

GPS 和 IMU 是无人机用于飞行控制与数据采集的核心传感器，尤其在复杂地形中，二者的精确配合能够确保飞行器的稳定性和数据的准确性。其中，GPS 传感器通过卫星信号提供位置信息，能够精确测定无人机的地理位置，并保证数据采集的空间精度。然而，在复杂地形中，由于高楼、山脉、树木等障碍物的遮挡，GPS 信号容易受到干扰或丢失，此时，IMU 传感器的作用就变得尤为重要。IMU 通过陀螺仪、加速度计等传感器实时测量无人机的姿态、速度和加速度，进而提供飞行器的动态信息，以补充 GPS 信号丢失或精度下降时的数据不足。通过 GPS 和 IMU 的联合使用，无人机能够在复杂地形中保持高精度的定位，并具备稳定的数据采集能力。

声呐和雷达传感器对水域与极端气候环境下的数据采集具有独特优势。在复杂的水域环境中，声呐传感器能够通过声波探测水下物体或地形特征，被广泛应用于水下测绘、船只航行、搜救等任务。声呐传感器特别适合水深较大或能见度低的环境，其能够有效获取水底地形和障碍物信息。在复杂气象条件下，雷达传感器能够穿透雾霾、降水等不良天气状况，进行高精度的目标探测和成像，适用于天气监测、边界防卫等场景。声呐和雷达传感器为无人机在复杂地形中的应用提供了多样化的数据采集手段，弥补了其他传感器在特定环境中的不足。

气象传感器在无人机的数据采集系统中也发挥着越来越重要的作用，复杂地形中的气候条件变化莫测，尤其在高山、峡谷、河流等地区，气象因素对飞行安全和数据采集的影响较大。气象传感器通过测量温度、湿度、气压、风速等气象参数，能够为飞行控制提供实时反馈，帮助无人机适应不同的飞行环境。同时，气象数据对于后续的数据分析和模型构建也具有重要意义。例如，在农业监测中，气象传感器采集的气候数据与多光谱影像的结合，能够精准评估作物生长情况和气候因素的相互影响，为精准农业提供科学依据。

在选择传感器时，需要综合考虑无人机的应用场景、飞行环境和任务需求。在复杂地形中，传感器的选择不仅需要考虑其技术性能，还需要评估传感器的重量、功耗和安装位置等因素。轻量化和高效能是无人机传感器设计中的关键要求，特别是在高山、森林等地形中，传感器的重量和功耗直接影响飞行时间及飞行稳定性。因此，在多传感器系统的设计中，需要合理布局传感器，以确保各传感器之间的协调工作，并最大化发挥其性能。同时，随着技术的不断发展，集成化、多功能传感器成为无人机数据采集的重要趋势，其能够在降低成本、提高效率的同时，提供更多样化和高精度的数据支持。

二、图像与视频数据采集技术

在无人机应用中，图像与视频数据采集技术是最为常见和核心的技术之一，特别是在复杂地形中进行环境监测、灾害评估、城市建设等任务时，能够为后续的分析和决策提供至关重要的支持。通过先进的图像传感器和视频采集设备，无人机能够在空中对地面进行高精度的拍摄，从而提供清晰的地面或目标区域的视觉信息。随着无人机技术的不断发展，图像与视频数据采集技术在图像分辨率、实时传输、处理算法等方面也取得了显著进展，极大地拓宽了无人机在各类复杂地形中的应用范围。

图像数据采集技术的发展，对于提高无人机在复杂地形中的应用能力起到了重要作用。过去，传统的地面测量方法往往受到时间、空间以及环境的限制，难以满足实时、全局性、高清晰度的测量需求。而现代无人机的图像采集系统通过搭载高分辨率的 RGB 相机、红外相机和多光谱相机等设备，能够在较短时间内获取大量图像数据。这些图像数据不仅能够提供地面目标的基本形态信息，还能够通过高精度的分析和处理，揭示环境变化、物体特征、空间结构等方面的细节。在复杂地形中，如山区、城市建筑群等，图像数据能够帮助专业人员准确地识别和评估目标，支持后续的测绘、监控和灾害评估等工作。尤其在远离人工设施的偏远地区，图像采集技术提供了一种高效、灵活且成本相对低廉的替代方案，极大地提高了工作效率和数据获取的准确性。

在视频数据采集方面，随着无人机飞行技术和视频处理技术的不断提升，无人机能够进行长时间的稳定飞行，并实时拍摄视频数据。视频数据采集能够为地面目标提供动态影像，记录目标变化过程中的各种细节，具有较高的时效性和信息量。现代无人机的视频采集技术主要依赖高分辨率的视频摄像机，并结合稳定的图像传感器和高效的视频压缩技术，能够实现高清、低延迟的视频流传输。在复杂地形中，视频数据采集可以为各种动态任务提供实时的图像反馈，特别是在灾害救援、应急响应、交通监控等领域，视频流可以帮助决策者实时了解现场情况，进行精确调度和决策。视频数据的实时性使得无人机在紧急情况下的响应速度得到大幅提升，尤其在地形复杂或人类不易到达的区域，视频数据为现场工作人员提供了极为宝贵的参考信息。

在图像与视频数据采集过程中，如何保证数据的高质量是一个重要问题。图像和视频的分辨率直接影响数据采集的清晰度与可用性。现代无人机搭载的图像传感器具有更高的分辨率，能够在远距离、复杂环境中拍摄到清晰的图像。例如，在城市测绘中，高分辨率的图像能够帮助建筑规划师准确捕捉建筑物的高度、外形和相对位置；而在农业监测中，高清图像能够清楚地显示作物的生长情况，帮助农业专家进行精准评估。然而，图像和视频数据的高分辨率往往伴随着数据量的增加，这就要求无人机具备更强的数据处理能力和存储能力。为了保证数据的实时传输和处理，许多无人机系统已经采用了先进的视频压缩技术和高效的数据传输系统，确保即使在高分辨率的情况下，也能够实现流畅的视频传输和及时的数据处理。

稳定性也是图像与视频数据采集过程中一个至关重要的因素。在复杂地形中，尤其在恶劣天气、强风或干扰环境下，无人机的飞行稳定性直接影响图像和视频数据的质量。为了解决这一问题，许多无人机配备了先进的图像稳定技术，如三轴云台和光学防抖技术，能够有效减少飞行过程中由于震动或颠簸引起的图像模糊问题。三轴云台能够保持相机稳定，不论无人机的姿态如何变化，镜头都能始终保持水平，从而确保拍摄的图像清晰、平稳。许多无人机还配备了自动增稳功能，通过传感器和算法的结合，实时调整无人机的飞行姿态和速度，最大限度地减少飞行中的震动和偏移，确保图像与视频的稳定性和清晰度。这对于地形复杂、环境不稳定的区域尤为重要，因为这些区域常常需要长时间的飞行和采集，飞行器的稳定性直接影响数据质量。

同时，图像和视频数据的传输技术对于数据采集过程中的时效性至关重要。特别是在复杂地形中，实时传输数据的能力成为决定任务成功与否的关键因素。许多现代无人机系统采用了高带宽、低延迟的数据传输技术，如4G、5G无线通信技术，以及高效的视频流压缩技术，这使得无人机能够在飞行过程中将高清图像和视频流传输到地面站或云端进行实时分析与处理。在山区、河流、森林等复杂地形中，传统的地面通信设施难以覆盖的区域，5G等通信技术能够为无人机提供更广泛的覆盖范围和更高的传输速度，从而确保实时数据传输的顺利进行。这对于灾害救援、环境监测、应急响应等任务的执行尤为重要。

随着人工智能技术的进步，图像和视频数据的处理与分析能力得到了显著提升。无人机在飞行中，图像和视频数据不仅是采集的原始材料，更能通过后续处理和分析转化为有价值的信息。通过人工智能技术中的图像识别、目标检测、图像分割等算法，无人机可以自动识别和分类采集到的图像与视频数据，实现目标自动追踪、障碍物识别、环境监测等多种功能。例如，在农业应用中，无人机可以通过图像识别算法自动识别病虫害区域、旱情区域，及时为农民提供精确的作物养护方案。在城市监控中，人工智能算法可以自动检测交通状况、监测建筑物外墙裂缝等，为城市管理者提供实时的管理决策支持。

三、热成像与激光雷达技术

热成像与激光雷达技术作为无人机领域的重要技术手段，在复杂地形的数据采集和环境监测中具有极为重要的应用价值。通过热成像和激光雷达，再结合无人机的飞行平台，能够提供高精度、全方位的空间信息，不仅增强了无人机在复杂地形中的适应性，也大大扩展了其在应急救援、地形测绘、环境监测等方面的应用能力。其中，热成像技术能够通过捕捉物体的热辐射信息，生成热图像，并精准地感知物体温度变化；而激光雷达技术则通过发射激光束测量物体距离，能够构建精确的三维空间模型。这两种技术各具优势，结合无人机平台，能够在复杂地形中实现数据采集、精确探测和实时反馈。

热成像技术利用物体自身的热辐射信息，通过红外传感器可将其捕捉并转换成可视化图像，能够直观地展示温度分布和变化情况。与传统的可见光图像不同，热成像图像能够穿透烟雾、雾霾、黑暗等视觉障碍，帮助飞行器在低能见度或夜间环境下进行有效的数据采集。这一特点使得热成像技术在应急救援、灾难评估、环境监测等领域具有独特优势。例如，在火灾救援中，热成像无人机可以帮助消防人员迅速识别火源的准确位置，评估火势蔓延的情况，并及时采取应对措施。在救援行动中，热成像技术能够识别被困人员的热量信号，尽管环境复杂，但能有效指引救援力量。在农业领域，热成像技术能够监测农作物的健康状态，发现由于缺水、病虫害等原因产生的温度变化，进而帮助农民进行精准施肥与灌溉。这种技术在复杂地形中的应用，尤其在山区、森林等区域，极大地提升了无人机的实用性和数据采集能力。

激光雷达技术通常被称为 LiDAR（Light Detection And Ranging），通过

激光束发射、反射和接收的原理来精确测量目标物体的距离，并通过计算获取高精度的空间坐标。无人机上的激光雷达系统通常由激光发射器、接收器和扫描系统组成，能够快速而精确地测量目标的高度、形状、位置等三维空间数据。在复杂地形的应用中，激光雷达技术的优势主要体现在高精度、高分辨率的测绘能力上，尤其在无法直接接触或采集数据的地方，LiDAR系统能够通过"扫地"方式获取周围环境的三维信息，进而创建数字高程模型（DEM）或数字表面模型（DSM）。这使得无人机在地形复杂、地面遮挡或传统测量方法难以应用的情况下，依然能够高效、准确地完成数据采集任务。

在灾后评估中，激光雷达技术能够对建筑物、道路、桥梁等结构进行精确的三维重建，从而提供灾后损毁的详细数据，为应急决策提供支持。结合无人机的机动性，激光雷达技术可以在复杂地形中快速飞行，获取精细的空间数据，不仅大大节省了人工测量时间，还避免了人员进入危险区域。在山地、峡谷等复杂地形中，激光雷达通过精确的地面测绘和三维建模，能够帮助研究人员评估这些地区的地貌变化、生态环境及灾害风险。在农业领域，激光雷达与热成像技术相结合，可以更全面地评估作物的生长状况、地形地貌与作物生长的关系，辅助农业决策的精准实施。

热成像与激光雷达技术的结合，提升了无人机在复杂地形中的应用能力，使得无人机能够更精准地执行任务。在某些环境下，单一技术可能存在局限性，而两者的融合则能弥补这一短板。例如，在山区或森林的救援任务中，热成像技术能够发现温度差异，帮助救援队伍识别火源或被困人员；而激光雷达则能够帮助分析复杂地形的高程变化，判断飞行路径的安全性。在灾后评估中，激光雷达能够生成三维空间模型，帮助评估建筑物的损坏情况；而热成像则能够帮助发现火灾后的温度变化，揭示潜在的二次灾害风险。两者的互补性使得无人机在复杂地形中的任务执行更加全面和高效。

尽管热成像与激光雷达技术的结合使得无人机的应用范围得到了显著扩展，但在实际应用中仍然面临一些挑战。例如，热成像设备对环境温度变化敏感，在强烈的太阳辐射或较热的环境中，热成像图像可能受到干扰，影响精度。虽然激光雷达能够提供高精度的三维数据，但在某些天气条件下，尤其在雨雾天气中，激光束的传播会受到影响，进而导致数据的采集效率降低。激光雷达和热成像设备通常对重量及电池续航能力有较高要求，如何在确保数据质量的同时，降低设备重量并延长续航时间是未来无人机技术发展中面临的一大挑战。

为了应对这些挑战，研究者们正在不断改进热成像与激光雷达技术。在热成像领域，新型的红外传感器和热成像算法已经可以在更广泛的环境中提供更为清晰、准确的图像。而激光雷达技术也在不断向小型化、集成化方向发展，新的多波段激光雷达系统能够在更复杂的环境下进行更有效的测量。未来，通过这两项技术的持续进步，并配合无人机平台的飞行控制系统，必将使无人机在复杂地形中的数据采集能力得到更大提升。

第二节 数据传输与通信技术

一、高速数据传输技术的挑战

在无人机技术不断发展和应用的过程中，高速数据传输成为提升无人机性能和扩展其应用范围的关键技术之一。尤其在复杂地形和特殊环境中，如何保证数据的实时性、稳定性和安全性，对于无人机执行任务的效果至关重要。高速数据传输技术的挑战主要体现在信号传输速度、传输稳定性、带宽需求、抗干扰能力，以及电池续航等方面。随着无人机在应急救援、环境监测、地形勘测等领域的广泛应用，对数据传输的要求日益提高，而传统的通信技术和传输模式难以满足这些需求，这就需要新型技术来突破高速数据传输中的技术"瓶颈"。

无人机在高速数据传输中面临的最大挑战之一是信号传输速度和带宽的限制，随着无人机所搭载传感器种类和数量的增多，数据量的增加使得对传输的带宽需求呈指数级增长。尤其在复杂环境中，高清晰度视频、实时传感器数据和三维图像的传输需要消耗大量带宽资源。虽然现有的无线通信技术，如Wi-Fi、LTE和传统的无线电频率传输，能够满足一定的传输要求，但面对大数据量和高频率的实时传输时，其带宽通常不足，传输速度无法满足任务的需求。尤其在远程控制和长时间飞行的应用中，传输速率成为影响无人机执行任务效率的重要因素。为了提高信号传输速度和带宽容量，引入了新型的高速通信技术如5G通信、毫米波技术和光通信技术等，它们为通信领域开辟了新的技术途径。

无人机在复杂地形中，高速数据传输的稳定性问题也是其面临的一大挑战，在山区、森林、城市高楼等复杂地形中，信号传输常常受到环境障碍物的干扰或反射，这会导致信号的衰减、延迟或者断裂。在这些情况下，无人机的通信链路不稳定，容易导致数据传输中断，进而影响任务的实时性和准确性。为了解决这一问题，通信系统需要具备较强的抗干扰能力和自适应调整能力。例如，通过采用多频段通信和自适应信号处理技术，可以有效缓解信号衰减和失真问题。采用多通道数据传输、Mesh 网络和链路冗余技术，可以在一定程度上保证通信链路的稳定性，使其即使在复杂地形中也能实现可靠的数据传输。

如何解决长时间飞行中的电池续航与数据传输需求之间的矛盾，也是高速数据传输中的一项重要挑战。无人机的电池容量通常有限，长时间飞行和高数据传输速率要求的高功率消耗，使得电池续航问题更加突出。尤其在长时间的地面监测或灾难应急中，如何保证无人机能够在不间断传输大量数据的同时，维持较长的飞行时间是当前无人机技术面临的重要难题。为了优化电池续航和传输性能之间的平衡，业界正在进行多方面的技术研究，诸如优化电池设计、改进能源管理系统和引入高效的无线电技术等。未来，通过固态电池、氢燃料电池等新型能源的研发，可能为长时间、高速数据传输提供更为可靠的电力支持。

在无人机数据传输过程中，信息的保密性和安全性是必须考虑的关键因素。尤其在涉及军事、政府、商业等敏感数据时，如何确保数据在传输过程中不被窃取或篡改，避免网络攻击对无人机任务的影响成为一个重要问题。为此，将不断加强通信加密技术和数据传输协议的安全性。例如，通过采用端到端加密技术，在利用加密算法对数据进行加密处理，从而有效保障数据的安全性。同时，结合区块链技术的应用，也为无人机的数据传输提供了更加安全的解决方案，使得数据的可追溯性和防篡改能力得到了显著提升。在不同的天气条件下，通信信号的传播受到多种因素的干扰，如雨雪、雾霾、风速等。在恶劣天气条件下，信号的传播距离和稳定性可能受到严重影响，从而导致数据传输延迟或丢失。在这种情况下，如何优化通信协议和提高系统的容错能力，是解决高速数据传输挑战的一个关键问题。研究人员已经在多路径传输、信号增强和自动调频技术等方面取得了进展，利用这些技术可以提升数据传输的可靠性，从而确保在各种环境下都能顺利完成任务。

在应对高速数据传输技术方面的挑战时，5G 技术的应用为无人机领域带来了巨大的发展潜力。5G 技术提供了更高的带宽、更低的延迟和更强的抗干扰能力，可以有效满足无人机对高速数据传输的需求。通过5G网络，无人机能够实现大数据量的实时传输和处理，并且能够支持更大范围的网络覆盖。尤其在远程操控、灾难救援和环境监测等应用场景中，5G网络的普及和应用将极大提升无人机的通信性能和执行效率。高速数据传输技术在无人机的应用中面临着众多技术挑战，但随着新型通信技术的不断涌现，尤其是5G技术和毫米波通信的发展，未来，这些挑战有望得到有效应对。通过提升通信带宽、增强信号稳定性、优化电池续航能力、加强数据安全性等方面的技术创新，无人机能够在复杂环境中实现更加高效、可靠的高速数据传输，为各类任务的成功完成提供有力支持。

二、无人机数据的实时传输系统

无人机在现代应用中扮演着重要角色，尤其在复杂地形、应急救援和环境监测等任务中，其数据采集和传输能力尤为关键。随着无人机技术的发展，如何实现无人机数据的实时传输，成为提高任务效率和精准度的核心问题。实时传输系统的高效运行依赖多方面的技术支持，包括通信技术、数据处理能力、系统稳定性和网络安全等。针对无人机数据的实时传输系统，研究人员和工程师们在其架构设计、技术实现、优化策略等方面进行了深入探索和大量实践。

在复杂地形或远程地区，无人机在飞行过程中，信号可能会受到地形、天气等因素的干扰，导致数据传输出现延迟或中断。为了解决这一问题，实时传输系统需要依托多种通信技术，以确保传输链路的稳定性和可靠性。例如，传统的Wi-Fi和LTE通信技术适用于短距离与低延迟需求的任务，其在远程控制和长时间飞行中的表现相对有限。为此，5G技术、卫星通信和毫米波通信逐渐成为无人机数据传输系统的主流选择。这些新型通信技术能够提供更高的带宽、更低的延迟以及更强的抗干扰能力，能够在更广泛的地理区域和复杂环境中实现稳定的数据传输。

实时传输系统需要面对大数据量的传输问题，尤其在无人机配备高分辨率传感器和高清摄像头的情况下，数据量呈指数级增长。高清图像、视频数据以及实时传感器数据的传输，要求系统具备高带宽和低延迟的特性。为了应对这一挑战，无人机数据的实时传输系统通常需要进行数据压缩、预处理和优化传输策略。例如，采用高效的图像压缩技术可以有效减小传输数据的体积，减少带宽占用率；同时，实时数据处理技术的引入可以对数据进行初步分析，筛选出最关键的信息优先进行传输，从而提高传输效率和系统响应速度；采用分层传输模式可以将数据根据重要性进行优先级排序，以确保关键数据的实时传输和低延迟响应。

在恶劣环境下，数据传输面临着各种不确定因素，如信号干扰、飞行器故障、网络拥堵等，这可能导致数据丢失或传输延迟。为了确保实时传输系统的稳定性，必须在系统设计中引入冗余和容错机制。例如，采用多通道数据传输和链路冗余技术可以有效提升系统的可靠性，从而确保即使某个通信链路发生故障，系统仍能通过其他链路继续传输数据。结合智能化的自适应调整机制，系统能够根据飞行环境和网络状况，自动切换通信频段或传输协议，从而提升系统的抗干扰能力和适应能力，以确保数据传输的连续性和实时性。随着无人机应用领域的不断拓展，实时传输系统的安全性问题也日益成为关注焦点。无人机在执行任务时，往往需要传输大量敏感数据，包括图像信息、环境数据以及任务指令等。这些数据一旦被窃取或篡改，将对任务的成功实施带来极大威胁。为了保障数据传输的安全性，实时传输系统必须引入强有力的加密和认证机制。数据在传输过程中的端到端加密技术可以有效防止信息泄露，同时，也可以采用安全认证协议来验证无人机和接收端之间的身份，确保信息传输的合法性。结合区块链技术进行数据的记录和追踪也为无人机数据传输提供了更多的安全保障，确保数据在传输过程中不被篡改，并且可以追溯每一次传输的具体情况。

随着无人机飞行任务的复杂性和数据量的不断增加，传统的单一通信模式和系统架构已难以满足高效、低延迟、大数据量的传输需求。为了提升系统性能，研究人员和工程师们提出了多种创新方案，如采用低延迟的数据传输协议、优化无线信号调度和传输路径选择，引入人工智能算法进行智能调度和数据流量管理等。这些优化措施能够显著提高数据传输的实时性和稳定性，同时降低系统的功耗和硬件成本，从而提升无人机的整体性能。随着量子通信、人工智能、边缘计算等新兴技术的发展，未来，实时数据传输系统将更加智能化和高效化，且能够在复杂环境中实现更加精准和实时的数据传输。

无人机数据的实时传输系统是无人机技术中至关重要的一部分，其性能和稳定性直接决定了无人机在复杂任务中的执行效果。通过多种通信技术的组合应用、数据优化处理、容错和安全机制的引入，以及持续的技术创新，使实时传输系统的可靠性和效率得到了显著提升。随着5G、人工智能、量子通信等新技术的逐步应用，无人机数据传输系统将能够满足更加复杂和多样化的任务需求，为无人机在各类领域的广泛应用提供强有力的支持。

三、数据传输中的隐私与安全问题

在无人机的广泛应用中，数据传输中的隐私与安全问题日益成为人们关注的焦点。无人机在执行任务过程中，往往需要收集大量敏感信息，如图像、视频、传感器数据等，这些数据通常涉及用户隐私、国家安全、企业机密等多个方面，一旦数据在传输过程中遭到窃取或篡改，可能带来严重后果。因此，确保无人机在执行任务过程中的数据的隐私和安全成为技术发展的一个关键问题。无人机数据传输中的隐私与安全问题首先体现在数据的加密和保护上。无人机通常依赖无线通信技术进行数据传输，如Wi-Fi、4G、5G等，虽然这些通信技术在传输速率和覆盖范围上具备优势，但也容易受到外部攻击者的干扰。由于无人机的数据往往以未加密的明文形式进行传输，这使得数据极易被中途截获和篡改。因此，加密技术的应用成为保障数据安全的基础。为此，端到端加密技术被广泛应用于无人机数据传输中，这种技术可以确保数据在从无人机到接收端的整个传输过程中，只有授权方能够解密和访问数据，从而有效避免数据在传输过程中遭受窃取或篡改的风险。

随着无人机技术的不断发展，数据量的增加使得无人机的通信网络更加复杂，而数据传输过程中的多点连接与交互也进一步增加了安全风险。例如，无人机在进行远程控制时，控制信号和反馈数据可能经过多个中继站或转发节点，如果这些节点缺乏有效的身份认证和安全防护，将成为攻击者的潜在目标。为了解决这一问题，身份认证技术和访问控制机制的引入显得尤为重要。通过严格的身份验证与授权管理，确保只有经过授权的设备和用户能够参与数据的传输及访问，才能避免非法接入和数据泄露的风险。在数据传输过程中，数据的完整性和不可篡改性的问题也非常关键。无人机传输的实时数据往往具有较高的时效性，任何对数据的篡改或丢失都可能导致决策失误或任务失败。为了保障数据的完整性和不可篡改性，常用的技术手段包括数字签名、哈希算法以及区块链技术。其中，数字签名和哈希算法可以确保数据在传输过程中没有被篡改，一旦数据发生任何改动，接收方就能立刻发现问题；而区块链技术则为无人机数据的安全提供了一种新颖的解决方案，通过将数据记录到区块链中，不仅能够确保数据的真实性，还能够在发生安全事件时提供可追溯性，从而大大提升了数据的安全性和透明度。

除了解决数据传输过程中的技术性问题外，数据传输中的隐私与安全问题还涉及法律和伦理层面的考量。无人机作为一种高效的数据采集工具，其在执行任务时可能涉及大量个人信息或敏感数据。例如，在进行城市监控、环境监测或灾后评估等任务时，无人机采集的图像和视频数据可能包含个人隐私或涉及公共安全的问题。因此，如何在保障数据安全的同时，合理合法地处理个人隐私信息，避免侵犯他人隐私权，成为无人机数据传输中的一个重要问题。各国和地区在制定相关法规时，通常会要求无人机操作员严格遵守隐私保护原则，在数据采集、传输和存储过程中，采取措施确保信息的匿名性、加密性和合理使用，避免无意或恶意的数据泄露。随着人工智能、大数据和物联网等技术的发展，无人机的智能化程度不断提高，这对数据传输中的隐私与安全问题提出了更高要求。无人机在执行任务时，往往能够通过自主学习和实时反馈来优化任务执行，但这也使得数据传输过程中的潜在风险更为复杂。例如，人工智能算法的漏洞和数据传输系统中的系统性缺陷，都可能被黑客利用，从而威胁到无人机及其任务的安全。因此，除了常规的技术防护措施外，还需要结合人工智能和机器学习等新兴技术，进行系统漏洞的监测与修复，以提升无人机数据传输的整体安全性。

随着无人机应用范围的扩大，尤其在军事、公共安全、灾难救援等领域，对数据安全的要求更加严格。在这些高风险环境中，数据泄露或被篡改可能造成不可估量的损失。为了应对这些特殊需求，很多无人机系统开始引入更加复杂的安全防护技术，如多层次的防火墙、虚拟私人网络（VPN）、安全路由协议等。这些技术能够有效增加攻击者突破系统的难度，提高无人机数据传输的安全性和隐私保护水平。随着无人机技术的不断发展，数据采集和传输的安全性将继续成为关键议题。通过加密技术、身份认证、数字签名、区块链等手段的应用，可以有效提升数据传输的安全性，从而保障数据的完整性和隐私性。同时，针对智能化和大数据环境中出现的新风险，还需要结合新的安全技术，不断加强无人机系统的安全防护措施。此外，相关法律法规和伦理规范的完善，也将在确保无人机技术合规应用，以及保障个人隐私和公共安全方面起到至关重要的作用。

四、低空无人机的通信策略

低空无人机的通信策略是确保无人机在复杂环境中高效、安全运行的关键组成部分。随着无人机应用的不断深入，尤其在低空空域的广泛使用，如何在多变环境下维持稳定的通信链路，并确保数据的传输质量和实时性成为技术发展的重要方向。低空无人机的通信需求不仅涉及飞行控制系统与地面控制站之间的数据传输，还包括与任务相关的图像、视频和传感器数据的实时回传，这些都对通信系统的稳定性和效率提出了更高要求。

低空无人机面临的第一个通信挑战是复杂环境中的信号衰减与干扰。在城市、山区、海岛等地，建筑物、山体、树木等障碍物往往会对通信信号产生遮挡或反射，导致信号衰减和丢失。特别是在城市高楼密集区，无人机的通信信号易受到多径效应、建筑物遮挡等因素的影响，这对于低空飞行的无人机来说是一个严峻挑战。由于低空无人机通常飞行高度较低，需频繁穿越不同的空域和地理环境，通信链路易受天气、温度、湿度等因素的干扰，这进一步加剧了信号的不稳定性。因此，如何克服这些障碍，保证低空无人机在不同环境中的通信质量成为关键问题。

为了解决这一问题，低空无人机通信策略的优化需要依赖先进的通信技术和频谱管理手段。采用多频段通信技术，可以有效减少由于频率冲突造成的干扰。通过在不同频段间进行动态切换，能够根据环境变化，灵活调整通信信号的频率，避免固定频段在复杂环境中受到过多干扰。同时，低空无人机通常采用的无线电频谱有限，如何合理规划和使用无线频谱，避免频谱拥堵也是设计高效通信系统时需要考虑的因素。为了提高通信的可靠性，低空无人机还可以结合自动频谱感知技术，实时监测周围的无线信号环境，并根据实时数据动态选择最优的通信频率和信道，从而确保数据传输不受干扰。

在低空无人机的通信系统中，除了频谱优化外，网络拓扑结构的设计也起着至关重要的作用。对于低空无人机而言，传统的点对点通信模式已不能满足大规模协同作战或任务调度的需求。在执行任务时，无人机群体往往需要与多个地面站或其他无人机进行数据交换，这对通信网络的架构提出了更高要求。为此，分布式网络架构成为一种有效的解决方案。在这种架构下，每个无人机都可以充当网络节点，与其他无人机或地面站进行无线数据交换。通过建立自组织的飞行网络，能够实现多机协同作战或联合任务的高效执行。在此架构中，无人机间可以通过中继通信的方式扩展通信范围，进而增强整个系统的网络稳定性和灵活性。

除了硬件和网络架构的优化外，低空无人机的通信策略还需要关注实时性和低延迟的需求。在许多任务中，尤其在应急救援、军事侦察等领域，低空无人机需要快速响应，并实时将图像、视频等数据回传给地面指挥中心。

为了保障实时性，低空无人机通信系统必须具备低延迟的特点。这要求必须优化通信协议和数据传输技术，以减少传输过程中不必要的延迟。对于高频实时数据，采用边缘计算和分布式数据处理技术可以有效降低数据传输延时。通过无人机进行初步的数据处理和压缩，仅将重要信息传回地面，可以大大减轻通信系统的负担，提升传输效率。

低空无人机的通信策略还需要应对网络拥塞和带宽瓶颈的问题。随着无人机的广泛应用，特别是在大规模无人机群体协作任务中，对通信网络的带宽需求急剧增加，如何合理分配带宽资源成为一个关键问题。在实际应用中，往往需要在多个无人机和地面站之间进行实时数据传输，这就要求通信系统必须具备足够的带宽来满足这一需求。为了解决带宽瓶颈的问题，低空无人机可以采用时分多址（TDMA）、码分多址（CDMA）等多种多路复用技术，通过合理分配时隙或码片，避免网络拥塞，提高数据传输效率。通信系统中的数据压缩技术也是一种缓解带宽压力的有效手段，通过对数据进行实时压缩处理，可以减少传输所需的带宽，从而提升通信效率。

低空无人机的通信策略还需要应对安全性问题。由于无人机在执行任务过程中，可能涉及敏感信息的传输，如军事侦察数据、灾难救援信息等，如何保障数据在传输过程中的安全性成为一个不容忽视的问题。在无线通信过程中，数据可能面临被截获、篡改或伪造的风险，因此，加密技术、身份认证、数据完整性验证等安全措施需要得到充分应用。通过采用端到端的加密方式，可以确保无人机与地面站之间的通信内容不被窃取或篡改。针对无人机群体作战或协同任务的场景，通信系统还需要具备抗干扰能力，以确保在敌对环境中，通信链路不受干扰或攻击，进而保证任务的顺利完成。

第三节 数据处理与分析技术

一、数据处理算法与技术

数据处理算法与技术在无人机应用中扮演着至关重要的角色，尤其在复杂地形中，无人机在进行数据采集时，通常需要通过多种传感器进行信息收集，如图像、视频、温湿度数据、激光雷达数据等，这些数据通常原始且庞大，需要经过有效处理后才能用于决策支持、图像识别、环境监测等任务。因此，开发高效的数据处理算法和技术，确保数据的准确性、实时性和可用性，是无人机系统在各种应用中成功运行的关键。

无人机数据处理的第一步是数据清洗和预处理。原始数据在采集过程中往往受到各种因素的影响，如噪声干扰、传感器误差、环境变化等，这些不完整或不准确的数据会影响后续分析结果的精度，因此，数据清洗是处理的首要任务。常见的清洗操作包括异常值检测、缺失数据填充和噪声去除。对于图像数据，常采用滤波技术（如高斯滤波、中值滤波等）去除噪声，以保证图像的清晰度；对于传感器数据，常采用平滑算法（如卡尔曼滤波、指数加权移动平均等）来消除传感器误差，从而确保数据的稳定性和可靠性。通过这一系列的清洗操作，能够有效提高数据质量，为后续分析奠定基础。

数据的特征提取和降维也是数据处理的重要环节。在复杂地形中，无人机采集的原始数据往往包含大量冗余信息，这些信息不仅占用了存储资源，也可能干扰后续的分析。因此，特征提取技术的应用可以帮助研究人员从大量数据中，提取出对任务有价值的特征，减少不必要的数据量。常用的特征提取技术包括边缘检测、角点检测、纹理分析等，这些技术可以帮助研究人员识别图像中的关键结构特征。在降维方面，主成分分析（PCA）、线性判别分析（LDA）等方法可以将高维数据降至较低维度，从而减少计算负担，并增强分析模型的性能。这些技术在图像识别、目标检测等领域具有广泛应用，能有效提高数据处理的效率和准确性。

在处理多源数据时，如何融合来自不同传感器的数据是一项挑战。无人机在执行任务时，通常会使用多种传感器来获取多样化的数据，如可见光相机、红外相机、激光雷达、声呐传感器等。由于这些数据的格式和性质各不相同，直接使用会导致信息的不一致或不完全。因此，数据融合技术成为解决这一问题的关键。数据融合的目标是将不同传感器获取的数据进行综合处理，以形成统一、完整的决策支持信息。常用的数据融合技术包括卡尔曼滤波、粒子滤波、贝叶斯网络等。这些方法通过对不同数据源的加权平均、融合概率分布等方式，将多源信息进行有效整合，从而提供更为准确和可靠的数据分析结果。特别是在导航与定位方面，数据融合能够提高无人机在复杂环境中的定位精度和飞行稳定性。

对于实时数据处理，特别是在紧急救援、灾难响应等高时效性任务中，数据处理算法的实时性和快速响应能力至关重要。无人机通常会生成大量实时数据，如何在有限时间内完成数据处理并输出决策是一个巨大挑战。为了解决这一问题，边缘计算和分布式计算技术得到了广泛应用。其中，边缘计算通过将计算任务从数据中心转移到靠近数据源的地方（即边缘），可以大幅降低数据传输的延迟，并减少网络带宽压力。无人机系统通过集成边缘计算技术，可以实现对采集数据的本地化实时处理，减少数据回传的需求，进而提升系统的响应速度。而分布式计算技术则通过将数据处理任务分配到多个节点上并行计算，进一步加速了数据处理过程。这种技术不仅能提高数据处理的速度，还能增强无人机系统在复杂环境中的适应性和稳定性。

在大规模数据处理方面，机器学习和深度学习技术为数据处理算法提供了新的解决方案。尤其在图像识别、目标检测、环境建模等任务中，深度学习方法展现出了显著优势。深度神经网络（DNN）、卷积神经网络（CNN）等模型能够自动从大量数据中学习到特征，并进行高效地分类和预测。在无人机应用中，深度学习已被广泛应用于图像分类、目标识别、环境感知等领域。例如，在灾后重建中，深度学习可以帮助无人机自动识别受损建筑物、道路等设施；在农业监测中，深度学习能够对作物生长情况进行自动分析。这些技术不仅提高了数据处理的精度，还能够执行更为复杂的任务，进一步拓展了无人机的应用范围。

数据处理算法和技术在无人机系统中的应用，涵盖了从数据清洗、特征提取、数据融合到实时处理、机器学习等多个方面。每个环节都对无人机任务的顺利执行起到了至关重要的作用。随着无人机技术和数据处理技术的不断发展，未来的无人机系统将能够处理更加复杂和海量的数据，并提供更为精确和实时的决策支持。这将推动无人机在各个领域中的广泛应用，尤其在复杂地形和高风险环境中的探索与应用。

二、三维建模与地形重建

三维建模与地形重建技术在无人机应用中扮演着至关重要的角色，尤其在复杂地形和灾后重建等任务中。通过使用无人机进行三维建模与地形重建，能够在短时间内精准获取复杂环境的三维空间数据，为后续的分析、规划与决策提供支持。这一过程涉及大量的数据采集、处理和分析，要求使用先进的算法和技术来确保精度与可靠性。随着无人机技术的不断发展，三维建模与地形重建的应用也在不断拓展，已成为各类行业中的重要工具。

三维建模的基础是通过无人机搭载的传感器（如高清相机、激光雷达、

GPS、IMU 等）进行环境数据的采集。在这一过程中，首先需要进行高密度的点云数据采集，尤其在地形复杂或人类难以到达的地区。无人机飞行路径的设计和传感器的配置，将直接影响数据的质量和覆盖范围。高精度的 GPS 和惯性导航系统（INS）可以提供精准的空间定位；而激光雷达则能够通过发射激光束并接收反射信号来测量地表的高度信息，进而生成高精度的三维点云数据；摄像头和视频传感器能够获取地形的图像信息，为后续的图像匹配和立体视觉重建提供依据。所有这些数据将结合起来，构成一个完整的地形模型。

在获取大量的点云数据后，下一步是进行点云的滤波、去噪和配准。这一过程的目标是剔除错误或不完整的点云数据，以确保后续的三维建模能够精确反映实际的地形情况。常见的点云滤波方法包括基于统计的滤波、区域生长滤波等，这些方法能够去除一些离群点或误测数据。点云配准技术则是将不同角度、不同时间段采集的点云数据进行匹配与融合，形成一个统一的、全景的地形模型。在这一过程中，精确的算法和数据配准技术是确保建模质量的关键因素。点云数据的三维重建则是三维建模的最终目标，它可以生成可视化的三维地形模型，以供进一步的分析和应用。常用的三维重建方法包括表面重建技术（如三角网格化算法）和体素重建技术。通过这些技术，系统可以将离散的点云数据转化为连续的表面或体积模型。这些模型不仅可以精确呈现地形的起伏，还可以反映出复杂细节，如建筑物、道路、植被等地物的三维结构。通过后处理，模型还可以进行纹理映射和颜色调整，使得地形模型更加真实和具有可视性。

在一些特殊应用场景中，如灾后评估、城市规划等，三维建模不仅需要精度，还要求高度的实时性。在这些任务中，传统的建模方法可能存在时间上的滞后或操作上的困难。为了提高建模效率，实时三维建模技术应运而生。无人机搭载的传感器能够在飞行过程中实时采集数据，且通过边缘计算和快速数据传输，将数据即时处理并生成初步的三维模型。这一过程不仅提高了建模的时效性，也能帮助决策者在灾难发生后的第一时间内获取实时的环境变化情况，为应急响应提供数据支持。随着人工智能和深度学习技术的快速发展，三维建模与地形重建的精度和效率得到了显著提升。在图像处理、点云匹配、数据融合等环节，深度学习技术通过自动化的学习和优化，可以显著提高地形模型的精度和细节表现。通过训练深度神经网络，系统能够自动识别并提取三维空间中的关键特征，以进行目标识别与分类，进而优化重建过程。此外，深度学习还能通过自动修复缺失的点云数据和减少数据处理的时间，提高系统的鲁棒性和可靠性。

无人机在三维建模与地形重建中的应用，不仅能够提高数据采集的效率，还能够大大提升建模的精度和可靠性。在复杂地形或灾难救援等应用场景中，三维建模技术能够为决策者提供及时、精准的信息，以支持后续的规划、救援和恢复工作。未来，随着技术的不断进步，三维建模与地形重建将在各行各业中发挥更加重要的作用，为社会的数字化转型和智能化发展提供强大的技术支撑。

三、数据清洗与数据融合技术

数据清洗与数据融合技术在无人机应用中起着至关重要的作用，尤其在复杂的地形和环境监测等任务中，这些技术能够确保采集到的数据既干净，又准确，为后续的数据分析与决策提供坚实基础。尽管无人机能够在人类难以到达的地方进行高效的数据采集，但这些数据常常包含噪声、不完整或不一致的部分。通过数据清洗和数据融合技术，不仅能去除冗余和无效的数据，还能将来自不同传感器的数据进行有效结合，进而提高数据的质量和综合利用价值。数据清洗是指在数据处理的初期，对收集到的数据进行预处理，去除无效、不准确或重复的数据，以确保后续分析的结果具有较高的可信度。在无人机的应用中，数据清洗尤为重要，这是由于无人机飞行过程中的环境因素（如天气、障碍物、地形变化等）可能导致传感器获取的数据质量不一，甚至出现误差。常见的清洗方法包括去除重复数据、修复缺失数据、处理异常值等。例如，在使用激光雷达和摄像头进行点云采集时，传感器可能由于遮挡或反射问题，导致某些区域的数据缺失或者存在错误的点云数据。在这种情况下，数据清洗可以通过插值方法、统计分析等手段，修复缺失部分或去除不符合实际情况的点云。

噪声是指在数据采集过程中，因外部因素（如设备故障、天气干扰、电磁干扰等）或内部处理过程中的误差而产生的无用信息。在无人机应用中，激光雷达、红外摄像头、温度传感器等传感器的数据都可能受到噪声干扰。例如，雷达传感器在强风或降雨的环境下可能产生误差，而视频采集设备在低光照条件下会出现图像模糊或噪点。在数据清洗阶段，通过应用噪声过滤算法，如中值滤波、均值滤波、卡尔曼滤波等，可以有效减少噪声对数据质量的影响，从而提高数据的精度和可靠性。数据融合是将来自不同传感器的数据结合在一起，以提供更加全面和精确的信息。在无人机应用中，通常会同时使用多种传感器（如摄像头、激光雷达、红外探测仪、温湿度传感器等）进行数据采集。由于这些传感器的工作原理和性能不同，致使它们在采集的数据格式、精度、范围等方面也存在差异。数据融合技术的核心目标是通过合理的算法和模型，将来自不同传感器的数据融合成一个统一的、高精度的数据集，以便进行后续的分析和应用。

常见的数据融合方法包括加权平均法、卡尔曼滤波法、粒子滤波法和深度学习融合技术等。在简单的场景下，可以使用加权平均法或其他线性组合方法对传感器数据进行融合。例如，在三维建模中，激光雷达和相机获取的数据可以通过加权平均法相结合，以便更好地展示地形的细节。在更复杂的应用中，如动态监控或实时分析，卡尔曼滤波和粒子滤波等递归算法可以结合传感器的历史数据与当前数据，对数据进行时空融合，从而提供更加精确的实时定位和状态估计。随着人工智能和深度学习技术的不断发展，数据融合的效率和精度得到了显著提高。深度学习能够通过自动学习和优化模型，对来自不同传感器的数据进行更为智能地融合。例如，通过卷积神经网络（CNN）和循环神经网络（RNN）等深度神经网络，可以自动提取数据中的特征，并进行高效融合。这种方式不仅能够有效处理大规模的多源数据，还能够根据任务的实际需求动态调整融合策略。人工智能在数据融合中的应用，极大地提升了无人机系统在复杂环境中的适应性和处理能力，能够提供更准确、更高效的分析结果。

在实际应用中，数据清洗与融合不仅提高了数据的准确性，还能够减少冗余信息，降低数据处理的计算复杂度。尤其在多传感器协同工作和大数据量处理的场景下，数据清洗与融合技术能够提高信息提取的效率和智能化程度。例如，在灾后重建或灾害评估中，通过无人机采集的遥感数据与地面传感器数据进行融合，可以提供精确的灾后情况评估，辅助决策者制定有效的应急响应策略。在农业监测中，利用无人机结合气象、土壤和作物生长的多源数据进行融合分析，可以帮助农民制订科学的灌溉、施肥计划，进而提高农业生产效率。数据清洗与数据融合技术是无人机系统实现高效、准确数据处理的基础。它不仅能提升数据采集的质量，还能有效整合多源异构数据，提供更加全面的信息支持。未来，随着无人机技术、人工智能以及大数据处理能力的持续提高，数据清洗与融合将在更加复杂的应用场景中发挥关键作用，推动无人机技术在各行各业中的广泛应用。

第五章 无人机在复杂地形中的数据采集与处理

第四节 数据可视化与展示

一、地图与数据可视化工具

地图与数据可视化工具在无人机应用中起着至关重要的作用，尤其在地理信息系统（GIS）和遥感数据的处理与展示方面。无人机通过搭载的多种传感器，能够实时采集大量地理、环境、气候等信息，然而，如何将这些原始数据转化为易于理解和分析的可视化结果成为一个关键问题。地图与数据可视化工具通过直观的图形化展示，能够帮助用户在复杂的地理环境和大数据背景下，迅速获得重要的决策信息。其应用不仅提升了数据的可理解性，也为各类决策提供了强有力的支持。

现代地图与数据可视化工具种类繁多，涵盖了从基础的地图展示到复杂的三维建模与动态可视化。其中 GIS 是一种最常见的地图可视化工具，被广泛应用于无人机的地理数据处理与分析中。GIS 通过数字化地图和空间数据的结合，能够精确地呈现地形、建筑物、气候变化等多种信息。而在无人机领域，GIS 系统常常与无人机的遥感数据相结合，将来自不同传感器的数据（如红外成像、激光雷达数据、视频数据等）通过空间坐标体系进行整合，为用户提供直观的地图展示。例如，通过将无人机获取的三维激光点云数据加载到 GIS 系统中，可以直观地呈现出复杂的地形变化、建筑物结构等。甚至在一些灾后重建场景中，GIS 系统能够帮助研究人员快速恢复受损区域的地图数据，为决策者提供必要的支持。

除了传统的 GIS 系统外，基于现代网络技术和云计算平台的数据可视化工具也逐渐兴起，尤其在处理大规模数据和实时数据方面展现了巨大优势。这些工具不仅能够处理来自无人机的空间数据，还能够与其他大数据平台进行无缝集成，实现实时数据采集与分析。例如，利用 WebGIS 平台可以将无人机的数据与实时气象数据、环境监测数据等进行综合展示，并通过直观的地图和图表形式为用户提供实时更新的信息。这些可视化工具通常具备强大的交互功能，用户可以根据各自的需求选择不同的图层、数据维度和分析模型，且能动态查看数据变化，极大地提升了信息获取的效率与灵活性。

对于复杂的地理数据，特别是三维地形和物体建模，三维可视化工具的应用显得愈加重要。传统的二维地图展示已经无法满足研究人员对地形、结构和环境变化的全面分析需求。通过三维建模，用户可以更真实地感知地面和空间的结构，并进行虚拟巡航，甚至碰撞检测、路径优化等操作。无人机所采集的激光雷达数据、高清图像数据等，可以通过三维建模技术重建真实的地形与场景。例如，在复杂的城市环境中，三维地图可以帮助决策者了解建筑物、道路等布局情况，为城市规划、灾后重建提供数据支持。

动态可视化也是目前数据可视化领域中的一个重要方向，尤其在实时监控、无人驾驶、救灾等领域。动态可视化工具能够处理实时流入的数据并进行可视化展示，以便用户进行实时监控和响应。在无人机应用中，动态数据可视化尤为重要。无人机在执行任务时，通常需要实时收集并传输大量数据，如气象数据、环境数据、图像数据等。这些数据需要通过动态可视化工具进行展示，使操作员能够在实时飞行过程中，及时获取任务执行情况、周围环境变化等信息，以便其迅速做出反应。以灾害应急响应为例，利用无人机采集到的地理和环境数据，可以通过动态可视化工具呈现灾区的实时变化，从而帮助指挥人员做出更加精准的决策。

图形化与图表化展示也是数据可视化工具的重要特点，许多无人机数据采集的应用场景如农业监测、环境监测、林业管理等，都需要通过图表展示数据分析结果。图形化与图表化展示能够将数据从复杂的数字形式，转化为更加直观、易于理解的信息。例如，在农业监测中，无人机可以采集到作物生长、土壤湿度等数据，并通过柱状图、折线图、热力图等方式将数据变化趋势可视化，帮助农业管理者了解作物的生长状况并进行科学决策。在环境监测领域，气象数据、空气质量数据等可以通过饼图、热力图等方式进行展示，为环境保护部门提供重要的参考依据。

地图与数据可视化工具在无人机应用中的作用不可忽视，它们不仅提升了数据的可理解性，方便了用户对复杂信息的分析与决策，而且通过实时、动态、交互的展示方式，极大地提高了数据的利用效率和实时性。随着技术的进步和需求的增加，未来的数据可视化工具将更加智能化、多样化，为无人机的各类应用场景提供更强大的支持。

二、实时反馈与决策支持界面

实时反馈与决策支持界面是现代无人机系统中至关重要的一部分，它们对无人机在复杂任务环境中的有效运行起着至关重要的作用。无人机任务的成功不仅依赖精准的飞行控制和数据采集，还在于其能够快速响应实时变化的能力。实时反馈系统通过提供实时的飞行状态信息、传感器数据、环境条件和任务进展，能够帮助操作员在执行任务的过程中及时做出调整。而决策支持界面则通过综合分析数据、提供直观的界面和决策建议，进而优化决策过程，提高任务效率。实时反馈与决策支持系统的结合，为无人机系统的智能化操作提供了强大的技术保障，是无人机在复杂环境中执行任务的关键。

实时反馈系统作为无人机操作的核心组成部分，能够不断监控无人机的飞行状态，确保飞行安全。通过飞行控制系统，实时反馈能够将飞行数据、导航信息、动力系统状况、通信状态等信息实时传输到操作员终端。这些数据包括无人机的当前位置、高度、速度、电池剩余电量、传感器状态等关键参数。操作员可以通过界面实时查看无人机的飞行状态，及时发现异常并做出调整。实时反馈不仅仅局限于飞行信息的呈现，还包括飞行过程中传感器采集的环境数据、图像数据、热成像数据等，这些数据将实时反馈给操作员，可以帮助其更全面地了解周围环境。无人机可以根据传感器数据的反馈，自动调整飞行轨迹、避障路径，甚至进行自主避障，这大大提高了飞行安全性和任务执行的稳定性。

除了飞行状态的实时反馈外，环境监测与数据采集的反馈也在决策支持系统中占据重要位置。无人机携带的多种传感器（如光学相机、红外摄像头、激光雷达等）能够实时采集目标区域的地理信息、环境变化、温湿度等数据，并将这些信息通过实时反馈系统传输给操作员。操作员可以在实时反馈的支持下，根据现场的实时数据来判断任务的进展，以及时调整作战策略或飞行路径。例如，在灾后评估中，无人机能够实时传输灾区的图像和视频，帮助指挥人员迅速评估灾情并制订救援方案。实时反馈系统的功能是可以帮助操作员第一时间掌握任务的进展情况，并根据现场信息做出灵活应对。

决策支持界面通过对实时数据的深度分析，可以帮助操作员做出更加准确和高效的决策。在传统操作模式下，决策往往依赖操作员的经验和直觉，难以在复杂环境中做出最优决策。而决策支持界面通过数据挖掘和智能分析，能够为操作员提供基于数据的决策支持。这些决策支持界面可以根据实时飞行状态、环境数据、历史数据等多维信息对任务进行全局分析，并提供最优路径规划、风险预警、资源调度等功能。例如，在灾区救援中，决策支持系统可以根据无人机采集到的现场数据，分析灾区的具体情况，并建议最合适的飞行路线、降落点和资源分配方案。同时，决策支持系统还可以通过模拟分析，预测不同决策下的任务结果，进而帮助操作员做出最优选择。

为了提高决策的实时性和准确性，决策支持系统通常集成了人工智能和机器学习算法。通过训练模型，系统能够根据历史任务数据和环境因素，预测未来的飞行状态和任务进展。这些智能算法可以帮助决策支持系统在实时数据变化的情况下，自动调整任务计划。例如，在飞行过程中，决策支持系统可以根据气象变化、飞行器电量、目标位置等因素，智能推荐飞行路径和任务优先级。这种基于人工智能的决策支持不仅提高了无人机系统的自主性，也减轻了操作员的决策压力，提升了任务执行的效率和成功率。

决策支持界面的可视化设计对操作员的决策过程也起着重要作用。通过直观、简洁的界面，操作员能够快速理解和判断数据的含义，从而做出高效的决策。现代无人机系统的决策支持界面通常包括地图视图、传感器数据图表、飞行状态指示、实时任务进度条等多个模块。其中，地图视图能够展示无人机的飞行轨迹、目标位置和环境信息，帮助操作员全面了解任务场景。传感器数据图表则可以实时展示无人机的各项传感器数据，如电量、气温、湿度等，帮助操作员监控飞行状态。飞行状态指示和任务进度条则提供简洁明了的飞行状态信息，以确保操作员在高压环境下能够快速掌握任务进展和潜在风险。

实时反馈与决策支持界面的结合使得无人机能够在复杂、动态的环境中更加灵活、高效地执行任务。它们通过提供飞行状态、环境数据、任务进展等多维信息，进而帮助操作员快速做出响应，以保障飞行的安全性和任务的成功率。而决策支持界面则通过智能化的分析和决策建议，优化了操作员的决策过程，提高了任务效率和执行精度。随着人工智能、大数据、云计算等技术的不断发展，未来的实时反馈与决策支持系统将更加智能化、自动化，为无人机在复杂环境中的应用提供更为强大的支持。

三、灾后评估数据展示方法

灾后评估数据展示方法在灾难救援中发挥着至关重要的作用。随着无人机技术的普及，灾后评估的数据采集、传输和展示，逐渐成为评估灾后损失和制订救援方案的核心环节。灾后评估的关键在于如何有效地采集、处理和展示灾区的数据，使得相关决策者能够在最短时间内掌握灾区的实际情况，并做出快速反应。无人机凭借高效的数据采集能力和灵活的飞行特性，在灾后评估中得到了广泛应用。通过高精度的传感器、图像采集和实时反馈技术，无人机为灾后评估提供了更为精确和全面的数据基础。为了更好地支持灾后评估工作，灾后评估数据的展示方法必须具备高效性、可视化和易于理解等特点。

灾后评估数据展示的核心目标是提高数据的可视化程度，使复杂的灾区数据能够以直观、简洁的方式呈现给决策者。无人机通过搭载高分辨率相机、红外传感器、激光雷达等设备，可以采集到大量高质量的图像和地理信息。通过将这些数据转化为地图、三维模型、热成像图等形式，决策者可以直观地了解灾区情况。例如，热成像图能够帮助救援人员评估火灾后的灾情，快速定位火灾的蔓延范围和火源位置；而三维建模则能够还原灾区的实际地貌，展示建筑物的损毁程度和地形变化。这些可视化数据展示方式不仅能够帮助决策者评估灾后损失，还能够为救援行动提供数据支持，进而确保资源的高效分配。

灾后评估数据展示方法需要与实时数据同步，以确保展示内容的及时性和准确性。灾后救援工作通常具有紧迫性，决策者需要在灾后的黄金时间内做出正确决策。因此，灾后评估的数据展示方法必须能够实时更新数据，以反映灾区的动态变化。无人机通过与地面控制站的实时通信，将采集到的数据实时传输给决策系统，能够保证数据的实时性和准确性。在数据展示过程中，系统可以根据任务需求自动更新图像、地图、视频等内容，以反映灾区的最新状态。例如，在地震后，随着救援进展的不断推进，系统能够实时更新受灾建筑物的倒塌情况，从而帮助指挥人员及时调整救援策略。

灾后评估数据展示方法应具备互动性，便于决策者根据需求进行数据查询和分析。在灾后评估过程中，决策者不仅需要直观的图像和地图，还需要通过交互操作深入了解灾区的具体情况。因此，灾后评估系统应具备一定的互动功能，使决策者能够根据实际需求查询不同类型的数据、放大或缩小图像、选择不同的时间节点查看灾后变化等。例如，当通过三维模型展示灾区情况时，决策者可以通过操作界面自由旋转模型、调整视角，以查看不同建筑物和地块的具体损毁情况。此外，数据展示系统还可以提供多层次的分析功能，帮助决策者快速识别灾后最需要救援的区域，进而合理调度资源。

数据展示方法的准确性和科学性是灾后评估中不可忽视的一个问题，在灾后评估中，数据不仅要反映灾区的实际情况，还要根据灾区的特定环境进行科学分析和处理。无人机采集的数据通常需要经过数据清洗、处理和融合，才能形成高质量的展示内容。例如,通过激光雷达技术获取的高程数据,经过数据处理后可以生成高精度的三维地形图;而图像数据需要经过拼接、校正和增强等处理,才能达到清晰的显示效果。在这一过程中,数据处理技术的成熟与否直接影响数据展示的质量。因此,灾后评估数据展示方法需要依赖高效的数据处理算法,以确保展示数据的真实性和可靠性。

在实际操作中,灾后评估数据展示方法不仅需要具备高度的专业性,还需要便于操作员进行各种使用。考虑到灾后评估的工作通常由政府、救援队、应急指挥等多个部门共同参与,因此数据展示系统应具备友好的用户界面,以降低操作门槛,提高多方协作的效率。系统可以通过云平台进行数据存储和管理,支持不同终端设备的访问,使不同参与者能够通过电脑、平板、手机等设备查看实时评估数据,进而推动灾后救援工作的协同开展。通过标准化的展示格式和操作流程,系统可以减少因信息不对称带来的沟通障碍,确保不同部门的快速响应与高效合作。通过高效的数据采集、处理和展示,灾后评估不仅能够迅速反映灾区的真实情况,还能够为决策者提供实时、准确的决策支持。随着无人机技术和数据可视化技术的不断发展,灾后评估数据展示方法将更加智能化、精确化和多样化,进一步提升灾后评估的效率和救援效果。未来,灾后评估系统将成为灾后应急管理和救援行动中的关键工具,为救援人员提供更加科学、精准和高效的数据支持。

第六章　无人机在复杂地形抢险中的协同作战模式

第一节　多无人机协同作战

一、无人机集群技术

随着无人机数量的增加及其应用领域的扩展，如何实现多架无人机之间的协调与协作，成为提升无人机作战效能和执行复杂任务的关键。无人机集群技术通过多台无人机的协同工作，能够有效地完成任务分工、信息共享和协同操作，大大增强了任务执行的灵活性、效率和安全性。在复杂地形的抢险作战中，无人机集群技术具有独特的优势，其不仅可以在复杂环境下快速、高效地获取信息、完成任务，而且可以应对单个无人机无法解决的难题。在无人机集群中，多个无人机能够同时在一个任务区域内开展工作，且通过协同作战大大提高了任务完成的效率。例如，在复杂地形的灾害救援任务中，单架无人机的作业范围和飞行时间通常受到诸多因素的限制，如电池续航、飞行高度、气候条件等。然而，通过集群技术，多架无人机可以同时飞行，分工合作，延长作业时间并扩大覆盖范围，从而有效提高救援效率。这种协同飞行的优势主要体现在广阔且地形复杂的灾区环境中，能够实现更快速、更全面的灾情监测与现场评估。

在无人机集群中，各架无人机通过无线通信网络相互连接，能够实时共享彼此的飞行数据、任务进度和环境信息。在复杂的作战或救援场景中，集群内的无人机可以根据任务需求进行信息交换，并通过协同决策优化任务执行。例如，一架无人机在搜索灾民时，可以将图像、视频等数据传输给其他无人机，这些数据将被实时分析并反馈给操作员，从而帮助其优化任务安排与资源分配。无人机集群的这种信息共享与协同决策能力，不仅提高了任务的执行效率，也使得集群能够在复杂环境下做出更灵活、更迅速的反应。在复杂的抢险作战中，环境条件常常变化莫测，如天气变化、地形障碍、灾情升级等因素，都可能影响单架无人机的飞行与作业能力。集群技术的灵活性使得无人机在面对这些变化时，能够及时调整作业方式和策略。例如，在面对突发的强风或电磁干扰时，集群中的某些无人机可以根据情况自动调整飞行高度、航向，或者临时改变任务目标，以确保任务持续进行。无人机集群的这种灵活性和自适应能力，在复杂的抢险任务中尤为重要。

无人机单体的可靠性受到多种因素的制约，包括硬件故障、电池续航等，而集群技术则能有效提升整体任务的容错性。当某一架无人机发生故障或无法继续执行任务时，集群内的其他无人机可以及时接管任务，或者根据实时情况调整飞行任务，以保证整体作战目标的完成。通过集群协同，不仅可以分摊风险，还可以提高任务执行的连续性和稳定性。例如，在执行地震灾害的搜救任务时，一架无人机可能因电量耗尽或受损而导致任务中断，但其他无人机可以及时填补空缺，确保搜救任务不受影响，并快速完成目标任务。

集群技术的实现离不开多种先进的技术支持，包括无人机的自主飞行算法、智能调度系统和高效的通信网络。为了实现无人机集群的高效协同作战，必须依赖多无人机系统的智能化控制与管理。通过自主飞行算法，集群中的每架无人机均能够根据环境和任务需求进行自我调整，避免碰撞并优化飞行路线。与此同时，集群中的无人机需要通过高效、稳定的通信网络进行数据交换与指令传输，这不仅要求通信网络具备足够的带宽与可靠性，还要求其具备抗干扰能力，以确保集群操作的稳定性与安全性。随着人工智能、云计算和大数据技术的发展，未来的无人机集群将更加智能化、自主化，能够处理更复杂的任务并适应更复杂的环境。

二、协同飞行的路径规划

协同飞行的路径规划是多无人机集群作战中的关键技术之一。随着无人机数量的增加和应用场景的复杂化，如何设计有效的飞行路径以保证无人机集群能够高效协同作业，已成为一个不可忽视的技术挑战。路径规划不仅需要考虑无人机之间空间与时间的协调，还需要兼顾环境因素、任务需求以及安全性要求。在复杂地形和恶劣环境下，协同飞行的路径规划尤为重要，其能够确保无人机群体在执行任务时不但高效、精准，还能够避免相互碰撞，以优化任务执行效果。

第六章 无人机在复杂地形抢险中的协同作战模式

路径规划的核心问题在于如何使无人机在集群中，既能高效完成任务，又能避免相互干扰和碰撞。传统的路径规划方法大多集中于单一无人机的飞行轨迹规划，而多无人机协同飞行的路径规划则需要考虑多架无人机之间的协作与协调。每架无人机需要根据集群任务的需求、飞行环境以及其他无人机的位置，计算出合理的飞行路线。为此，路径规划算法需要具备一定的自主性和智能化能力，能够动态调整飞行路线，以确保整个集群能够协调运作。例如，当一架无人机遇到障碍物或飞行环境突变时，其他无人机能够迅速调整路径，保持集群整体的飞行稳定性。

协同飞行的路径规划还必须考虑地理环境和任务需求的变化，特别是在复杂地形中，无人机的飞行路径常常受到山地、建筑物、障碍物等因素的影响，因此，路径规划不仅需要避开这些物理障碍，还需要兼顾任务的时效性和全面性。对于大面积的灾害现场，飞行路径规划必须考虑到无人机的有效覆盖区域，并确保每架无人机的飞行路径都能够覆盖到任务重点区域。在这种情境下，协同飞行的路径规划不仅要保证路径之间的合理分配，还要通过智能调度算法实时调整每架无人机的飞行目标与路线，保证无人机能够高效、快速地完成任务。

智能化的路径规划算法能够为无人机集群提供灵活的飞行方案，尤其在面对动态变化的环境时，其能够实时调整飞行路径以应对突发情况。例如，在灾区的救援行动中，随着地面障碍物或飞行环境的改变，传统的静态路径规划方法难以快速响应，而智能化路径规划能够通过集群内的通信机制实时交换信息，并结合环境感知和实时数据，对飞行路径进行快速的动态调整。这种路径规划方式在实际应用中具有巨大优势，能够更好地应对复杂多变的灾区环境。

协同飞行的路径规划还需考虑无人机之间的通信和协调问题。在集群飞行中，无人机之间的实时通信至关重要。为了避免路径冲突和确保集群作业的顺利进行，无人机需要实时共享飞行数据和任务信息，以保持飞行路线的同步性。集群内的无人机通常通过无线通信网络实现相互之间的协调，确保飞行路径的实时更新和调整。这种集群间的通信不仅要求具备足够的传输带宽，还要求具有较强的抗干扰能力，以确保数据的实时传输和路径规划的有效执行。通信网络的稳定性和传输效率，对协同飞行的顺利进行起到了至关重要的作用。

在路径规划过程中，优化算法的设计也是一个不可忽视的因素。无人机集群的飞行路径规划往往面临着复杂的优化问题，包括时间优化、能量消耗优化以及飞行效率优化等。为了提高飞行效率并减少能源消耗，许多研究采用了基于启发式算法、遗传算法、粒子群优化等多种优化技术。这些算法能够在保证飞行任务顺利完成的前提下，通过优化飞行路径、调整飞行顺序等方式来提高飞行任务的整体效率。例如，通过优化飞行路径，可以减少多余的飞行距离，缩短飞行时间，并降低电池消耗，使无人机集群能够在更长时间内持续执行任务，并达到任务目标。

最终，协同飞行路径规划的目标是让每架无人机都能够根据整体任务需求、周围环境及任务进度，灵活调整飞行路线。随着人工智能、机器学习等技术的应用，未来的路径规划算法能够更加智能化，实现无人机集群在复杂环境中的自主飞行与任务执行。无人机集群将能够根据实时数据反馈、飞行环境变化和任务需求，通过集群内的智能决策系统动态调整路径，以提升任务的灵活性与效率。这不仅可以提高无人机集群在灾难救援、环境监测等任务中的效能，也为未来适应更复杂的应用场景提供了更强的技术支撑。

三、任务分配与协同控制系统

任务分配与协同控制系统是无人机集群协作中的核心组成部分，它直接影响集群作业的效率、精度以及任务的成功率。在复杂的地形和环境中，任务分配与协同控制的有效性尤为重要，因为它关系多个无人机如何在有限的时间内高效完成不同的任务。其中，任务分配系统需要根据任务要求、无人机的飞行能力、位置分布及环境条件等因素，合理分配任务，确保每架无人机既能够完成其分配的任务，又能够最大限度地减少任务之间的冲突与重复；协同控制系统则通过协调各个无人机之间的动作，以确保集群整体目标的实现。

在无人机集群协作中，任务分配系统的设计至关重要。任务分配不仅仅是将任务按需分配到不同无人机上，更多的是考虑如何优化任务分配的策略，以最大化集群的整体效能。在多任务场景下，如何避免任务冲突、如何根据无人机的性能差异进行合理分配，成为设计任务分配系统时需要考虑的关键问题。有效的任务分配不仅能够提高工作效率，还能够避免任务重叠，减少资源浪费。在复杂地形中，任务分配系统往往需要结合飞行环境的实时信息，动态调整分配方案，从而确保每架无人机都能根据其所在位置、任务优先级以及剩余能量等条件，合理完成任务。

第六章　无人机在复杂地形抢险中的协同作战模式

任务分配过程中的一个重要问题是如何评估无人机的状态，并做出最优决策。无人机的状态评估包括剩余电量、飞行能力、传感器状态等因素。无人机的飞行能力受限于电池电量、负载能力以及传感器性能等因素。因此，任务分配系统必须能够实时监控各架无人机的状态信息，及时获取无人机的位置信息以及当前任务执行情况。这些信息将帮助系统判断哪架无人机最适合执行某个任务，并根据任务的优先级和紧急程度进行合理分配。集群中的无人机还需要进行协作，以协调完成任务。例如，当一架无人机的电量较低时，任务分配系统应当优先将其分配给距离任务目标较近的区域，或者安排其他无人机替代其完成任务。

协同控制系统则负责协调各架无人机之间的行为，确保它们在执行任务时能够按照预定的目标与路线协作。协同控制不仅仅是指无人机之间的相互配合，更重要的是根据任务需求，优化飞行路径，减少能量消耗，提高任务完成的效率。在无人机集群中，每架无人机的动作不应当是孤立的，它们之间需要保持同步，以确保集群整体的协调性。协同控制系统可以通过控制算法来实现无人机之间的相互配合，协调它们的飞行速度、航向和任务执行进度。例如，在一个环境监测任务中，多架无人机可能需要同时采集数据并实时反馈。协同控制系统需要通过智能算法确保无人机之间的飞行轨迹不会发生交叉，且每架无人机都能高效地覆盖指定区域。通过调整飞行速度、任务顺序，以及实时优化飞行路径，协同控制系统能够确保任务的顺利进行。

在任务分配与协同控制系统中，实时通信是一个不可或缺的因素。为了确保任务的协调和无人机之间的有效配合，集群中的每架无人机都需要与其他无人机，以及地面控制站进行实时数据交换。这些数据包括位置信息、任务状态、传感器数据等，实时共享这些信息有助于各架无人机判断是否需要调整任务分配或飞行路径。有效的通信网络能够确保信息在无人机集群之间快速进行传递，从而实现更精准的协同控制。为了应对复杂环境中的信号干扰或通信中断问题，无人机集群需要采用更加稳定且高效的通信协议，如Mesh网络或分布式通信系统，以确保通信链路的持续可靠。

任务分配与协同控制系统的优化需要考虑多方面因素，包括任务类型、无人机的能力、飞行环境以及通信网络的稳定性等。在实际应用中，系统需要具备智能决策能力，并能够根据实时数据做出反应。随着人工智能和深度学习技术的发展，任务分配与协同控制系统可以通过数据驱动的方式，不断学习和优化任务执行策略。通过不断优化系统算法和调整策略，无人机集群能够更加灵活地应对多变的环境和任务需求。机器学习技术可以帮助系统更好地预测任务需求和飞行环境的变化，使其提前做出调整决策，提高任务执行的效率和精度。

四、协同作战中的数据共享与整合

协同作战中的数据共享与整合是多无人机协同作战中的关键环节，它直接影响着作战任务的完成效率与精确度。无人机集群通常在一个复杂且多变的环境中执行任务，在这种环境下，任务的成功不仅仅依赖单个无人机的能力，更重要的是集群中各架无人机之间的数据协同与整合。通过数据共享，各架无人机能够在最短时间内获得最新的环境信息、任务数据以及相互间的状态信息，从而做出迅速且准确的决策。因此，建立一个高效、实时、可靠的数据共享与整合机制，是提升无人机集群协同作战效能的基础。

数据共享是无人机集群协同作战的首要任务，它要求集群中的所有无人机能够在飞行过程中实时获取、交换并共享各种数据。这些数据不仅包括位置、速度、电量等基础信息，还涵盖任务相关数据，如目标位置、障碍物信息、传感器探测结果等。数据共享能够帮助无人机根据当前环境、任务目标及其他无人机的状态信息，进行自主决策与调整。例如，当某架无人机检测到某一目标时，其他无人机可以立即获取该信息，并据此调整自身的任务安排或飞行路径。通过共享这些信息，每架无人机都能够在作战中发挥更大作用，从而形成一个高度集中的智能协作体。

无人机集群中的数据整合涉及多个数据源的收集、处理与整合。集群中的每架无人机都配备了各种传感器和设备，产生着大量数据。如果这些数据无法有效整合，将导致信息冗余和数据冲突。因此，数据整合系统需要具备强大的数据融合与处理能力。数据整合不仅要对来自各个无人机的数据进行合理的清洗与筛选，还要在不同数据源之间找到一致性与关联性。例如，某一地区的温度、湿度、风速等环境数据和目标区域的图像数据需要进行整合，从而为任务决策提供全面信息。此外，数据整合系统还需要具备动态调整能力，能够根据任务需求或飞行环境的变化，对整合策略进行及时调整。

数据共享与整合的关键挑战之一是如何保证数据的一致性与准确性。无人机集群中可能存在传感器精度差异、信号干扰等问题，这可能导致采集的数据存在误差或冲突。为了解决这些问题，数据融合技术被广泛应用于无人机集群系统中。通过多传感器数据融合技术，可以将来自不同无人机或不同传感器的数据结合起来，形成一个更精确的整体信息。例如，使用卡尔曼滤波技术可以对无人机的位置信息进行优化，从而减少定位误差。同样，图像与热成像数据的融合可以帮助无人机准确识别目标，提升目标追踪的精度。数据融合不仅能够提高数据的可靠性，还能够增强集群中每架无人机的任务决策能力。

实时性和稳定性是数据共享与整合中的另一个重要因素，在协同作战任务中，时间往往是决定成败的关键因素。无人机集群的作战任务通常需要快速响应与实时调整，因此，数据共享与整合的系统必须具备实时处理能力。实时数据传输、处理和反馈要求系统能够在极短时间内获取、处理并传输数据。这要求集群中所有无人机的通信系统都要保持稳定且高效的连接，以避免信号中断或延迟对任务造成负面影响。为了实现这一目标，无人机集群可以使用低延迟、高带宽的通信协议，如 5G 或 LTE 技术。同时可以通过部署 Mesh 网络等分布式通信架构，确保每架无人机在任何情况下都能够与集群中的其他无人机保持实时连接。

数据共享与整合还需要面临安全和隐私保护的问题，在无人机集群协同作战中，数据不仅仅是任务执行的基础，更可能涉及敏感信息或国家安全问题。因此，确保数据的安全性与保密性非常重要。数据加密技术、身份认证机制和访问控制策略在无人机集群中得到了广泛应用。其中，通过加密技术，可以防止数据在传输过程中被非法篡改或窃取；身份认证机制可确保只有授权的无人机与操作员能够访问数据；访问控制策略则规定了数据的访问权限，确保敏感数据不会被未经授权的人员或无人机访问。同时，数据安全性还要求无人机集群能够有效应对网络攻击或信号干扰，防止敌方通过电子干扰手段破坏集群作战。

数据共享与整合不仅提升了无人机集群协同作战的效率和精度，还为无人机自主决策系统的优化提供了数据支持。通过收集和整合各类数据，集群中的每架无人机都能够在有限的知识和信息基础上做出智能决策。这一过程是无人机集群作战智能化的基础，能够为任务执行提供强有力的决策支持。例如，结合任务需求、飞行路径以及环境数据，集群中的无人机能够自动调整行动计划，选择最优的任务执行策略。此外，数据共享与整合还为无人机集群提供了应对复杂地形和多变环境的能力，使其在执行搜索、救援、侦察等任务时，能够迅速反应、灵活应对。

第二节 人机协同与指挥控制系统

一、无人机与人类指挥员的协同作战

无人机与人类指挥员的协同作战，是现代军事和应急救援中一种重要的作战模式。无人机凭借出色的空中机动性、实时数据采集能力，以及较强的自主决策能力，已经成为指挥控制系统中的重要组成部分。尽管无人机在作战中具备高度的自动化和智能化，但它们与人类指挥员的协同作战仍然面临一系列的挑战和复杂问题。有效的人机协同作战不仅要求无人机能够快速响应指令，还要求指挥员能够精准判断无人机提供的实时数据，并做出决策和指挥调度。如何在复杂的作战环境下，通过高效的协同作战提高任务的成功率是当前技术研究的热点。无人机在执行任务过程中，通常具备自主飞行、环境感知、数据分析和执行预定任务的能力。与之相对，指挥员负责综合处理任务需求、评估情势、做出战略决策，并向无人机发出指令。在作战任务中，指挥员并非时刻直接控制无人机，而是依据实时反馈信息，对无人机进行动态指挥与调度。为了确保无人机能够精准、高效地完成任务，指挥员需要对无人机的状态进行全面监控，以实时掌握无人机的位置信息、任务进度以及环境变化等关键数据，进而指导无人机完成复杂的协同作战任务。

人机协同作战的有效性依赖指挥控制系统的设计与无人机的智能化水平。指挥控制系统不仅仅是一个传统的指令传递平台，它还需要具备快速响应、动态调整与决策支持的功能。指挥员在面对复杂环境时，必须通过系统获得实时、准确的数据，并根据任务需求灵活调度无人机。在这一过程中，无人机能够通过传感器和实时通信系统，向指挥员传递现场数据，这些数据通常包括航拍图像、地形扫描、气象条件等。同时，无人机的智能算法和自主控制系统能够对环境做出初步分析，并根据任务需求进行路径规划、目标识别等操作。这种高度的信息共享和协作使得无人机与指挥员之间的关系更为紧密，也使协同作战的效率得到了大幅提升。

为了增强人机协同作战的效率，指挥员与无人机之间的通信必须具备低延迟和高可靠性。无人机在执行任务时，常常处于恶劣或复杂的环境中，可

能面临信号干扰、通信中断等问题。在这种情况下，指挥员需要实时掌握无人机的状态，避免出现信息滞后或失真。因此，采用高效、稳定的通信技术，确保指令和数据的实时传输至关重要。目前，基于5G、卫星通信和自组网技术的通信系统，已经在一定程度上解决了长距离、高速传输的难题。这些技术的应用确保了指挥员能够在任何情况下与无人机进行实时互动和控制。

无人机与人类指挥员的协同作战还依赖先进的人工智能技术的支持。人工智能不仅能够赋予无人机更多的自主决策能力，还能够帮助指挥员在复杂环境下迅速做出决策。无人机在执行任务时，往往需要根据实时环境变化调整任务计划，而这种调整有时需要快速反应并实时优化决策。人工智能技术可以帮助无人机快速识别环境中的变化因素，并做出及时响应。例如，在执行搜救任务时，人工智能能够识别和分析受灾区域的环境信息，并自动生成最佳搜索路径，减少人为干预。指挥员通过人工智能辅助系统，能够根据历史数据和模拟分析，预测潜在风险和变化趋势，进而做出更具有针对性的指挥决策。

人机协同作战的最终目标是实现任务的高效、安全、精准完成。在实际应用中，特别是在复杂环境或多目标任务中，指挥员需要对无人机群体进行有效地指挥和调度。这要求指挥控制系统具备处理多无人机协同作战的能力，包括任务分配、路径规划、风险评估等功能。例如，在执行反恐任务时，多架无人机可能同时在不同区域执行任务，指挥员需要实时了解各无人机的任务进度、状态变化和可能出现的突发情况，从而做出合理调整。无论是自然灾害救援，还是面对战场中的复杂情况，指挥员都需要灵活应对，确保每一架无人机都能有效完成指定任务，并与其他无人机形成协同作战的合力。

无人机与人类指挥员的协同作战模式，要求二者之间建立高效的信息共享与决策支持机制。随着无人机技术、人工智能、通信技术等的不断发展，人机协同作战将在更多复杂任务中展现其独特优势。未来，随着技术的不断进步和系统的不断优化，人机协同作战将成为一种常见且高效的作战模式，并被广泛应用于军事、救援、侦察等多个领域，为复杂任务的执行提供更加精确和高效的解决方案。

二、智能决策支持系统的应用

智能决策支持系统（IDSS）是结合人工智能技术、数据分析方法和决策科学，帮助决策者在复杂环境中做出高效、精准决策的工具。在现代无人机应用中，智能决策支持系统发挥着至关重要的作用，特别是在复杂地形、快速响应和多目标任务的场景下。随着无人机技术的不断发展，智能决策支持系统的应用已逐渐渗透无人机的指挥与控制中，为其提供了更为精准的数据支持与决策依据。通过实时分析环境信息、自动评估多种决策方案，智能决策支持系统可以优化任务的执行效率，确保无人机在各种复杂情况下都能高效、安全地完成任务。

智能决策支持系统在无人机应用中的首要功能是对实时数据进行多维度分析，以提供决策依据。无人机在执行任务时，通常会收集大量的传感器数据、图像信息、地形数据等，这些数据的实时分析对任务的成功至关重要。传统的决策方法往往依赖人工评估，处理速度较慢且易受主观因素影响。而智能决策支持系统则能够利用大数据分析技术，在极短的时间内对海量数据进行处理，从中提取有价值的信息，帮助决策者迅速了解任务环境和目标信息。例如，在灾区救援任务中，系统会结合无人机拍摄的高清图像、气象数据、交通状况等信息，实时分析灾情的变化趋势，并根据预定的任务目标，自动优化无人机的飞行路线和任务安排，以确保救援工作的高效执行。

在复杂地形或多目标环境下，传统的人工决策往往难以兼顾所有因素，而智能决策支持系统则能综合考虑任务的多个维度，自动生成最优任务方案。在无人机集群作战中，智能决策支持系统可以根据每架无人机的任务分配、当前状态和飞行位置，自动调整任务计划。例如，在搜索与救援任务中，系统能够根据实时收集的数据，动态调整无人机的搜索区域、飞行速度和任务优先级，以确保最大限度地提高救援效率。智能决策支持系统不仅能处理单一任务，还能根据任务目标的变化进行实时调整，具备强大的适应能力和灵活性。对于多无人机协同作战来说，智能决策支持系统显得尤为重要。在多架无人机协同执行任务时，如何合理分配任务、协调各无人机之间的合作关系是系统成功应用的关键。智能决策支持系统能够通过自主的算法分析任务的复杂性，智能地分配任务，并优化多无人机之间的协调策略。例如，在执行环境监测任务时，多架无人机可能需要同时在不同区域执行任务，系统会基于无人机的飞行距离、能耗、载荷能力等因素，为每一架无人机分配合适的任务，同时保持整体任务的协同性，以确保任务的整体效率和完成度。通过智能决策支持系统，多架无人机能够在最短时间内完成任务，避免资源浪费和任务重复。

在灾害救援、军事侦察、反恐作战等高风险任务中，时间通常是最关键的因素。在这些情境下，无人机需要快速响应突发事件并提供决策支持。智能决策支持系统结合实时的传感器数据，能够自动识别突发变化并做出应急响应。例如，在自然灾害发生后，系统能够基于无人机的实时数据，自动评估灾区的安全风险、人员位置和潜在危险，并建议或自动执行最佳的应急响应方案。通过智能决策支持系统，无人机不仅能够及时提供关键信息，还能够迅速采取行动，最大限度地降低损失并提高任务成功率。此外，智能决策支持系统在提高无人机操作的安全性和稳定性方面也发挥着重要作用。在飞行过程中，无人机可能面临突发问题，诸如气象变化、电池电量不足、信号干扰等，而传统的人工操作往往无法迅速应对这些问题，容易导致任务失败或事故发生。智能决策支持系统通过实时监测无人机的飞行状态和周围环境，能够自动检测潜在风险，并及时提出警告或调整飞行策略。例如，系统可以监测无人机的电池电量，判断其是否能够完成剩余任务；当飞行环境发生变化时，系统能够调整飞行路线，避开可能的危险区域，从而保证无人机的飞行安全。

智能决策支持系统为无人机提供了强大的智能化支持，使其能够在复杂环境下高效、安全地执行任务。通过实时的数据分析、任务规划与优化、协同作战以及应急响应等功能，智能决策支持系统不仅提升了无人机的工作效率，还保障了任务的顺利完成。未来，随着人工智能、深度学习和大数据分析技术的不断发展，智能决策支持系统将在无人机应用中发挥更加重要的作用，推动无人机技术在各类复杂任务中的广泛应用。

三、无人机与地面救援人员的配合

无人机与地面救援人员的配合是现代应急救援任务中不可或缺的一部分。随着无人机技术的进步，尤其在灾难救援、搜索与救援（SAR）、森林火灾扑救等任务中，无人机的作用越发显著。它们不仅能够提供高效的数据收集、实时监控和远程指挥支持，还能够通过与地面救援人员的紧密配合，显著提升整体救援效率，缩短反应时间。为了更好地执行任务，需要在无人机与地面人员之间建立起一个高效的沟通、协调和指挥体系。

在灾难救援场景中，地面救援人员常面临着诸如地形复杂、通信不畅、救援目标隐蔽等困难。而无人机作为空中监控平台，能够突破地面障碍，快速获取现场图像、视频及传感器数据。无人机的空中视角能够为地面救援人员提供全局视图，帮助他们快速了解灾区的分布情况。无论是山地、城市废墟，还是海洋，地面人员可能因视距、地形等因素而无法获取充分的信息，而无人机通过飞行优势，可以有效弥补这一不足。无人机还可配备热成像、红外传感器等，帮助地面救援人员发现被困人员和危险源。例如，在山地救援中，无人机可以在地面人员无法到达的区域进行空中巡查，以快速识别目标，并指引地面人员进行精准定位，从而节省宝贵时间。

　　无人机与地面救援人员的配合不仅仅是信息传递层面的协作，更多的是协同作战的战略合作。在一些特定救援任务中，无人机不仅能为地面人员提供信息支持，还能主动执行某些救援操作。例如，在紧急医疗物资空投中，无人机可以将急需的药品、食品或急救设备投放到灾区中心，而地面人员则负责接收和分发这些物资。通过这种协同作业，无人机可以在极短时间内将所需物资送达灾区，以确保救援工作的迅速展开。在这种协同模式下，地面人员的经验与无人机的技术优势相结合，极大地提高了任务的成功率。在无人机和地面救援人员之间建立实时的通信渠道，可以保证信息的快速传递和及时反应。为了达到这种高效配合，必须通过可靠的通信系统进行信息流的传输，包括数据链路、视频流、语音通信等。无人机可以实时将航拍图像、视频数据及传感器信息发送至指挥中心或地面人员，后者可根据这些信息迅速做出决策。例如，在消防救援中，无人机可以提供现场的实时火情图像，指挥中心可结合图像数据分析火势变化，调整灭火策略。地面人员可以通过接收到的实时数据了解火源的位置与蔓延情况，从而合理部署灭火工作，以避免不必要的资源浪费和人员伤亡。

　　为了实现更高效的配合，无人机与地面人员之间的任务分配与协调同样至关重要。在许多应急场景中，救援任务往往需要多架无人机和地面队伍共同完成。无人机可以根据预设任务或实时指令完成任务，如地形勘察、区域监控、人员搜寻、物资投递等，而地面人员则执行后续的搜索、救援、转运等工作。为了确保任务的高效执行，指挥系统需要对每架无人机与地面队伍的任务进行合理调配和实时调整。无人机的任务分配通常需要依赖其飞行能力、载荷、任务优先级等因素，而地面队伍的任务则需要根据灾区的实际情况进行灵活安排。在某些突发情况下，救援任务需要立刻调整策略或行动计划。无人机可以通过即时的图像传输和环境监测，快速提供关键数据，帮助指挥中心及时决策。例如，当地面队伍遇到危险或障碍时，无人机能够通过远程侦察发现潜在威胁，并为地面人员提供警示，帮助其避开风险。通过这种机制，无人机能够成为地面救援人员的"眼睛"和"耳朵"，有效减少事故发生的概率。

无人机与地面人员的配合并非没有挑战，地面人员和无人机操作员之间的配合也需要具备高度的默契与协调性，特别是在高压的救援环境下。地面队伍需要快速理解无人机所提供的数据并做出反应，同时无人机操作员也需要及时接收来自地面指挥员的调整指令。为了确保高效配合，救援人员和无人机操作员必须经过专业训练，并掌握如何快速解读无人机提供的信息，以及如何在复杂环境中灵活应对。此外，无人机的飞行环境对其性能也有一定的影响。在强风、大雨或复杂地形中，无人机可能面临飞行不稳定、电池续航问题等挑战。此时，地面救援人员需要迅速调整战略，并结合无人机的状况做出应急反应，以避免无人机无法发挥最大效能。

无人机与地面救援人员的配合依赖高效的信息共享、任务分配、实时协调以及良好沟通。通过这种协同作战模式，无人机不仅为地面救援提供了空中视角和快速响应的能力，还能够在紧急情况下完成多重任务，诸如物资空投、搜索引导等。随着技术的不断发展，无人机与地面人员的配合将更加紧密，也将为各类复杂救援任务提供更有力的支持。在未来的救援行动中，这种协同模式将极大地提升救援效率，挽救更多生命。

第三节 智能化系统在救援中的应用

一、人工智能技术在无人机作战中的作用

人工智能技术在无人机作战中的应用极大地提升了无人机的智能化水平和作战效能。无人机作为一种现代化的应急救援和军事作战工具，其传统上依赖人工操作和预设的飞行路径。然而，随着人工智能技术的发展，特别是在图像识别、自然语言处理、机器学习等领域的突破，人工智能已经被广泛应用于无人机的自主飞行、任务决策、数据分析等多个方面。人工智能不仅能够增强无人机的自主能力，还能够提高其在复杂、动态环境中的应对能力，极大地扩展了无人机在救援和军事作战中的应用场景。传统的无人机飞行多依赖人工操作或基于 GPS 的导航系统，这种方式在面对复杂地形、恶劣天气等环境时，可能出现操控失误或飞行不稳定的情况。引入人工智能后，无人

机可以通过人工智能系统实时分析周围环境数据，并自动调整飞行轨迹，实现自主避障、稳定飞行。例如，在进行灾难救援时，地形复杂、建筑物密集或发生灾后余震等情况都可能导致飞行困难。人工智能系统能够实时检测环境变化，自动评估飞行路径的安全性，并迅速做出反应，以保证无人机在不同环境下的安全飞行。这种自主飞行能力大大减少了对人为干预的需求，提高了飞行的效率与安全性。

　　传统的无人机任务规划依赖人工设定的规则和路径，这在面对动态变化的情况时，往往不能及时调整。人工智能技术的引入，使得无人机能够根据实时数据进行自我决策。通过机器学习，无人机可以在执行任务过程中逐步优化任务规划。例如，在灾后搜救任务中，无人机不仅能够根据地面信息快速确定重点搜索区域，还能够实时分析传回的数据，判断潜在的危险或有价值的目标，并自动调整搜索策略。这种实时的任务决策能力使得无人机能够更加高效地执行复杂任务，尤其在快速变化的环境中，能够实时应对不同挑战。无人机可以通过搭载高清摄像头、热成像仪、红外传感器等设备进行高效的图像数据采集，并利用人工智能进行分析处理。人工智能图像识别技术能够快速识别目标、分类物体，甚至辨别异常情况。在灾后救援中，人工智能可以帮助无人机识别被困人员、倒塌的建筑物或其他救援目标，并将这些信息实时传输给指挥中心。通过深度学习算法，人工智能能够从大量数据中提取出关键特征，并准确判断目标的位置、状态和紧急程度。例如，在山地救援中，无人机通过热成像仪能够实时识别可能被困的人员，并将结果反馈给地面人员，进而缩短救援时间，提升救援效率。

　　除了飞行控制、任务规划和图像识别外，人工智能还在数据分析与决策支持中发挥着重要作用。无人机在执行任务时，通常会收集大量环境数据，包括图像、温度、湿度、空气质量等信息。人工智能技术能够对这些数据进行深度分析，并从中提取有价值的信息，为决策者提供支持。在灾难应急响应中，人工智能可以通过对大数据的分析，帮助救援人员预测灾情发展趋势，评估救援资源的需求，优化救援方案。人工智能的应用使得无人机在救援过程中不仅仅是一个信息采集工具，更是一个智能分析平台，其能够为救援决策提供科学依据。人工智能在无人机作战中的应用也极大地提高了无人机的协同作战能力。在多无人机协同任务中，人工智能使得多架无人机可以通过自主决策系统实现协同飞行与任务分配。人工智能系统能够让无人机之间实时共享任务信息，并根据各自的能力和位置，动态调整任务分配。例如，在灾后搜救任务中，多架无人机可以同时在不同区域进行搜索，而人工智能系统则能够实时调整无人机的飞行路径和任务优先级，确保搜救效率的最大化。通过人工智能，多架无人机可以像一个团队一样协调作战，共同完成复杂的救援任务。

尽管人工智能在无人机作战中展现出巨大潜力，但在实际应用中仍面临一定的挑战。例如，人工智能算法的准确性和可靠性直接影响无人机的决策质量。如果算法出现错误或判断失误，可能导致无人机执行错误任务或发生意外事故。虽然无人机的自主决策能力极大地提升了其智能化水平，但也对算法的精度和数据的全面性提出了更高要求。为了确保人工智能能够在复杂环境下正常运作，相关算法需要不断进行优化和更新，尤其在应对极端情况和突发事件时，人工智能系统必须能够快速反应并做出正确决策。人工智能在无人机作战中的应用极大地提升了无人机的自主性、智能性和应变能力。通过自主飞行控制、任务规划与决策、图像识别、数据分析等技术的应用，人工智能使得无人机不仅能够高效完成复杂的救援任务，还能够在极端条件下做出合理反应。未来，随着人工智能技术的不断发展，无人机将在救援作战中发挥更加重要的作用，为应急响应、灾难救援和其他领域提供强有力的支持。

二、自动化技术与无人机自主飞行

自动化技术与无人机自主飞行的结合标志着无人机技术的巨大进步，尤其在救援、军事作战、环境监测等领域，自动化飞行极大地提高了无人机的作业效率与安全性。随着人工智能、传感器技术、计算机视觉等相关技术的发展，无人机的自主飞行能力得到了前所未有的提升。这些技术的结合不仅减少了对人工操作的依赖，还能使无人机在复杂、动态的环境中自如应对，且能够在执行复杂任务时表现出极高的效率与精准度。

无人机的自主飞行依赖其内置的自动化控制系统，这些系统包括飞行控制算法、传感器输入和数据处理单元。其中，飞行控制算法是无人机自主飞行的核心，它通过实时处理来自传感器的数据，自动调整飞行姿态与航向，保证无人机在飞行过程中稳定、高效地运行。自动化技术使得无人机可以在没有人工干预的情况下完成任务。例如，基于预设的飞行路径，无人机可以自动起飞、巡航、着陆，甚至在遇到障碍物时能够自动避障，并在飞行过程中实时调整航向。这一过程完全由飞行控制系统管理，最大限度地减少了人为操作的失误,提升了飞行的安全性和可靠性。

自动化技术的应用使无人机能够实现高度的任务自主性,特别是在执行任务时,它们不再仅仅依赖人工输入来进行路径规划。无人机可以通过内置的人工智能算法,在执行特定任务时,根据实时环境数据自动规划航线,并判断任务优先级,甚至在面对突发情况时做出决策。例如,在灾难救援中,自动化系统可以让无人机根据现场的地理信息、天气条件等多种因素,实时调整搜索区域,并根据任务紧急程度分配优先级。无人机在搜救时,不仅能够自动识别目标,还能够根据救援需求实时修改飞行计划,保证救援工作高效、精准地进行。

无人机的自主飞行能力还得益于其先进的传感器技术。传感器作为无人机与外部环境之间的桥梁,通过捕捉地面、空气、天气等环境的实时数据,为飞行控制系统提供信息支持。常见的传感器包括激光雷达、红外热成像仪、超声波传感器、光学传感器等。通过这些传感器,无人机能够感知周围环境,包括避障、精准导航、物体检测等功能。此外,这些传感器还可帮助无人机在复杂地形和恶劣天气条件下进行自主飞行。例如,激光雷达可以帮助无人机生成高精度的三维地图,以便更好地进行路径规划,避免碰撞或误入危险区域。传感器的应用使得无人机在执行任务时,能更精确地识别障碍物、分析地形,并及时调整飞行策略,从而提高其自主飞行的智能化水平。

自动化技术使得无人机不仅能自主完成常规任务,还具备了高度的任务适应性。在面对复杂环境时,无人机能够结合实时数据,自主做出决策,并调整飞行路径。例如,在搜救任务中,若无人机遇到突发的气候变化,传统的飞行方式可能受到影响,这是由于人工操作需要重新规划飞行路径。而自动化技术则能让无人机在感知到天气变化或突发事件时,立即对飞行计划进行调整,继续完成任务。自动化系统通过对实时信息的快速处理,能够在最短时间内做出应对措施,大大提高了任务的连续性和稳定性。无人机能够根据任务需求,自动识别优先目标、调整搜索策略,确保救援任务的顺利进行。

随着技术的不断发展,无人机的自动化飞行技术将不断向更高的智能化水平迈进。未来,基于人工智能、机器学习、大数据分析等技术的进一步应用,无人机能够具备更加复杂的自主飞行能力。例如,无人机能够通过数据融合技术,综合来自多种传感器的信息,对周围环境进行全面分析,形成更精确的飞行决策;无人机还能够通过深度学习算法,不仅优化飞行路径,还能在任务执行过程中根据环境变化进行实时决策,进一步提升自主飞行的效率与安全性。这种进步能够使无人机完成更加复杂的任务，尤其在动态、复杂的环境下，表现出前所未有的应对能力。

尽管自动化技术在无人机自主飞行中取得了显著进展，但仍然面临着一些挑战。环境的复杂性和不可预测性，可能对无人机的自主飞行能力构成威胁。例如，在多变的天气条件、障碍物密集的地区、极端的地形等环境中，无人机的传感器可能无法准确感知到所有的障碍物或变化，导致飞行控制系统无法做出准确反应。无人机的自主飞行技术依赖大量的数据支持，如何确保数据的准确性和实时性，避免因数据不完整或误差过大导致飞行失误，仍然是技术研发中的一大难题。随着无人机技术的普及，如何在法律与伦理框架下合理监管无人机的自动化飞行，防止其被滥用也成为需要解决的重大问题。

三、人工智能在任务决策中的应用

人工智能在任务决策中的应用，尤其在无人机技术中，已经成为提升作战效率和决策质量的关键技术之一。随着大数据、机器学习、深度学习等技术的发展，人工智能不仅能够帮助无人机进行高效的任务规划，还能够在复杂的环境中自主判断并做出决策，极大地提升了无人机的智能化水平和任务执行能力。人工智能技术通过多维度数据分析、模式识别和智能预测等手段，为无人机的任务决策提供了强大支持，尤其在复杂、动态的任务环境中，人工智能的应用极大地提高了任务执行的精准性和灵活性。

在任务决策中，人工智能技术主要通过对大量数据的分析与处理，快速提供决策依据。这些数据包括传感器信息、实时环境数据、任务需求等多方面的信息来源。机器学习模型可以通过对历史数据的训练，建立决策模型，帮助无人机识别任务中的潜在问题，并预测任务中可能出现的挑战。例如，在灾难救援任务中，人工智能可以通过分析历史的灾难数据、天气条件、地形信息等，帮助无人机提前识别哪些区域可能出现更大危险，以优化飞行路径，从而提高任务的执行效率。人工智能的任务决策能力不仅依赖数据的准确性，还要通过对数据进行智能化分析和处理，形成快速反应机制，确保无人机在面对复杂任务时，能够做出最优决策。

在复杂环境下，人工智能帮助无人机解决了传统算法无法应对的非线性问题，尤其在路径规划和任务调度方面。人工智能通过深度学习和强化学习等算法，能够自主对任务进行优化。在飞行过程中，无人机不仅需要考虑飞行路径，还需要动态响应任务中的突发情况。例如，在执行军事侦察任务时，无人机可能遇到敌方的干扰、突发的气象变化等因素，传统的飞行控制系统往往无法做出实时、精准的应对，而人工智能系统则能够通过不断学习和更新，实时分析并调整飞行路径，避免潜在威胁。这种高效、灵活的应变能力使无人机能够在动态、复杂的环境中进行高效作战，以确保任务的顺利完成。

人工智能在任务决策中的应用还体现在多无人机协同作战中。通过集群智能，多架无人机可以共享任务信息和决策成果，协同完成复杂任务。人工智能可以通过算法分配不同无人机的任务，使其在团队中发挥最大优势，从而提高整体任务的完成度。例如，在执行大范围的搜索任务时，无人机集群可以根据人工智能的指示，自动分配搜索区域，并根据实时数据动态调整搜索策略。集群中的每架无人机都能够根据周围环境和任务需求，自主判断是否调整航向、是否与其他无人机协作等，这种高效的集群协同作战能力使得无人机能够在更广泛的任务范围内快速、高效地完成目标。

人工智能还能够为无人机提供决策支持，帮助指挥员进行快速、精准的决策。在执行复杂任务的过程中，人工智能通过对大数据的实时分析，能够迅速为指挥员提供有价值的决策参考。例如，在紧急救援过程中，指挥员可能需要依据实时的地面情况、灾情评估、天气预报等多种因素进行任务优先级的分配和资源的调度。此时，人工智能系统可以通过分析已有数据，自动计算任务的优先顺序，优化资源分配，减少指挥员的决策负担，提高整体作战效率。人工智能不仅能在执行过程中为无人机提供决策支持，还能通过对历史任务数据的总结，帮助指挥员预测潜在的风险和挑战，提前做好预案，从而避免决策中的误差和滞后。

尽管人工智能在任务决策中具有巨大潜力，但其在无人机作战中的应用仍面临着技术和伦理方面的挑战。人工智能系统的决策能力依赖大量数据的支持，而数据的质量和来源直接影响决策的准确性。如果数据存在偏差或不完整，可能导致决策结果不准确，进而影响任务的成功执行。虽然人工智能的算法能够在复杂环境中进行快速决策，但其仍然存在一定的局限性，尤其在处理突发和非常规情况时，可能无法完美应对。为了弥补这一不足，人工智能需要不断进行自我学习和优化，以提升其在动态环境中的应对能力。人工智能在任务决策中的使用也引发了一些伦理问题，尤其在军事应用和监控任务中，如何确保人工智能的决策符合伦理和法律的要求，避免滥用和不当使用成为一个亟待解决的问题。

人工智能在任务决策中的应用极大地提高了无人机执行复杂任务的效率和精准度。通过智能分析与处理、大数据支持、深度学习等技术，人工智能不仅能够帮助无人机完成复杂的飞行路径规划，还能够在多变的环境中自主调整任务策略，提高任务的成功率。随着人工智能技术的不断进步和完善，未来，无人机将在更多领域发挥重要作用，成为现代作战、救援、监控等任务中的得力助手。然而，要充分发挥人工智能的优势，还需要解决数据安全、伦理监管等方面的问题，确保其在任务决策中的应用符合道德标准和法律法规要求。

四、智能算法与飞行控制系统

智能算法与飞行控制系统的结合推动了无人机技术的迅猛发展，使得无人机在复杂环境中的应用更加高效与精确。飞行控制系统（FCS）是无人机的核心，它决定了无人机的飞行稳定性、响应速度和任务执行能力。随着智能算法的引入，飞行控制系统不仅能够实现传统的飞行控制，还能够根据环境变化自动调整控制策略，优化飞行路径，提高任务的成功率和效率。智能算法通过对飞行状态的实时分析，能够预测并消除潜在的风险因素，提供更为精准的控制决策，从而有效提高无人机在复杂任务中的作业能力。

智能算法，尤其是机器学习和深度学习的应用，使得飞行控制系统具备了自适应性和优化能力。传统的飞行控制系统通常依赖预设的规则和模型，但在面对复杂多变的飞行环境时，这些系统可能无法提供足够的灵活性和适应性。智能算法通过对大数据的处理和分析，使得飞行控制系统能够根据实际情况进行实时调整。例如，在执行复杂任务时，智能算法能够根据实时的传感器数据自动识别飞行路径中的障碍物、气象变化等因素，并自动调整飞行策略以避免危险。这种自适应的飞行控制模式使得无人机能够在更加动态和复杂的环境中执行任务，而不受固定控制规则的限制。

智能算法还为飞行控制系统提供了预测和优化的能力。在任务执行过程中，无人机需要根据外部环境变化及时做出反应，如遇到风速、温度、气流等不确定因素时，传统的飞行控制系统可能无法迅速做出反应并进行调整。而智能算法通过实时的数据分析，能够预测飞行中的潜在问题，并提前采取预防措施。例如，利用机器学习模型，飞行控制系统能够根据历史气象数据预测风速变化，并相应地调整飞行路线，以确保飞行稳定性。通过不断优化飞行路径和控制策略，智能算法能有效提升无人机的飞行稳定性，并减少外部环境变化带来的干扰，提高任务成功率。

在无人机协同作战中，智能算法的应用同样至关重要。对于多架无人机协同执行任务，飞行控制系统不仅需要确保每架无人机的稳定飞行，还需要考虑到多无人机之间的协调性和任务分配。智能算法通过数据共享与任务分配，能够实现多架无人机之间的同步作战和协同控制。每架无人机均可通过智能算法获得实时的位置信息和任务进度，从而能够根据整体任务目标调整自己的飞行轨迹和控制策略。智能算法能够优化各架无人机之间的飞行路径，避免相互干扰，并根据任务需要动态调整每架无人机的角色和任务分配，从而提高集群作战的效率和效果。

智能算法与飞行控制系统的结合不仅限于增强飞行性能和协同作战能力，它还对飞行安全和风险管理起到了重要作用。在高危任务中，如军事侦察、灾难救援等，飞行控制系统需要面对突发的危险状况，如敌方干扰、突发气候变化等。在这些情况下，智能算法可以通过实时监测与预测，迅速识别出潜在的威胁，并给出安全飞行路径的调整建议。此外，智能算法还能够通过数据分析和模式识别，检测到飞行过程中的异常行为，提前进行故障预警，从而提高飞行安全性，避免不必要的风险。

尽管智能算法的应用为飞行控制系统带来了诸多优势，但其在无人机控制系统中的应用仍面临一定的挑战。智能算法对数据的依赖性较强，而数据的准确性和完整性直接影响飞行控制的效果。如果输入的数据存在误差或不足，可能导致飞行控制系统做出错误决策，进而影响任务的顺利执行。智能算法的复杂性要求飞行控制系统具备强大的计算能力，这对无人机的硬件提出了更高要求。为了实现实时的数据处理与决策，飞行控制系统需要配备强大的计算资源，这可能导致无人机的重量和能耗增加。虽然智能算法能够提高飞行控制系统的智能化水平，但在面对极端或未知环境时，算法的应变能力仍然有限，可能出现判断失误或反应不及时的情况。

第四节　无人机与其他救援设备的联动

一、无人机与机器人协作

无人机与机器人协作在现代救援任务中，已经成为一种创新的作战模式，尤其在复杂、危险的环境下，二者的结合能够有效提高救援效率与安全性。无人机和机器人各自具备其独特的优势，二者的结合使用能够弥补彼此的短板，从而完成单一设备难以完成的任务。其中，无人机具有较强的机动性和远程操作能力，可以迅速到达灾区的高空或远离地面的地方，进行实时监控与数据采集。而机器人则通常具备更高的承载能力和精密的操作能力，适合在灾后环境中进行复杂的地面救援任务。通过有效的联动，二者能够在不同层面实现互补，进而提供更加全面的救援解决方案。

无人机与机器人的协作模式，主要体现在任务分配和信息共享两个方面。在灾难发生后，无人机通常会首先进入灾区，通过搭载高清摄像头、热成像设备等进行空中侦察，实时传输灾区的整体情况，如建筑物倒塌的范围、被困人员的位置、气候变化等信息。这些信息经过数据处理后，可以帮助地面机器人进行更加精确的任务规划。例如，无人机可以将灾区的三维地图数据传输给地面机器人，使其能够根据实时数据调整行动路径，避免进入危险区域。同时，机器人也能够将地面操作的反馈信息实时传送给无人机，确保整个救援流程的动态调整和优化。这种信息共享和任务协同可以提高救援效率，确保每个设备都能够在最合适的时机和地点发挥作用。

在协作过程中，机器人与无人机的互补性是其成功的关键。虽然无人机可以进行高空飞行、快速移动，但受限于飞行时间、电池容量以及无法直接接触地面物体等因素，无法在灾区进行深入的搜索与救援工作。而机器人则具有较强的地面操作能力，能够在狭小空间内执行任务，如救援物品搬运、重物移除、生命探测等。通过无人机提供的实时空中监控信息，机器人能够更加精准地判断行动路径和任务优先级。反过来，机器人也能够在执行任务时，通过强大的地面传感器和摄像设备向无人机反馈数据，进一步优化整体救援作战的效率。

无人机与机器人联动的关键在于自动化控制和智能算法的应用。现代机器人和无人机都依赖先进的控制系统与智能算法来实现自主操作。在执行救援任务时，机器人和无人机可以通过无线通信进行实时数据交换，并通过互相配合来完成任务的分配与调整。其中，无人机可以为机器人提供空中导航，帮助其避开障碍物并找到最佳路径。而机器人则可以通过地面操作为无人机提供反馈，尤其在复杂地形中，其可以进入无人机无法触及的区域进一步进行勘探。同时，结合人工智能算法，系统能够根据实时环境变化自动调整任务安排，确保每个设备的最佳利用和任务的顺利完成。

无人机与机器人协作的优势还体现在灾后重建和恢复阶段，在灾难发生的初期，环境通常比较复杂，甚至存在着持续的余震、火灾或化学泄漏等危险。此时，无人机能够作为"先遣部队"进入灾区，并对危险区域进行实时的空中侦察和数据采集，以评估整个灾区的情况。而机器人则可以在无人机的引导下，深入地面执行具体的救援任务。例如，机器人可以利用高精度传感器探测被困人员的生命体征，并使用机械臂搬运重物、清理障碍物，或通过拆卸等方式为受困人员创造安全通道。两者的协同作业能够有效节省时间，提高救援效率，避免了单一设备在执行任务时可能面临的局限性。

无人机与机器人在救援中的协作，不仅能够提升单一设备的作业能力，还能够通过两者的优势互补，完成更多复杂的任务。在灾难救援中，二者的结合能够更好地应对高风险环境下的复杂操作，从灾区勘察到具体的救援任务，可以使整个作战流程更加紧密与高效。随着科技的不断进步，智能化、自动化的无人机与机器人协作系统将在未来的救援工作中发挥越来越重要的作用，不仅极大地提升了灾难救援的能力和速度，也为应急管理提供了全新的解决方案。

二、无人机与传统救援设备的融合

无人机与传统救援设备的融合代表了现代救援技术的重要发展方向。随着无人机技术的不断进步，尤其在飞行稳定性、负载能力、数据处理和通信能力方面的提升，越来越多的无人机开始被应用到复杂和危险的救援环境中。尽管无人机在许多救援任务中发挥出了巨大潜力，但它们在执行某些复杂任务时仍然面临诸多局限。因此，如何将无人机与传统救援设备相结合，形成一种优势互补的救援模式，成为提升救援效率和救援能力的关键。

在许多救援任务中，传统救援设备，如消防车、救护车、重型机械设备等已经在行业中得到了广泛应用。这些设备在执行传统任务时具有显著优势，尤其在人员、物资运输、重物清除等方面表现突出。例如，消防车和救护车在灾区的基础设施修复、人员营救等方面具备高效的处理能力；而重型机械设备则可以迅速清理废墟，为救援人员开辟通道。尽管如此，传统设备也有其局限性。例如，在灾区环境复杂、地形崎岖、人员被困在高处或地下等特殊情况下，传统设备往往面临到达困难、操作不便、效率低下等问题。这时，无人机便发挥了至关重要的作用。在这种情况下，无人机主要体现在其快速响应、高机动性和广泛的覆盖范围。无人机的机动性使其能够快速到达传统设备无法到达的区域，并进行实时的勘察和数据采集。例如，在地震后，许多建筑物倒塌，传统救援设备，如推土机和起重机，在清理废墟时可能无法进入狭小区域，而无人机则可以快速飞入这些区域，进行高效的空中侦察、拍摄以及热成像等操作，进而识别被困人员的准确位置。通过无人机传回的实时数据，传统救援设备可以及时做出反应，并制订更为精准的救援方案，进一步提高救援效率。

除了数据采集外，现代无人机还可以与传统救援设备进行有效的协同作业，增强整体救援能力。例如，无人机可以用来执行侦察任务，实时传输灾区情况，并根据这些信息指引传统设备的进入方向。重型机械、起重设备等传统救援设备通常需要获取明确的指引才能有效作业，而无人机通过空中监控与实时图像传输，可以为这些设备提供最合适的操作路线和作业区域。与此同时，传统设备也能够为无人机提供支持，如通过设置无线电信号中继，提升无人机的通信距离和信号稳定性，或者利用起重设备将无人机带到传统设备难以到达的区域，进一步扩展其应用范围。

无人机与传统救援设备的融合还体现在多任务协同处理上，在灾后重建和救援工作中，不同设备往往需要执行不同的任务。无人机可以在上空执行侦察、数据采集、空中喷洒灭火等任务，而传统设备则在地面执行破拆、搬运、救援等任务。通过高效的任务分配与协同控制，救援工作可以实现多个任务的并行执行，显著提高整体救援效率。以空中灭火为例，在火灾发生初期，无人机可以通过搭载消防器材快速到达火源进行灭火，而消防车等传统设备则负责在地面进行灭火、人员疏散等工作，两者的结合形成了空地一体的灭火作战模式，极大地提高了灭火的效率和安全性。

无人机与传统救援设备的融合应用不仅体现在任务执行层面，还可以在灾后评估与恢复阶段起到重要作用。无人机通过实时的高清影像和三维地图数据，能够快速勘察灾区情况，并生成灾后评估报告，为传统救援设备的后续部署提供有力依据。同时，传统救援设备则可以在无人机的引导下，快速、有效地清理道路、恢复基础设施、修复电力和通信线路等，为灾后恢复工作提供有力支持。在灾后恢复过程中，无人机还可以帮助评估环境污染情况、检测被污染的水源或空气质量，为恢复工作提供精准的数据支持。

无人机与传统救援设备的融合，不仅增强了救援任务的效率与精确度，还通过空地协作、多任务并行执行等模式，充分发挥了各自的优势，形成了优势互补的全新救援体系。这种融合模式打破了传统救援设备的局限，进一步提高了救援行动的灵活性、快速性和应急反应能力。随着无人机技术的不断发展和传统救援设备的逐步现代化，在未来的救援任务中，二者的结合将会更加紧密，并成为灾难救援领域中的重要组成部分。

三、无人机与无人车的协同作战

无人机与无人车的协同作战在现代军事行动中，展现出巨大的潜力和应用前景，这种协同作战模式结合了无人机的空中优势和无人车的地面机动能力，能够在复杂多变的战场环境中，实现高效的信息收集、任务执行和资源配置。通过无人机与无人车的紧密配合，指挥官可以获得更加全面和实时的战场态势感知，从而做出更加精准和快速的决策。这不仅提升了作战效率，还大幅度减少了人员伤亡的风险，成为未来战争中的重要发展方向。

无人机与无人车的协同作战依赖先进的通信和控制系统，这些系统确保了无人机和无人车之间能够实现无缝的数据共享和实时指挥控制。通过高效的无线通信网络，无人机能够将空中收集的情报、实时图像和环境数据传输给无人车，无人车则将地面情况和任务进展反馈给无人机。这种双向的信息流动使得两者能够协同作战，动态调整作战策略。例如，在执行侦察任务时，无人机可以先进行空中侦察，识别敌方位置和潜在威胁，再将这些信息传递给无人车，无人车则根据情报进行地面部署和战术行动，进而形成高度协同的作战体系。

在具体的任务执行中，无人机与无人车各自发挥着互补的作用。其中，无人机凭借高机动性和远程监控能力，能够迅速覆盖广阔的战场区域，进行空中侦察、目标定位和火力支援。而无人车则具备强大的地面机动能力和任务执行能力，能够进行物资运输、地面清障、近距离打击等任务。当无人机发现敌方目标或障碍物时，可以即时将信息传递给无人车，无人车则根据指令进行快速响应，进而执行相应的作战任务。这种任务分配和协同作业模式使得整个作战过程更加高效、灵活，能够应对多变的战场环境和复杂的作战需求。

无人机与无人车的协同作战也面临着诸多技术挑战，如何确保二者之间的稳定通信和数据传输是关键问题之一。在复杂的战场环境中，信号干扰和通信中断可能导致信息传递的延迟或丢失，进而影响协同作战的效果。如何实现无人机与无人车之间的智能化任务分配和协同控制，也是一个技术难题。这需要依赖先进的人工智能算法和自主决策系统，使得无人机与无人车能够根据实时战场情况自主调整任务和行动策略。此外，导航和定位技术的精确性也是保障协同作战顺利进行的重要因素，特别是在复杂地形和恶劣天气条件下，无人机与无人车需要具备高度的环境感知和路径规划能力，以确保其能够准确完成任务并避免碰撞。

未来，随着人工智能、机器学习和大数据技术的不断发展，无人机与无人车的协同作战将更加智能化和高效化。通过深度学习算法和自主决策系统，无人机与无人车将能够实现更加复杂的任务分配和协同控制，进一步提升作战效能。随着5G通信技术的普及和应用，无人机与无人车之间的实时通信将更加稳定和高速，进一步增强其协同作战能力。

第七章 无人机技术的未来发展与挑战

第一节 无人机技术的未来发展

一、新型无人机平台的研发趋势

当前，新型无人机平台的研发趋势正处于飞速发展之中，尤其在无人机技术不断进步的背景下，未来，无人机平台将更加多样化、高性能且智能化。这些新型平台不仅在传统的军事、安防和民用领域有着广泛应用，也将推动各行各业在精确作业和数据采集等方面的变革。新型无人机平台的研发趋势可以从多个方面进行探讨，其中包括多用途平台的设计创新、更高效的能源使用、人工智能技术的深度融合、集群飞行技术的突破，以及更加人性化的操作系统等。随着无人机技术的逐渐成熟，行业需求也变得更加多样化，传统的单一功能无人机平台已经无法满足未来复杂环境中的需求。因此，新型无人机平台在设计时将更加注重多功能性。例如，无人机将能够集成更强的传感器，进行多种任务的处理，如监控、环境监测、数据传输等。同时，新型平台将支持更加灵活的任务切换，如能够在不同作业环境中迅速调整作业模式，保证作业效率和准确性。这种多用途无人机平台的设计不仅提高了系统的性价比，也拓宽了其应用领域，特别是在灾难救援、农业喷洒、物流配送等行业中的潜力巨大。

能源效率的提升是未来无人机平台研发中的另一个重要趋势，许多无人机的续航时间受到电池技术的限制，长时间飞行和高负载任务都需要依赖更强大的电池。然而，现有的电池技术仍然存在一定"瓶颈"，尤其在飞行器需要承担更高载荷或长时间飞行时，电池的容量与重量之间的矛盾使得无人机的作业效率受到限制。未来，随着固态电池、氢燃料电池等新型能源技术的进步，无人机的能源效率将得到显著提升。这些新型电池不仅在续航能力上更具有优势，而且在充电速度和使用寿命上均能够满足无人机日益增长的需求。此外，太阳能和风能等可再生能源的利用也将成为无人机平台研发的一个重要方向，尤其在长时间作业或高空飞行的应用场景下，能源的自给自足将成为未来无人机的重要特性。

人工智能技术的深度融合也将推动新型无人机平台的快速发展。随着人工智能技术的日趋成熟，未来的无人机将不仅仅依赖于传统的遥控操控，而是更加注重自主飞行与决策能力的提升。无人机将配备更先进的计算平台和传感器，能够实时分析周围环境，做出独立决策。特别是在复杂环境下，无人机能够依靠自身的人工智能系统进行实时路径规划、障碍物避让和任务执行。例如，无人机可以在搜救任务中，通过深度学习分析图像和传感器数据，自动识别灾区中可能存在的幸存者，而不需要依赖人工遥控。这一智能化的提升不仅能够提高无人机的作业效率，还能够在不依赖人为干预的情况下，执行更加复杂和高效的任务，极大地拓宽了无人机的应用场景。

集群飞行技术也是新型无人机平台研发的重要方向，随着无人机技术的发展，未来将不再局限于单一无人机执行任务，而是通过多架无人机协同工作，实现集群飞行的目标。这种集群飞行技术的突破将带来更高的效率和更强的作战能力。在集群飞行中，无人机能够互相协作，形成协同作战或协同搜救等任务模式。通过信息共享、任务分配和智能协同控制，每架无人机都可以在集群中发挥最大优势，提升任务执行的整体效率。例如，在农业领域，无人机集群可以同时进行大面积的作物监测和精准喷洒作业；在灾难救援中，集群无人机能够覆盖更广阔的区域，进行实时搜救和信息传输。集群飞行技术不仅能够提高无人机的任务完成效率，还能够增加任务的灵活性和覆盖范围，满足不同领域日益增长的需求。

在操作系统和人机界面方面，未来的新型无人机平台将更加人性化，操作也更加简便和智能化。当前，无人机操作依然面临一定的技术门槛，特别是在复杂的飞行任务中，操作员需要掌握较多的飞行控制技能。未来，随着虚拟现实（VR）、增强现实（AR）和自然语言处理等技术的应用，无人机的操作界面将更加直观和友好，操作员可以通过简单的语音指令或手势控制无人机，甚至不需要复杂的遥控器和屏幕。这种智能化的控制方式将使得更多非专业人士能够参与无人机操作，进而拓宽无人机的应用群体。随着人工智能技术的提升，未来的无人机系统将更加自主，能够独立完成许多任务，从而减少对操作员的依赖，进一步降低操作难度和风险。

未来，新型无人机平台的研发将朝着多元化、智能化和高效化的方向发展。这些平台不仅将具备更强的作业能力和适应性，还能够在复杂环境中灵活应对各种挑战。随着技术的不断创新，无人机平台将在军事、民用和工业领域发挥越来越重要的作用，进而推动相关行业的数字化、智能化发展。

二、无人机与人工智能的结合

无人机与人工智能的结合代表了未来技术发展的一个重要趋势。这种结合不仅为无人机的应用开辟了新的领域，也为多个行业带来了革命性变化。人工智能的引入使得无人机不仅能够在预定的路径上飞行，还能够根据环境变化自主做出决策，从而大大提升作业效率、精度和灵活性。随着人工智能技术的不断发展，无人机在搜救、监控、农业、物流等领域的应用将更加广泛，且表现出巨大潜力。传统的无人机飞行依赖人工控制或简单的预设路线，而引入人工智能后，无人机能够通过集成的传感器与算法，实时感知周围环境并进行动态调整。例如，利用计算机视觉技术，搭载人工智能的无人机可以识别障碍物，避免碰撞，并在复杂地形中自主选择最优路径。通过深度学习，无人机能够在飞行过程中不断优化决策，不仅能在更复杂的环境中执行任务，还能在突发情况下做出更合理的应对。智能飞行不仅减少了对人工干预的需求，还提高了飞行的安全性和可靠性，尤其在执行危险任务时，人工智能能够极大地减少人力成本和风险。

除了自主飞行外，人工智能还使得无人机在数据处理和任务执行方面具备了更强的能力。无人机常常需要采集大量数据，而这些数据的处理和分析是实现任务目标的关键。传统方法依赖人工对数据进行后期分析，而搭载人工智能技术后，无人机能够在飞行过程中实时分析所采集到的数据。例如，在农业监测中，人工智能算法可以实时分析无人机获取的图像，自动识别作物生长的状态，判断病虫害的风险，甚至能精确定位需要喷洒农药的区域，从而提高作业效率，并减少资源浪费。在灾难救援中，人工智能则能够帮助无人机识别灾区的受灾情况、定位幸存者，并通过图像处理技术提升搜索效率。数据处理与任务执行的智能化，使得无人机不仅能够高效完成任务，还能够在执行过程中优化策略，减少不必要的资源消耗。

在多无人机协同作战方面，人工智能技术的作用尤为重要。随着集群飞行技术的发展，使多个无人机同时执行任务成为可能，这就要求无人机能够在不依赖人工干预的情况下进行协同合作。人工智能通过分布式计算和决策制定，使得每一架无人机都能根据任务需求和环境变化进行自主决策，同时与其他无人机共享信息并协调飞行。通过机器学习和深度学习，无人机能够在协同作战中不断学习和优化合作模式，从而提高集群飞行的效率和任务执行的精准度。例如，在灾区搜索救援中，无人机集群能够根据现场反馈的信息分配任务，实时调整飞行路径和任务优先级，最大限度地提高救援效率。人工智能还能够在多无人机的协同作战中判断整个任务的进度，预测可能出现的风险，并对不同无人机的状态进行实时监控，以确保任务的顺利完成。

人工智能与无人机的结合还增强了对环境的适应能力。无人机在执行任务时往往面临复杂多变的环境因素，如天气变化、地形复杂、信号干扰等，这些因素可能影响飞行的安全性和任务的完成度。通过集成人工智能算法，无人机能够实时分析环境数据，做出相应调整。例如，通过气象数据分析，人工智能可以预测风速、气压等对飞行的影响，从而调整飞行高度和速度。在低光照或夜间环境中，无人机通过计算机视觉和人工智能算法能够提高图像识别能力，继续完成精确定位和目标识别。在一些恶劣环境下，人工智能使无人机能够在有限的信息和资源下，依然维持良好的作业表现。这种环境适应能力的提升，使得无人机能够执行更加复杂且具有挑战性的任务，从而在更多行业中得到广泛应用。

人工智能在无人机应用中的结合也面临着一系列的挑战和问题。例如，数据隐私和安全问题是人工智能与无人机结合中的一个重要议题。由于无人机常常在空中采集大量的图像、视频和传感数据，这些数据可能涉及个人隐私和敏感信息。因此，如何保证这些数据的安全，防止被非法获取或滥用是亟待解决的难题。此外，人工智能在无人机中的应用还可能面临技术层面的挑战，如算法优化、计算能力的限制等。尽管现代无人机已经具备了相当强大的计算平台，但面对复杂任务时，人工智能算法的实时计算仍然可能带来延迟或错误，这需要进一步的技术改进和优化。

无人机与人工智能的结合正引领着技术创新和产业变革。随着人工智能技术的不断成熟，未来，无人机将具备更加智能化的自主决策能力，能够在复杂环境中高效执行各种任务。无论是在军事、农业、物流、还是救援等领域，无人机与人工智能的深度融合都将为各行各业带来前所未有的变革。未来，随着技术的不断演进，我们将看到更多的无人机应用场景，极大地推动社会的智能化发展。

三、无人机的智能化与自主飞行

无人机的智能化与自主飞行技术是当前航空技术发展中的重要方向,标志着无人机从传统的遥控操控向更高效、更灵活的自主操作系统转变。智能化技术使无人机具备了更多自主决策和实时调整的能力,不仅增强了其在复杂环境中的适应性,也为其广泛应用提供了更为可靠的技术保障。随着人工智能、计算机视觉、深度学习和传感器技术的进步,无人机的自主飞行能力正在不断提高,这使得它们在无人驾驶、自动航线规划、障碍物避让、环境适应等方面表现出卓越的性能。

无人机的智能化首先体现在飞行控制系统的智能化上。传统无人机主要依靠飞行员的遥控操作,飞行模式单一且高度依赖外部指令。而现代无人机则集成了更加智能化的飞行控制系统,通过传感器、GPS、惯性导航系统以及高级飞行控制算法,能够根据周围环境实时调整飞行姿态和路径。例如,智能飞行系统可以通过传感器采集飞行过程中遇到的障碍物信息,快速进行避障决策,并及时调整飞行路径,避免碰撞事故的发生。这种自动化控制极大地提升了飞行安全性,特别是在一些高风险或复杂任务的执行中,能够有效减少人工干预的需求,并提高任务执行的效率。

智能化技术的引入还使无人机具备了更强的自主导航能力。传统的导航系统依赖固定路径的规划和执行,而现代无人机通过机器学习与深度学习算法,能够在实时飞行中不断优化导航路径。这种自主导航技术可以根据实时环境变化动态调整飞行路线。例如,在复杂的城市环境或山区中,传统的GPS信号可能受到干扰,无法提供精确定位。而智能导航系统则能够利用视觉识别、激光雷达、超声波传感器等多种技术进行地面或障碍物的检测,并结合地图数据重新规划路径,以确保无人机在没有人工干预的情况下完成任务。这不仅提升了飞行的灵活性,还为无人机提供了更广泛的应用场景。

自主飞行还使得无人机能够执行更加复杂的任务。随着人工智能技术的应用,无人机在数据采集、目标识别和任务执行中的表现得到了显著提升。通过人工智能与计算机视觉技术的结合,无人机能够在飞行过程中对所拍摄的视频或图像进行实时分析,从而实现自动目标检测与跟踪。例如,在农业监测中,无人机能够通过摄像头识别作物的病虫害,自动判断哪些区域需要喷洒农药,而不需要人工参与。在灾区搜索与救援中,智能化无人机可以自动识别受灾区域,并对其中的幸存者进行定位。这种智能化的自主决策与执行使得无人机在复杂任务中的表现得到了极大地提升，能够高效、精确地完成任务，尤其在人工无法进入的区域，智能无人机更具有优势。

无人机的智能化还体现在飞行中的协同作战能力上，在多无人机协同飞行的任务中，智能化技术发挥了重要作用。多个无人机的协同作战要求它们能够在同一任务中完成各自不同的任务，并协调配合。例如，在大规模灾难救援中，多架无人机通过智能系统能够实时共享信息，协同完成地图绘制、人员搜救、物资投放等任务。智能算法能够根据任务需求对多架无人机进行分配，并实时调整它们的飞行路径，确保每一架无人机都能高效完成各自所分配的任务。同时，智能化无人机还能根据飞行中的状态信息和环境变化，动态调整自己的角色和任务分配，从而保证整个作战体系的最优化。这种协同作战能力的提升不仅提高了作业效率，也增加了无人机在执行复杂任务时的灵活性和适应性。

随着智能化技术的不断进步，无人机的自主飞行还面临着许多挑战。例如，虽然智能化控制系统和导航技术能够使无人机避开大多数障碍物，但在极端天气条件、强干扰环境下，系统可能无法正常运行。无人机的自主决策能力仍有待进一步提高，尤其在面对突发情况或多变环境时，如何通过人工智能算法做出最优决策，仍是当前技术发展的难题。无人机的智能化程度越高，对计算能力、传感器精度、算法优化等方面的要求就越高，这些技术"瓶颈"限制了其在更多场景中的应用。然而，随着人工智能技术、计算机视觉、边缘计算等领域的持续发展，未来，无人机的自主飞行技术将迎来更大突破，能够在更加复杂和多变的环境中执行任务。

无人机的智能化与自主飞行技术，正在引领着航空技术和无人驾驶领域的变革。它们不仅大大提高了无人机在任务执行中的自主性与灵活性，还为各行各业的应用开辟了更为广阔的空间。从农业监控到物流配送，从灾害救援到军事作战，智能化无人机的广泛应用将推动社会生产和生活效率的提升。然而，在面临技术挑战和法规约束的同时，无人机的智能化发展也需要更多技术创新与政策支持，以应对未来的多变需求。

第二节 无人机应用面临的挑战

一、飞行安全与技术保障

无人机应用的迅速发展使其在多个领域中展现出巨大潜力，但随着技术的推进，飞行安全和技术保障问题逐渐成为无人机应用中不可忽视的挑战。飞行安全不仅涉及无人机本身的操作稳定性，还包括与其他飞行器、环境因素、地面设施等的协同，以避免发生冲突。技术保障是确保无人机系统能够在复杂和不可预测的环境中高效、安全运行的核心。随着无人机飞行应用范围的不断扩展，飞行安全与技术保障的重要性日益凸显，对无人机技术的发展、标准的制定和法律的完善提出了更高要求。

飞行安全的首要问题是无人机的硬件和软件的可靠性。在实际飞行过程中，无人机可能受到各种因素的影响，导致飞行系统失效或无法控制。在硬件方面，电池故障、传感器失灵、动力系统故障等都可能影响无人机的飞行安全。例如，电池的容量和充电状态直接影响飞行时间与高度，而电池过热或老化可能导致电池爆炸或掉电，使无人机失去控制。同时，传感器的失效或不精准也会导致无人机在飞行过程中出现导航偏差或障碍物避让失败。在软件方面，无人机的飞行控制系统必须应对各种复杂的飞行环境和突发状况，任何小的程序错误或数据处理问题都可能导致飞行器的控制失误。因此，无人机的硬件与软件的设计、制造和维护必须高度重视安全性及稳定性，以确保无人机能够在各种条件下安全、稳定飞行。

无人机的飞行安全还受到环境因素的影响，特别是在复杂或不确定的环境中，飞行安全的保障更加困难。例如，在城市环境中，无人机不仅要避开建筑物、广告牌、树木等障碍物，还要避免与其他飞行器或低空飞行的鸟类发生碰撞。在山区、森林等复杂地形中，无人机可能因为地形起伏、风力变化而难以稳定飞行，进而增加了飞行失误的风险。在恶劣天气条件下，风速过大、降水、雷电等都会影响无人机的稳定性和操作性。目前，尽管无人机已经具备了一定的气象适应能力，但在极端天气或特殊环境下，仍然存在较大的安全隐患。因此，如何提升无人机的环境适应能力，使其能够在各种复杂环境中稳定飞行，是保障飞行安全的重要方向。

飞行安全的另一大挑战是人与机器的互动及操控系统的可靠性。尽管许多无人机配备了自动化飞行系统，能够根据预设程序自主完成任务，但在面对突发状况时，人工干预仍然是确保飞行安全的重要手段。无人机的操控系统不仅需要具备良好的操作稳定性和精准性，还需要实时响应飞行员的指令，尤其在紧急情况下，飞行员的判断和操作能力直接关系飞行安全。同时，飞行员的操作技能和对飞行环境的了解也至关重要。如果飞行员对无人机的操作不熟悉，或在紧张情况下无法做出正确决策，也可能导致飞行事故。因此，飞行员的培训和操控系统的改进，对于提高飞行安全具有不可忽视的作用。

另一个飞行安全的挑战是无人机与其他飞行器的空中碰撞风险。在飞行密集的区域，无人机与民用飞机、直升机等其他飞行器的碰撞风险尤为突出。现有的空中交通管理体系并未全面覆盖低空空域，这使得无人机飞行安全监管面临巨大挑战。尽管一些先进的无人机配备了避碰系统，可以自动避开飞行障碍物，但在高密度的空域，避碰系统的有效性仍然有限。由于无人机与传统飞行器的协同飞行技术及空域管理体系尚不完善，可能会导致二者在共享空域中出现运行冲突。因此，如何通过技术创新和政策制定，建立一个全面的低空空域管理系统，协调不同飞行器之间的飞行活动，保障无人机飞行安全，是未来发展的重要任务。

在技术保障方面，无人机在飞行中面临的一个重要问题是数据安全与传输稳定性。无人机的飞行控制系统、传感器数据、图像数据等都需要通过无线信号进行传输，而无线信号的传输距离、稳定性和安全性决定了飞行任务的成功与否。在长时间飞行或大范围作业时，无人机可能面临信号中断、干扰等问题，进而导致系统失控或数据丢失。例如，遥控信号的干扰可能使无人机无法正常接收到飞行指令，甚至出现控制失效。数据传输的安全性也是一个亟待解决的问题，特别是在军事、安防等敏感领域，无人机的数据泄露或被恶意篡改的风险极高。因此，提升无线通信技术的稳定性和安全性，开发更加可靠的飞行控制系统和数据加密技术，对于保证无人机的飞行安全具有重要意义。

飞行安全与技术保障是无人机应用面临的核心挑战之一，随着无人机技术的不断发展和应用范围的不断扩展，飞行安全问题不仅关系无人机本身的稳定性和可靠性，还涉及与外部环境、其他飞行器以及操作员的互动。未来，飞行安全技术的提升将依赖硬件、软件、环境适应能力和人机协作等多方面的改进。只有在保障技术不断完善的基础上，无人机才能在更加复杂、多变的环境中发挥优势，满足各行各业的应用需求。

二、设备维护与管理问题

无人机作为一种高技术、高智能的设备，其应用广泛且前景广阔，特别是在灾难救援、农业监测、环境保护等领域中发挥着重要作用。然而，随着无人机应用范围的不断扩展，设备的维护与管理问题也逐渐显现。无人机的高频使用、复杂的作业环境以及多变的操作条件，都对其设备的维护和管理提出了更高要求。设备维护与管理问题不仅关乎无人机的性能稳定和安全性，还影响其使用寿命和运行效率，因此，做好无人机设备的维护和管理已成为无人机产业持续发展的关键因素。无人机由多个复杂部件组成，包括飞行器本体、电池、电动机、传感器、飞行控制系统、导航系统等，每一部分都可能在使用过程中受到外界环境的影响，导致故障或损坏。例如，电池是无人机最为关键的部件之一，电池的老化、损坏或过度使用都会导致飞行时间缩短、充电困难等问题，甚至发生电池起火的安全事故。电动机和传感器在高负载、高温等环境下使用时，容易受到过度磨损或环境污染，造成设备失灵。由于无人机所处的工作环境一般较为恶劣，尤其在高温、潮湿、风沙等条件下，外部环境的变化对无人机部件的损耗较大，增加了维护工作的难度。因此，定期检查和维护无人机的硬件部分，保证各个部件的良好状态是设备管理中的重要内容。

飞行控制系统是无人机正常飞行和执行任务的核心部件，它涉及无人机的飞行稳定性、导航精度、路径规划等多个方面。一旦飞行控制系统出现故障，可能导致无人机失控，甚至发生坠机事故。飞行控制系统的维护不仅需要定期检查其硬件部分，还需要关注软件部分的更新和优化。随着无人机应用环境的不断变化，飞行控制软件也需要根据不同需求进行调整和升级，确保软件系统能够适应新的任务需求和飞行环境。此外，飞行控制系统的数据记录和故障诊断也是设备维护的重要部分。通过对飞行日志和故障数据的分析，可以有效发现潜在的技术问题，提前进行处理，避免发生重大故障。无人机的存储环境直接影响其长期运行的稳定性，尤其在长期不使用的情况下，存储条件不当会导致无人机部件的老化和损坏。例如，无人机的电池需要在特定的温度和湿度下存放，以避免极端环境对电池性能的影响。同时，无人机的机体、传感器等部件也应避免高温、潮湿、腐蚀等环境，确保其性能不受影响。因此，合理的存储环境和保养措施对于延长无人机的使用寿命，并保证其运行稳定性至关重要。在一些特殊的应用环境下，如高海拔、极寒等极端条件下，无人机设备的维护与管理工作更加复杂，需要根据具体环境特点制订专业的保养方案。

尽管无人机具备较强的自主飞行能力和故障自检功能，但在长时间的使用过程中，难免出现设备损坏或故障。此时，维修工作显得尤为重要。维修不仅仅是更换部件那么简单，还涉及故障原因的分析、损坏部件的修复，以及飞行安全的检测等。无人机维修需要具有专业技术的人员进行操作，不同类型的无人机可能需要不同的维修方案。因此，维修技术的提升和维修人员的培训至关重要。同时，维修配件的供应也需要得到保障，尤其在一些偏远地区，设备故障后的维修时间往往较长，配件的短缺可能导致无人机停机时间过长，进而影响任务的执行。因此，建立完善的维修体系和配件供应链是保证无人机设备长期稳定运行的基础。随着无人机数量的增加，尤其在一些大型应用场景中，如何有效管理大量无人机成为一项重要任务。传统的设备管理模式已无法满足快速发展的无人机产业的需求，越来越多的无人机管理平台开始采用数字化、智能化手段，以实时监控和管理无人机的状态。通过物联网、大数据等技术，可以实现无人机设备的远程诊断、实时监控和状态更新，从而及时发现潜在的故障风险和管理问题。数据化管理不仅可以提升设备维护的效率，还可以对历史维修数据进行分析，以优化设备管理策略，延长设备的使用寿命。

设备维护与管理问题是无人机应用中不可忽视的挑战，随着无人机应用范围的不断扩大，设备维护的难度也在逐渐增加。硬件的磨损与老化、飞行控制系统的更新与升级、存储与保养的管理、维修技术与人员的培养，以及智能化管理平台的建设都在影响着无人机的设备管理水平。只有加强设备维护与管理，才能确保无人机的稳定运行和安全性，为其在更广泛领域中的应用奠定基础。

三、无人机的社会接受度

近年来，无人机作为一种新兴的科技产品，在多个领域得到了广泛应用，如救灾、农业、环境监测、物流等。然而，无人机技术的迅速发展也引发了社会的广泛关注，其社会接受度问题逐渐成为科技发展与应用中的一大挑战。社会接受度不仅仅是指公众对无人机技术的认知和接纳程度，还涉及对无人机应用的信任、安全、隐私、伦理等多个维度的考量。因此，如何提升无人机的社会接受度，消除公众疑虑，推动其健康、可持续的发展成为政策制定者、企业和技术开发者共同面临的重要课题。

尽管无人机技术已被广泛应用，但对于不少普通民众而言，无人机仍是一个相对陌生的概念。很多人对无人机的认知停留在媒体报道中的负面信息上，或者将无人机与军事用途相联系，这无疑影响了其社会接受度。公众对无人机的误解往往源于缺乏对这一技术的深入了解，以及对其实际应用场景的认知。无人机在空中飞行时涉及的技术复杂性、操作规范以及安全性等问题，使得部分人对无人机的应用产生了顾虑。解决这一问题的关键在于加强公众的科技教育，普及无人机技术的知识，尤其突出无人机在民用领域中的积极作用。通过科普活动、媒体报道，以及与公众的互动，可以让更多人了解无人机的优势与潜力，从而提升其对无人机的接受度。

无人机在执行任务时往往需要拍摄、监控、收集大量数据，特别是无人机应用于城市监控、环境保护、救援等领域时，其对个人隐私的潜在侵犯引发了公众的广泛关注。无人机能够轻松实现空中拍摄，甚至可以在较隐蔽的角度进行监视，这使得人们对其隐私保护问题产生了忧虑。在一些城市地区，居民对无人机飞行产生了恐慌，担心自己在日常生活中可能被监控或记录。因此，如何解决无人机的隐私侵犯问题，制定合理的隐私保护措施成为提升无人机社会接受度的重要环节。隐私保护法规的完善、技术手段的创新以及无人机操作员的自律性，都是有效减轻隐私侵犯问题的必要措施。只有确保无人机的操作和数据处理符合相关的隐私保护标准，才能赢得社会的信任。

无人机的飞行安全性直接关系到人身安全和财产安全。如果无人机在飞行过程中发生故障或操作失误，可能导致飞机坠落、伤及无辜或损坏财物。由于无人机在飞行过程中高度灵活、快速，而且常常在人群密集的区域活动，这种安全隐患容易引发社会的不安和恐慌。为了提高公众对无人机的接受度，飞行安全必须得到充分保障。政府和相关监管机构应该制定严格的飞行安全标准，对无人机的飞行进行科学管理。企业也需要加强技术研发，提高无人机的可靠性，避免设备故障带来的安全事故。同时，公众对无人机安全管理的信心，也需要通过实际案例和透明的飞行记录来增强，这有助于消除公众的疑虑，提升社会接受度。

无人机在执行任务时，特别是在军事或战斗领域的应用，可能涉及伦理和道德的界限。在救援、安防等领域，尽管无人机的使用有助于提升效率和精准度，但如何确保其在执行任务时不损害人类的基本伦理和尊严，也是社会关注的焦点之一。无人机是否能替代人工进行决策，是否存在对人类行为的过度干预等问题都需要得到深入讨论和解答。对于无人机在伦理问题上的界限，社会各界需要达成共识，并制定相关的法律法规来规范其应用，以确保其在正当领域内发挥积极作用，避免滥用或误用。因此，社会对无人机的接受度还与其伦理合法性密切相关，提升伦理合规性的认知将有助于增强社会对无人机的支持和信任。

随着无人机技术的普及，许多传统行业的岗位可能被无人机取代或发生变革。例如，在物流行业中，无人机的广泛应用可能减少对人工快递员的需求；而在农业领域，无人机的精准播种、喷洒等操作可能取代人工操作。虽然这一变化提高了工作效率，但也可能引发社会对失业问题的担忧。如何平衡技术进步与社会结构的适应，保障人们的就业机会，避免技术带来的社会不公成为提升无人机社会接受度的关键问题。政府和企业可以通过政策支持、人才培训等方式帮助社会成员适应技术变革，减少技术引发的社会冲突与不平等，确保无人机技术为社会带来的积极影响能够普遍惠及各阶层。

无人机的社会接受度受多方面因素的影响，包括公众的技术认知、隐私保护、安全保障、伦理规范以及就业影响等。提升无人机的社会接受度需要各方的共同努力，从技术研发、政策制定、社会宣传等方面着手，建立起全方位的支持体系。只有在保障飞行安全、隐私保护和伦理合规的前提下，才能促使无人机技术在社会中获得广泛的接受和支持，进而推动无人机产业的健康发展。

第三节　未来无人机在抢险救援中的潜力

一、灾害预防中的应用

灾害预防是抢险救援工作中至关重要的一环。随着全球气候变化带来的极端天气事件频发，以及自然灾害的发生频率和强度逐年增加，灾害预防的需求愈加迫切。在此背景下，无人机作为一种高效、灵活、智能的技术手段，已经成为灾害预防领域的重要工具。无人机凭借其独特优势，如空中侦察、实时数据传输、高度机动性等，在灾害预防中的应用前景广阔，能够为各类灾害的防范、预测和应急响应提供有力支持。在自然灾害频发的地区，尤其在地震、洪水、滑坡等高风险区域，提前了解和掌握灾害的潜在风险与危险点是灾害预防工作的基础。无人机具备快速部署和高效侦察的能力，能够在短时间内对灾区进行广泛的空中扫描和地面监测。例如，在洪水发生前，通过无人机搭载高精度传感器进行水位监测和流域变化分析，可以及时获取实时数据，从而帮助救援人员预测水灾的范围和强度。无人机通过激光雷达、红外成像等技术手段，可以对山体滑坡等地质灾害的发生区域进行精准监测，及时发现隐患并采取预防措施，从而降低灾害发生的风险。

在灾害发生的预警阶段，灾区可能面临通信中断或交通不便等问题。无人机凭借空中飞行的特点，可以克服这些困难，在灾难发生前或发生过程中，快速将现场的最新信息传输到指挥中心，提供实时数据支持。通过无人机实时传输的视频、图像和传感器数据，救援人员可以及时掌握灾区的最新情况，并根据现场的实际情况制定有效的预防和应对策略。例如，在火灾预警阶段，无人机可以通过热成像技术监测高温区域，帮助消防部门预测火灾蔓延的速度和方向，从而提前部署消防力量和物资，防止火灾蔓延至更广泛的区域。此外，无人机还能够在灾害发生之前进行环境监测，为灾害的提前预防提供数据支撑。同时无人机携带的各种环境传感器能够检测空气质量、土壤湿度、水源污染等环境指标，为灾害预警提供重要信息。在防范森林火灾方面，利用无人机对森林的湿度、气温、风速等进行实时监测，能够有效预测火灾的发生和蔓延路径，从而提前采取措施，避免灾害的发生。在地震频发的地区，利用无人机搭载地震波探测仪器进行地震前兆的监测，能够为地震的预测提供重要依据，以提前进行人员疏散和设备加固等工作，从而最大限度地减少灾害的损失。

无人机在灾害预防中的潜力还体现在能与其他先进技术相结合，提升灾害预防的精确性和效率。例如，无人机与人工智能、大数据分析技术相结合，可以使灾害预防更加智能化、精准化。无人机采集的大量数据可以通过人工智能技术进行分析和处理，并从中提取出潜在的灾害风险信息，从而实现更加科学和精准的灾害预测。大数据技术能够将不同来源的数据进行整合，形成灾害预防的全局视角，为决策者提供更加准确的风险评估和应对方案。结合云计算技术，无人机采集的数据可以在云平台上进行存储和分析，便于灾后快速恢复和长时间的灾害风险管理。灾害通常是多种因素共同作用的结果，一种灾害往往会引发或加剧其他灾害的发生。例如，洪水可能导致山体滑坡，火灾可能引发空气污染等问题。因此，多灾种联合预警成为灾害预防的一个重要方向。无人机通过多种传感器的集成，可以同时监测不同类型的灾害预警信息。例如，在台风、暴雨等极端天气发生时，无人机可以监测天气变化、风速、水位、气压等多项数据，进行多维度的灾害风险评估。通过无人机的集群作业，实时传回的多维数据可以帮助救援人员预测不同灾害的联动效应，为防灾、减灾工作提供更加全面、精准的决策支持。

无人机在灾害预防中的应用前景十分广阔，且具备高度的灵活性、精确性和实时性。通过无人机的广泛应用，可以在灾害发生之前及时发现潜在风险，并进行科学的风险评估和灾害预测，以提升预警系统的效率和准确性。无人机不仅能提供实时数据支持，还能与其他先进技术相结合，如人工智能、大数据分析等，推动灾害预防向更高水平发展。随着技术的不断进步和应用场景的不断拓展，未来，无人机将在灾害预防中发挥更大作用，成为抢险救援工作中的重要力量。

二、无人机在应急响应中的作用

无人机在应急响应中的作用不可小觑，尤其在处理突发事件和灾难性事故时，它能够提供迅速、精准、灵活的支持。随着技术的发展，无人机已经逐渐成为应急响应领域不可或缺的工具，尤其在火灾、地震、洪水等灾害发生时，其可以通过实时数据传输、现场监控和环境评估等手段，大幅提高应急响应的效率和精准度。无人机的高机动性、远程操作能力以及集成的传感器技术，使其在应急响应中具有独特优势。当灾害发生时，传统的救援方式往往由于交通受阻或通信中断等原因，难以迅速进入灾区。而无人机可以快速飞入灾区进行空中侦察，从而获取实时的灾区状况。这一过程不受地面交通、天气等因素的制约，能够在短时间内覆盖广泛区域，并通过高清摄像头、红外传感器、热成像等技术实时回传现场画面和数据。无论是火灾现场的热源分布，还是地震后建筑物的结构损毁情况，抑或洪水灾区的水位变化，无人机均能提供精准的空中图像和数据，帮助指挥中心快速评估灾情，做出科学决策，这种高效的侦察方式显著提升了应急响应的时效性和科学性。

在应急响应过程中，如何迅速、有效地调动救援资源，合理分配任务，将直接影响救援工作的成功与否。无人机能够在灾区提供空中视野，帮助指挥中心实时掌握灾区的具体情况，从而实现任务的精确调配。例如，在火灾区，无人机可以帮助消防指挥员确定火灾的蔓延情况，及时将灭火队伍引导到火源的最危险位置。同时，无人机还可以搭载通信中继设备，帮助救援人员建立应急通信网络，确保指挥中心与各个救援小组之间的实时联系。当救援队伍分布在广泛区域时，无人机的空中监控能够帮助指挥员协调各小组的行动，以确保资源的最优利用和行动的高效性。传统的应急响应方式往往需要大量时间进行部署，尤其在交通受阻的情况下，救援人员和物资的调度非常困难。而无人机可以快速起飞，迅速到达灾区进行作业。它不仅能够迅速提供现场图像，还能够携带急需的物资，如药品、食品、水源等投送到灾区。这种无人机物资投送的方式相比传统的人工配送更加高效且灵活。尤其在一些特殊灾害发生后，短时间内交通无法通行的情况下，无人机能够通过空中投送为受灾群众提供急需的物资，以缓解救援物资紧缺的问题。

在地震、火灾等灾害发生时，现场环境极为复杂，救援人员往往面临严重的安全风险。而无人机能够进入这些危险环境，进行高效的勘察与操作，从而避免救援人员直接暴露在危险中。例如，在地震后建筑物倒塌的区域，人工进入现场勘察可能面临坍塌的风险，而无人机可以穿越废墟，利用探测功能检测倒塌区域的稳定性、温度变化等信息，从而帮助指挥员评估现场的危险程度，制订合适的救援方案。在火灾现场，无人机可以飞行到火源附近进行实时监测，收集热源数据，避免消防人员直接接触火源，从而提高救援的安全性。灾难发生后，及时进行灾后评估，了解灾区损失的范围和程度对于制订恢复计划至关重要。无人机通过高精度的影像获取和数据采集，能够对灾后现场进行详细评估，帮助政府和救援机构科学判断灾后恢复的优先级。例如，地震后，无人机可以对城市的建筑结构、道路交通、供水供电系统等进行全面扫描，从而帮助救援人员评估受损情况，为恢复工作提供数据支持。无人机的高效性和精准性能够大大加快灾后评估的速度，缩短灾后恢复的时间，帮助灾区早日恢复正常生活秩序。

无人机在应急响应中的作用不仅体现在灾区侦察与监测上，还涵盖了资源调配、物资投送、安全操作和灾后评估等多个方面。凭借高机动性、远程操作、实时数据采集和传输等优势，无人机能够大大提高应急响应的效率和精准度，为灾害救援提供全新的解决方案。随着技术的不断发展，无人机在应急响应中的作用将更加重要，未来有望在更多复杂环境中发挥更加积极的作用。

三、无人机在紧急医疗救援中的应用

无人机在紧急医疗救援中的应用已经展现出了巨大潜力和独特优势，特别是在需要快速响应的急救场合。随着无人机技术的不断进步和无人驾驶航空系统的成熟，越来越多的救援组织和医疗机构开始将无人机作为紧急医疗救援的一部分，尤其在交通不便、灾难现场或特殊环境中，无人机可以成为快速输送医疗物资和救援人员的有效工具。无人机的灵活性、快捷性和远程操作能力使其在提升紧急医疗救援效率、节省时间和提高生存率方面发挥着重要作用。

紧急医疗救援的核心需求是迅速、高效地将救援物资和人员，送达灾区或伤患所在位置。然而，在传统的救援方式中，特别是当交通受阻或灾区道路遭严重破坏时，常常面临响应时间延迟的问题。无人机凭借其快速起飞和不依赖地面交通的特性，能够在极短时间内飞抵事故现场，进行物资运输和伤员救援。在许多复杂环境中，地面交通可能由于事故、拥堵、破坏等原因无法顺利到达灾区或病人所在位置，而无人机的高机动性使其能够快速穿越复杂的地理环境，绕过障碍物，直接抵达目标区域，从而大大缩短了响应时间，增强了救援的时效性。

无人机在紧急医疗救援中的另一个重要应用是物资和药品的快速运输。在一些突发事件中，伤员的治疗往往需要及时、精准的医疗物资，如急救药品、输血用品、心脏起搏器、自动除颤器等。然而，传统的地面运输常常无法及时满足这些需求，尤其在遭遇交通中断或灾区道路损毁的情况下。无人机能够携带这些急需的物资，并以最快速度将其送达病人或救援团队手中。随着无人机负载能力和飞行时间的不断提高，其能够运输大量医疗物资，并且可以在多次往返中实现连续供应，以确保救援过程中的物资供给不间断。特别是在偏远地区或灾难现场，无人机运输药品、疫苗和其他医疗物资的能力对于保障救援工作具有至关重要的意义。

除了物资运输外，医疗无人机还可以承担医疗设备的搭载任务。近年来，无人机的负载能力逐渐提升，使其不仅能够运输轻型物品，还能够搭载复杂的医疗设备，如便携式呼吸机、监护仪、自动注射器等。这些设备能够为现场伤员提供及时救治，尤其在医院设施无法迅速到达的情况下，便携式医疗设备能够为伤员争取宝贵时间，提高生存概率。通过远程操作，无人机还可以实时传输医疗设备的数据，进行远程诊断和治疗指导，特别是在偏远地区或灾难发生后的初期阶段,医疗无人机可以弥补现场医疗条件的不足,提供及时的医疗支持。

无人机在紧急医疗救援中的另一个重要角色是进行实时监控与评估。在灾难发生的初期阶段,救援队伍往往面临对灾区现场情况了解不足的问题。无人机可以搭载高分辨率的摄像头、热成像仪、红外传感器等设备,对灾区进行实时监控。通过这些设备,无人机能够快速评估灾区的整体情况,识别受灾最严重的区域、人员分布和潜在的安全隐患,并将这些数据实时回传给指挥中心,从而帮助救援团队制订科学的救援方案。在此基础上,医疗救援团队能够更精确地确定伤员位置、伤情的严重程度以及可用资源的分布,以优化救援路线和施救措施。无人机这种实时数据传输和现场评估功能,为紧急医疗救援提供了全方位的信息支持。

随着无人驾驶技术的迭代升级,医疗无人机在应急救援中还可实现更高程度的自主导航与智能任务规划能力。当前,一些无人机系统已经具备自主飞行的能力,可以根据预设的路径和任务自动飞行,甚至进行动态调整。无人机可以根据现场状况智能判断飞行路径,避开障碍物,从而确保飞行安全。这一特点使得无人机在长时间、高强度的紧急医疗救援任务中,能够独立完成复杂的飞行任务,减少了人工操作的干预,提高了飞行效率和救援成功率。特别是在复杂地形或极端天气条件下,无人机的自主飞行能力能够确保其稳定工作,减少人为操作失误的风险。

无人机在紧急医疗救援中的应用展示了其巨大潜力和实际价值。从灾区物资运输到医疗设备搭载,从实时监控到智能自主飞行,无人机通过其高效、精准、快速的特点,增强了紧急医疗救援的能力和响应速度。未来,随着技术的进一步发展,医疗无人机将在全球范围内广泛应用,并在救援行动中发挥更加重要的作用,为减少灾难损失、提高医疗救治效率和保障公共安全做出重要贡献。

四、无人机与大数据结合的前景

无人机与大数据的结合正逐步改变着众多行业的运作方式,尤其在复杂环境监测、救援行动、智能农业、城市管理等领域的应用前景愈加广阔。随着无人机技术的不断发展与大数据技术的成熟,两者的融合不仅推动了技术的革新,也为社会各行各业带来了前所未有的机会。未来,无人机和大数据的结合将为数据收集、处理和分析带来极大提升,使得人类可以更精准地进

第七章 无人机技术的未来发展与挑战

行决策、优化资源配置和提升工作效率。

无人机所搭载的各种传感器可以实时采集图像、视频、温度、湿度、气压、污染物浓度等各种数据，这些数据通过无线网络被上传到云平台，经过大数据技术的处理和分析，能够快速提供高质量的信息。这些信息可以在各种应用场景中发挥巨大作用，如灾害监测、环境保护、农业生产等。在传统的监测方式中，数据的采集往往受限于地面设备的可达范围和监测人员的能力，难以实时、全面地获取数据。而通过无人机的数据采集功能，尤其在危险环境和偏远地区，能够快速、精准地获取数据，并传输到数据中心进行大数据分析和处理。这种实时性和广泛性大大提高了数据的可用性和价值，为各类决策提供了可靠依据。

随着无人机与大数据的结合，数据分析的精度与时效性得到了显著提升。通过无人机采集的海量数据，大数据平台能够对数据进行存储、处理、整合，并从中挖掘出有价值的信息。例如，在农业领域，通过无人机对农田进行高空拍摄和数据采集，并结合大数据分析，可以实现精准农业。大数据可以帮助农民根据气象变化、土壤湿度、作物生长状况等多方面的数据，精准判断作物的生长需求，自动调整灌溉、施肥等生产活动，减少资源浪费，并提高作物的产量和质量。在环境保护领域，利用无人机进行实时监测，并结合大数据平台的分析功能，可以有效追踪空气质量、水质污染源的变化，进而提前预警环境风险，并为相关部门的治理措施提供决策支持。

在应急管理和灾害救援方面，无人机与大数据的结合也发挥着至关重要的作用。在灾害发生后，传统的人工勘察往往受到时间和空间的限制，难以及时、全面地掌握现场情况。而无人机可以迅速飞抵灾区，实时获取高分辨率的影像数据，甚至通过传感器实时监测灾区的温度、湿度、气体成分等环境信息，并将这些数据传输至云平台。结合大数据技术进行综合分析，救援人员可以更快速、更准确地评估灾区情况，判断受灾程度，优化救援资源的配置。同时，大数据还可以通过对历史灾情数据的积累与分析，形成灾害预警机制，为政府和社会提供决策支持，从而提升灾害响应的效率和救援的精准性。

无人机与大数据结合的前景也体现在智能城市管理领域。城市的运行是一个复杂的系统，涵盖了交通管理、环保监测、公共安全、城市基础设施等多个方面。无人机可以在城市的各个区域进行定期巡检，采集大量数据，而大数据技术则可以对这些数据进行深度分析，进而优化城市管理的各个环节。例如，通过无人机对交通状况的实时监控与数据采集，再结合大数据分析，可以为交通管理部门提供实时的交通流量信息，从而帮助其优化交通信号控制，减少交通拥堵。结合人脸识别、视频监控等技术，大数据可以帮助公共安全部门提高对潜在风险的识别和预警能力，进一步提升城市的安全性和居民的生活质量。

无人机与大数据的结合，还将在工业领域产生深远影响。随着制造业和工业互联网的快速发展，无人机技术和大数据分析将会在设备监控、生产流程优化、物流管理等方面发挥重要作用。无人机通过定期巡检生产设备、监控工业流程，结合大数据的实时分析，可以及时发现设备的故障风险，减少生产线的停机时间，提升生产效率。尤其在危险环境下，无人机的使用能够避免工作人员的直接暴露，以确保其安全。同时，大数据的分析结果能够帮助管理者预测设备的维护周期，从而制订更加科学的维修和保养计划，进一步降低生产成本和风险。

参 考 文 献

[1] 马龙. 浅谈无人机在抢险救援中的应用 [J]. 中国设备工程，2024（19）：44-46.

[2] 邓莉，陈诚，黄敏. 武汉长江新区："水陆空"作战"阻击"洪流 [J]. 湖北应急管理，2024（7）：18-19.

[3] 邓莉，袁聆彬. 可上天入地下海应急"利器"护大国平安 [J]. 湖北应急管理，2023（11）：22-25.

[4] 职雪刚，马小东. 基于消防应急救援的无人机集群系统研究 [J]. 今日消防，2023，8（10）：23-25.

[5] 罗捷. 无人机在消防灭火救援实战中的应用 [J]. 今日消防，2023，8（8）：33-35.

[6] 唐磊. 无人机在建筑消防灭火救援中的有效运用分析 [J]. 中国设备工程，2023（16）：28-30.

[7] 陆双飞，张文照. 无人机航测技术在矿山地质灾害应急测绘中的应用探究 [J]. 世界有色金属，2023（11）：127-129.

[8] 张良. 消防机器人：抢险救灾急先锋 [J]. 生命与灾害，2022（5）：40-43.

[9] 杨扬，何小龙. 江苏消防无人机服务实战应用与探索 [J]. 中国减灾，2021（23）：21.

[10] 陈欣. 大应急培训全灾种集训：云南飞虎救援队提升应急救援战斗力侧记 [J]. 中国应急管理，2021（11）：80-81.

[11] 孙术哲. 无人机赋能洪涝灾害应急响应 [J]. 中国安防，2021（11）：49-54.

[12] 陈卓, 牛志栋, 赵行. 倾斜摄影技术在抢险救援中的应用 [J]. 人民黄河, 2021, 43 (S1): 34-35.

[13] 李辰, 王飞. 无人机在线路巡检与应急救援的应用分析 [J]. 中国设备工程, 2021 (S1): 39-40.

[14] 陈欣. 建队伍勤演练常备战: 北京建设空地一体救援力量体系见闻 [J]. 中国应急管理, 2021 (4): 64-67.

[15] 夏国森. 多旋翼无人机在灭火和抢险救援领域中的实践运用 [J]. 今日消防, 2021, 6 (3): 25-26.

[16] 顾春静. 无人机在当前消防灭火和救援实战中的应用 [J]. 电子技术与软件工程, 2020 (24): 89-90.

[17] 李隆, 袁作林, 朱正. 猎鹰无人机应急救援装备应用场景及作业方法研究 [J]. 决策探索 (中), 2020 (10): 19-25.

[18] 崔建华. 无人机三维建模在消防应急救援中的应用探析 [J]. 数字通信世界, 2020 (10): 180-181.

[19] 邓微. 演练促改备战汛期: 湖南零陵消防开展防汛应急综合演练 [J]. 湖南安全与防灾, 2020 (6): 29.

[20] 林禹, 陈敏, 陈实. 四川省减灾中心无人机应用实例及探索 [J]. 中国减灾, 2020 (11): 15-16.

[21] 本刊综合. 航空救援不断创新装备技术与战法 [J]. 中国应急管理, 2020 (5): 74-76.

[22] 本刊综合. 守护绿林青山"空中卫士"在行动 [J]. 中国应急管理, 2020 (4): 76-77.

[23] 孙颖妮. 无人机在应急救援中担当大任 [J]. 中国应急管理, 2020 (1): 66-67.

[24] 曹红雷, 陈天立, 李海鹏. 狭窄区域道路坍塌立体高效协同抢险技术研究 [J]. 公路交通科技 (应用技术版), 2019, 15 (12): 317-319.

[25] 窦星. 无人机在 LNG 接收站消防灭火救援中的应用研究 [J]. 今日消防, 2019, 4 (11): 10-11.

[26] 董国华. 70 年披荆斩棘福建省防汛防台风工作不断取得新成就 [J]. 中国防汛抗旱, 2019, 29 (10): 111-114.

[27] 祝思君. 基于深度学习的无人机遥感图像目标识别方法研究 [D]. 北京: 北京建筑大学, 2018.

[28] 居涛. 危险场所事故灾害无人机侦检技术应用研究 [D]. 广州：华南理工大学，2017.

[29] 王建楠. 震后道路抢通中无人机光学图像应用研究 [D]. 长沙：国防科学技术大学，2016.